权威·前沿·原创

皮书系列为
"十二五""十三五""十四五"时期国家重点出版物出版专项规划项目

BLUE BOOK

智 库 成 果 出 版 与 传 播 平 台

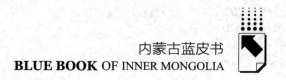

内蒙古蓝皮书

BLUE BOOK OF INNER MONGOLIA

内蒙古经济社会发展报告

（2024~2025）

ANNUAL REPORT ON ECONOMIC AND SOCIAL DEVELOPMENT
OF INNER MONGOLIA (2024-2025)

组织编写／内蒙古自治区社会科学院

主　　编／额尔敦乌日图

副主编／山　丹　马晓军　吴英达

社会科学文献出版社

SOCIAL SCIENCES ACADEMIC PRESS (CHINA)

图书在版编目（CIP）数据

内蒙古经济社会发展报告 . 2024~2025 / 额尔敦乌
日图主编；山丹，马晓军，吴英达副主编 . --北京：
社会科学文献出版社，2024. 10. --（内蒙古蓝皮书）.
ISBN 978-7-5228-4495-4

Ⅰ . F127. 26

中国国家版本馆 CIP 数据核字第 20240G5P58 号

内蒙古蓝皮书

内蒙古经济社会发展报告（2024~2025）

主　　编／额尔敦乌日图
副 主 编／山　丹　马晓军　吴英达

出 版 人／冀祥德
责任编辑／张　媛
责任印制／王京美

出　　版／社会科学文献出版社·皮书分社 （010）59367127
　　　　　地址：北京市北三环中路甲 29 号院华龙大厦　邮编：100029
　　　　　网址：www. ssap. com. cn
发　　行／社会科学文献出版社 （010）59367028
印　　装／天津千鹤文化传播有限公司

规　　格／开　本：787mm×1092mm　1/16
　　　　　印　张：23.25　字　数：348 千字
版　　次／2024 年 10 月第 1 版　2024 年 10 月第 1 次印刷
书　　号／ISBN 978-7-5228-4495-4
定　　价／158.00 元

读者服务电话：4008918866

内蒙古蓝皮书编委会

主　任　简小文

副主任　包银山　刘满贵　乌云格日勒　朱　檬　双　宝
　　　　　史　卉

策　划　吴英达

成　员　（按姓氏笔画排序）

　　　　　天　莹　乌云格日勒　文　明　双　宝　史　卉
　　　　　白永利　包银山　　　朱　檬　刘满贵　苏　文
　　　　　吴英达　张　敏　　　范丽君　娜仁其木格
　　　　　韩成福　简小文　　　额尔敦乌日图

主要编撰者简介

额尔敦乌日图 内蒙古自治区社会科学院经济研究所副所长、正高级研究员。2019 年 10 月入选内蒙古自治区"新世纪 321 人才工程"第一层次人选，兼任内蒙古农业经济学会第一届理事会常务理事。主要研究方向为牧区经济、人口问题以及宏观经济问题。主持完成国家课题 1 项、自治区课题 1 项、厅局级课题 13 项，参与完成国家、自治区、厅局级课题 11 项。出版著作 1 部、合著 1 部，公开发表论文、研究报告 70 余篇。成果曾获内蒙古自治区政府奖二等奖 1 项、三等奖 1 项、厅局级奖若干项。

山 丹 内蒙古自治区社会科学院经济研究所正高级研究员。主要研究方向为产业经济和区域经济。主持国家社科基金特别项目"内蒙古县域经济发展的路径分析"，主持内蒙古社科联项目"基于城乡统筹视角下内蒙古县域经济发展研究"、主持"城乡融合视角下内蒙古农牧业转移人口职业教育发展路径研究""内蒙古中小企业发展与稳就业研究"等 7 项院课题。担任《内蒙古城市发展历程与展望》一书副主编，发表论文、研究报告 30 余篇。

马晓军 内蒙古自治区社会科学院经济研究所副研究员。主要研究方向为区域经济和产业经济，科研涉及区域经济发展规划、文化旅游产业、民生经济、城市群协同发展、生态文明建设等领域。主持国家课题 1 项"内蒙古自治区成立以来历届党委主要经济思想研究"，省部课题 2 项"8337 战略思想下内蒙古旅游业转型升级研究""中蒙俄经济走廊建设中的人文交流研究"，参与各级各类课题30余项。参与编写《内蒙古城市发展历程与展望》，发表学术论文和理论文章40余篇，其中3篇被人大复印报刊资料索引收录。

吴英达 内蒙古自治区社会科学院科研管理处处长、副研究员，担任内蒙古自治区社会科学界联合会社科普及专家咨询委员会委员。主持完成"'草原书屋'工程实施的基本情况、问题及对策研究"等自治区课题5项。发表《有序实行政务公开打造阳光政务平台——呼和浩特市推行"政务公开"解析》等论文、研究报告多篇。组织完成《新常态 新理念 新发展——经济新常态与内蒙古发展理论文集》，并任副主编。

摘　要

2023 年以来，内蒙古自治区党委全面贯彻落实党的二十大精神，认真贯彻落实推进"十四五"规划纲要、办好两件大事的统领性要求和闯新路、进中游的奋斗目标。内蒙古经济运行延续总体回升向好态势，经济发展快进优进，主要经济指标增速位居全国第一方阵，保障国家能源和粮食安全能力显著增强，科技创新实现新突破，生态环境保护治理迈上新台阶，重点领域风险防范化解能力更加从严从实，公共文化服务、民生事业稳步推进、蓬勃发展。经济社会发展质量效益进一步提升，内蒙古在调结构、转动能、提质量上迈出了坚实步伐。与此同时，注重加强区域、产业、财政、民生等方面政策的协调配合，避免政策叠加共振。

2024 年是落实《国务院关于推动内蒙古高质量发展奋力书写中国式现代化新篇章的意见》的开启年，建议今后抓好以下重点工作：一是从"增长、统筹、下沉、协同"四个方面持续发力，全力保障党中央、国务院和自治区党委、政府重大决策部署落实；二是进一步优化产业发展布局，打造具有内蒙古特色的现代化产业体系，增强产业体系的稳定性和韧性；三是提升科技创新能力，加快科技成果研发和转化，优先强化数字技术在重点领域应用，发展新质生产力；四是提振市场主体信心，持续激发民间投资活力，促进新型消费，着力挖掘消费潜力；五是统筹有序加快新能源推广应用，提升能源消费低碳化水平，稳步促进绿色化转型；六是加快完善金融财税管理运行体制机制，高效提升民营企业支持力度，切实解决民营企业生存困境；七是推动人口、教育、医疗卫生等公共文化服务高质量发展，推进健康内

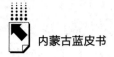

蒙古建设，持续提升群众获得感、幸福感、安全感；八是统筹发展与安全，做好重点领域风险防范化解工作；九是着力促进区域要素双向流动，深入推进区域协调发展；十是立足优势，深化全领域全方位开放，构建开放新格局。

关键词： 内蒙古　经济社会　民生保障　高质量发展

目 录

I 总报告

B.1 内蒙古经济社会运行分析、研判与对策

………………… 额尔敦乌日图 齐 奂 郭晓芩 高 凤 / 001

II 经济篇

B.2 内蒙古农业与农村经济发展形势分析………………… 李赛男 / 025

B.3 内蒙古工业发展报告………………………………… 马晓军 / 038

B.4 内蒙古服务业发展报告…………………………………… 山 丹 / 050

B.5 内蒙古固定资产投资形势分析………………………… 齐 奂 / 063

B.6 内蒙古财政税收形势分析报告……………… 李秀梅 赵利君 / 076

B.7 内蒙古金融发展现状、存在问题及对策……………… 黄 雪 / 093

B.8 内蒙古民营经济发展报告………………… 张 倩 李 莹 / 108

III 社会篇

B.9 内蒙古人口发展分析报告………………… 额尔敦乌日图 / 119

B.10　内蒙古就业形势分析报告 …………………………………… 李　娜 / 136

B.11　内蒙古城乡居民收入与消费报告 ……………………… 史主生 / 150

B.12　内蒙古文化事业文化产业发展报告 …………………… 照日格图 / 165

B.13　内蒙古科技事业发展报告 ………………………… 李　莹　郭晓芬 / 181

B.14　内蒙古社会保障事业发展报告 ……………………… 霍　燕 / 198

B.15　内蒙古教育事业发展报告 ………………………… 王哈图　红　英 / 218

B.16　内蒙古医疗卫生事业发展报告 ……………………… 王桂兰 / 231

Ⅳ　专题篇

B.17　内蒙古各盟市经济综合实力评价分析 ……………… 高　凤 / 244

B.18　内蒙古能源高质量发展评价报告 ……………………… 乔　瑞 / 256

B.19　内蒙古数字经济发展现状、存在问题及对策研究 …… 史主生 / 272

B.20　内蒙古文旅产业发展报告 ………………………… 马晓军 / 285

B.21　内蒙古传统制造业服务化转型探析 …………………… 齐　奥 / 297

B.22　推进内蒙古产业绿色发展与生态环境保护协同研究

　　　………………………………………………… 天　莹　郭晓芬 / 309

B.23　内蒙古银发经济发展状况研究 ………………… 吴英达　山　丹 / 322

B.24　新时代内蒙古对外开放发展进程及形势展望

　　　………………………………………………… 范丽君　赵珈艺 / 336

皮书数据库阅读**使用指南**

总 报 告

B.1
内蒙古经济社会运行分析、研判与对策

额尔敦乌日图 齐 舆 郭晓芩 高 风*

摘 要： 2023 年以来，内蒙古经济逐步恢复正常，三次产业发展不断推进、三大需求有效释放、经济结构持续改善、就业形势稳定向好、城乡居民收入持续提高、生态环境保护治理工作力度进一步加大。同时，内蒙古经济受大环境影响正处于承压恢复关键期，经济结构不合理、消费需求不足、就业形势严峻、人口发展呈现"少子老龄减量化"趋势、科技创新能力不强、生态环境保护治理压力大等问题仍然存在。2025 年，按照中央和自治区新部署、新要求，围绕进一步全面深化改革和"闯新路、进中游"发展目标，要落实落细各项改革举措，推进内蒙古经济社会高质量发展。

关键词： 经济运行 民生保障 社会建设 高质量发展 内蒙古

---

* 额尔敦乌日图，内蒙古自治区社会科学院经济研究所副所长、正高级研究员，主要研究方向为牧区经济、人口问题等；齐舆，内蒙古自治区社会科学院经济研究所副研究员，主要研究方向为产业经济、统计学；郭晓芩，内蒙古自治区社会科学院经济研究所研究实习员，主要研究方向为产业经济；高风，内蒙古自治区社会科学院经济研究所研究员，主要研究方向为数量经济。

一 内蒙古经济社会运行主要特征及成效

2023 年以来，面对严峻复杂的经济形势，全区上下齐心协力，围绕办好两件大事的统领性要求和"闯新路、进中游"的奋斗目标，密集出台了推动经济增长、促进消费恢复、加强民生保障的系列政策措施，全区经济稳中有进，经济结构逐步改善、消费市场持续恢复、居民收入稳步增长、民生保障有效改善，经济社会高质量发展稳步推进。

（一）全区经济稳中有进，夯实闯新路、进中游的发展基础

2023 年，内蒙古地区生产总值达到 24627 亿元，与上年相比增长 7.3%，经济总量居全国第 21 位，增长速度居全国第 3 位。其中，第一产业同比增长 5.5%，第二产业同比增长 8.1%，第三产业同比增长 7.0%。① 尤其是能源工业、现代煤化工产业和稀土产业等传统优势特色产业加力提效、稳步发展，服务业企稳回升，持续发挥兜底作用。

2024 年上半年，延续上年增长趋势，内蒙古地区生产总值实现 11682.7 亿元，与上年同期相比增长 6.2%，高于全国平均水平 1.2 个百分点，在全国 31 个省（区、市）中位居第一。其中，第一产业同比增长 5.1%，高于全国平均增速 1.6 个百分点，占 GDP 比重为 3.3%，拉动经济增长 0.2 个百分点，对经济增长贡献率为 3.7%。第二产业同比增长 8.2%，高于全国平均增速 2.4 个百分点，占 GDP 比重为 51.3%，拉动经济增长 3.6 个百分点，对经济增长贡献率为 57.1%。第三产业同比增长 4.7%，高于全国平均增速 0.1 个百分点，占 GDP 比重为 45.4%，拉动经济增长 2.4 个百分点，对经济增长贡献率为 39.2%。②

---

① 《王晓妍：上半年全区经济运行稳中有进》，内蒙古自治区统计局网站，https://tj.nmg.gov.cn/tjdt/fbyjd_11654/202407/t20240719_2544727.html。
② 内蒙古自治区统计局：《内蒙古自治区 2023 年国民经济和社会发展统计公报》，https://tj.nmg.gov.cn/tjyw/tjgb/202403/t20240321_2483646.html，2024 年 3 月 21 日。

从全国 31 个省（区、市）经济总量来看，内蒙古 2023 年排全国第 21 位，2024 年上半年排全国第 20 位，经过近几年的经济结构调整，经济总量稳中有进，不断拉近与前列省份之间的距离，中游的发展基础不断夯实。

（二）三次产业协同发力，经济稳中快进优进

2023 年以来，在全区经济社会高质量发展系列政策措施推动下，三次产业增长速度加快，农畜产品、工业产品产量稳定增长，高技术制造业、新兴工业产业、服务业增加值持续提高，"两个基地"[①] 建设更加巩固，能源供给和粮食安全保障进一步加强。

1. 农牧业发展形势良好，农畜产品生产基地更加稳固

2023 年以来，内蒙古聚焦聚力国家重要农畜产品生产基地建设，高起点谋划和推进农牧业绿色高质量发展，稳住农牧业基本盘，为国家提供更为稳定、更加安全、更多绿色的农畜产品。2023 年，第一产业增加值 2737 亿元，比上年增长 5.5%，比全国增速（4.1%）[②] 高出 1.4 个百分点。耕地面积稳中有增，粮食生产连年丰收，2023 年全区粮食播种面积达到 880.9 万公顷，比上年增长 0.5%，粮食总产量达到 3957.8 万公斤，比上年增长 1.5%，实现了粮食生产"二十连丰"，稳居全国第 6 位；牲畜头数和畜产品产量持续增长，2023 年末牛存栏 947.7 万头，比上年增长 15.5%，羊存栏 6180.6 万只，增长 1.9%，生猪存栏 629.9 万头，增长 5.5%，家禽存栏 5929.1 万只，增长 7.9%，猪牛羊禽肉总产量达到 285.4 万吨，同比增长 2.7%。2024 年上半年，畜牧业生产总量呈现稳步提升的态势，猪牛羊禽肉总产量达到 102.2 万吨，同比增长 4.3%。2023 年牛奶和乳制品产量逐步提升，牛奶产量达到 792.6 万吨，同比增长 8.0%，规模以上乳制品产量达到 473.0 万吨，同比增长

---

① 两个基地：国家重要能源和战略资源基地，国家重要农畜产品生产基地。

② 《2023 年国民经济回升向好 高质量发展扎实推进》，国家统计局网站，https://www.stats.gov.cn/sj/xwfbh/fbhwd/202401/t20240117_ 1946624.html，2024 年 1 月 17 日。

13.2%，2024年上半年牛奶产量增长率为2.6%，牛奶产量显著提高，居全国首位。

2. 工业稳定增长，装备制造业和高技术制造业增势良好

2023年以来，内蒙古在调结构、转动能、提质量上迈出了坚实步伐。全区工业经济运行保持稳定，工业生产稳步推进，传统工业转型升级，装备和高技术制造业强劲拉动，绿色能源产业增速加快。2023年，第二产业增加值11704亿元，增长8.1%。其中，工业生产总值9889.8亿元，占全区第二产业生产总值的84.5%；规模以上工业中，战略性新兴产业增加值比上年增长19.9%。非煤产业增加值比上年增长8.3%。新兴产业保持较快增长，高技术制造业增加值比上年增长33.6%，新能源装备制造业增加值增长75.3%。工业投资增长32.9%，位居全国第2，其中制造业投资增长46.4%、高技术产业投资增长49.2%，尤其是制造业中的新能源装备制造业投资增长1.2倍。2024年1~5月，全区工业保持增长，工业产品产量稳定增长。全区规模以上工业增加值同比增长7.2%，高于全国平均水平1.0个百分点。装备制造业、高技术制造业增加值分别增长51.3%和35.0%，分别高于全国平均增速43.8个和25.0个百分点。太阳能电池产量同比增长16.5倍，单晶硅、多晶硅、稀土化合物产量分别增长62.1%、97.5%和164.3%。全区风光氢储装备制造全产业链基本形成，绿电装机规模逐年壮大。截至2024年5月底，全区已形成风电整建制配套能力500万千瓦，光伏组件供给能力3050万千瓦，氢能装备产能450台套，储能装备产能200万千瓦时。全区新能源总装机规模达到10158万千瓦，占电力总装机的比重达到45%，成为全国第一个新能源总装机突破1亿千瓦的省份，为全国经济发展持续输入绿色动能。

3. 服务业恢复增长，经营规模不断壮大

2023年以来，在一系列促进服务业繁荣发展政策推动下，接触型、聚集型和新业态服务业逐渐恢复并进入正常发展轨道。2023年，第三产业增加值10186亿元，比上年增长7.0%。2024年上半年，第三产业实现增加值5304亿元，同比增长4.7%，高于全国平均增速0.1个百分点，对经济增长

贡献率达到 39.2%，尤其是高技术服务行业加速增长，信息传输、软件和信息技术服务业增加值同比增长 19.6%。① 服务业中金融业发展平稳，服务能力、调控能力和抗风险能力日益增强。2023 年，全区金融业增加值 1081亿元，与上年相比增长 9%，人民币贷款余额 30064 亿元，增长 11.5%。2024 年上半年，全区金融业增加值 593.9 亿元，同比增长 5.5%，金融机构人民币贷款余额 31670.2 亿元，增速为 8.9%，为实体经济发展提供坚实的金融支撑。

（三）三大需求有效释放，经济内生动力增强

2023 年以来，在扩内需和促经济一系列政策推动下，居民消费潜力得到释放，消费市场企稳回升。投资保持较快增长，投资领域分化明显，经济结构进一步改善。国际贸易逐渐恢复，进出口额持续增长。

1.消费市场企稳回升，文化消费潜力有效释放

2023 年以来，随着扩大消费政策的连续推出，居民消费潜力得到释放，消费空间有效拓展，消费支出稳步增长。2023 年，全区全社会消费品零售总额 5374.3 亿元，比上年增长 8.1%，比全国平均水平（7.2%）高出 0.9个百分点。2024 年上半年，全区消费平稳增长，全社会消费品零售额 2533.3 亿元，同比增长 2.8%。刚需消费支撑作用明显，限额以上粮油销售额同比增长 20.5%，食品类销售额增长 27.9%；升级类商品增长较快成为消费新增长点，限额以上体育娱乐用品类、通信器材类零售额同比分别增长 93.6%、110.1%，高能效等级家电、智能家电零售额增长 21.2%，新能源汽车增长 65.1%；商贸企业网上业务增多，网上零售额持续增长，全区实物商品网上零售额达 228.1 亿元，同比增长 13.2%。2024 年上半年，内蒙古扎实推动北疆文化建设，统筹推进文化和旅游高质量发展，全区文化消费潜力有效释放，文化产业保持稳中有进的发展势头。一季度，规模以上文化

---

① 《王晓妍：上半年全区经济运行稳中有进》，内蒙古自治区统计局网站，https://tj.nmg.gov.cn/tjdt/fbyjd_11654/202407/t20240719_2544727.html。

及相关企业实现营业收入 31.7 亿元，同比增长 6.7%。文化服务业保持较快增长，一季度实现营业收入 12.0 亿元，同比增长 10.8%。2024 年入夏以来，内蒙古接待国内游客 9990.97 万人次，是上年同期的 1.44 倍，接待国内游客总消费 1379.70 亿元，是上年同期的 1.60 倍。

2. 投资持续高速增长，经济结构不断改善

2023 年以来，内蒙古投资持续增长，全年固定资产投资（不含农户）增长 19.8%，高于全国平均水平（3.0%）16.8 个百分点，增速位居全国第 3。2024 年上半年，固定资产投资同比增长 12%，高于全国平均水平（3.9%）8.1 个百分点，居全国第 2 位。

近年来，自治区加快推动各项政策措施落地显效，加大传统产业转型力度和新兴产业发展投入，使新质生产力培育不断加快，经济结构不断优化。2023 年高技术产业投资增速为 84.5%，规模以上高技术制造业、装备制造业、战略性新兴产业增加值分别比上年增长 11.4%、9.6% 和 13.5%。具有本地特色优势的稀土产业、现代煤化工产业、农畜产品加工业增加值分别增长 21.0%、15.4% 和 11.6%。2023 年，新能源产业投资增长 70.1%，对全部投资增长的贡献率超 80%，规模以上新能源及相关产业增加值增长 16.1%；信息传输、软件和信息技术服务业投资增长 146.8%，增加值增长 14.2%。

民间投资活力增强。2023 年，内蒙古民间固定资产投资同比增长 14.2%，为 90% 以上的新增就业做出了贡献。2024 年上半年，内蒙古民间投资同比增长 9.2%，高于全国民间投资增速 9.1 个百分点，显示出内蒙古民间投资的强劲活力和投资环境的持续改善。

3. 经贸合作提质增效，对外贸易稳步增长

2023 年以来，内蒙古在"双循环"新发展格局下，持续扩大对外开放，积极搭建合作平台，建立经贸合作关系，促使内蒙古对外贸易稳定增长。2023 年，自治区与全球 180 多个国家和地区建立了经贸合作关系，达到历史新高。内蒙古与共建"一带一路"国家间的经贸合作已成为促进内蒙古外贸发展的新增长点。2023 年，内蒙古外贸进出口总额 1965.3 亿元，比上年增长 30.4%，高于全国外贸增速 30.2 个百分点，在全国各省（区、市）

中增速居第 3 位。2024 年上半年,内蒙古外贸进出口总值 997.8 亿元,其中,出口总值 381.1 亿元,同比增长 10.3%,进出口逆差 235.6 亿元,同比增长 12.4%。内蒙古作为国家向北开放桥头堡,在全国向北经贸通道中起到积极作用。2023 年,从内蒙古经过的中欧班列 8295 列,比上年增长 12.9%[①],数量创历史新高,为中欧贸易流通做出重大贡献。

(四)公共服务不断优化,民生保障持续完善

2023 年以来,在党中央和自治区党委领导下,克服诸多困难,全力做好保障和改善民生工作,加大民生投入力度,在居民就业、增加收入和提高消费水平、提高教育质量、促进文化建设和加强社会保障等方面取得有效进展。

1.就业岗位持续增加,就业形势稳定向好

2023 年以来,自治区坚持就业优先导向,深入实施就业扩容提质"五项行动",着力夯实就业服务工作基础,聚力推进落实稳就业政策措施。2023 年全区城镇新增就业 21.87 万人,完成年度计划的 109.37%;2024 年上半年,全区城镇新增就业 12.14 万人,完成年度计划的 67.43%,就业增长指标走势渐强。重点群体就业形势逐渐向好,2023 年农牧民转移就业 260.05 万人,较上年增加 0.71 万人,2024 年上半年转移就业 258.33 万人,已达到上年的 99.3%;2023 年高校毕业生 16.1 万人,离校未就业高校毕业生就业率达到 92.5%;2023 年 7.26 万就业困难人员实现再就业,较上年增长 5.5%。自治区深入实施"马兰花计划",截至 2024 年 6 月,全区开展创业培训 1.29 万人次,累计发放创业担保贷款 5.9 亿元,发放稳岗扩岗专项贷款 4.6 亿元,创业带动就业政策措施取得明显成效。

2.居民收入稳定增长,消费支出逐步回升

2023 年以来,内蒙古自治区强化就业优先政策,全力推动劳动力市场

---

① 赵泽辉、于嘉:《班列畅行 外贸腾飞——内蒙古向北开放显成效》,《经济参考报》2024 年 1 月 31 日。

恢复，全力维护劳动者合法权益，从减轻税费负担、推动普惠金融发展，到有力有效支持小微企业和个体工商户发展，有力地保障了城镇居民增加收入。2023年，内蒙古全体居民人均可支配收入38130元，比上年增长6.1%，居全国第9位，继续保持在全国前列。其中，城镇居民人均可支配收入48676元，比上年增长5.1%；农村牧区居民人均可支配收入21221元，比上年增长8.0%。2024年上半年，全区全体居民人均可支配收入19054元，与上年同期相比名义增长5.0%。其中，城镇常住居民人均可支配收入25373元，同比名义增长4.2%；农村牧区常住居民人均可支配收入8932元，同比名义增长6.9%。农村牧区居民人均可支配收入增速高于城镇居民人均可支配收入，城乡居民收入差距逐渐缩小。

2023年，自治区出台《内蒙古自治区2023年进一步提振消费信心促进消费持续恢复的政策措施》，提出"稳定大宗消费、扩大服务消费、促进农村牧区消费、拓展新型消费、完善消费设施、优化消费环境"六大措施。2023年，内蒙古居民消费需求恢复态势良好，消费支出稳步增长。全年全体居民人均生活消费支出27025元，两年平均①增长9.2%，其中，城镇居民人均生活消费支出两年平均增长8.9%，农村牧区居民人均生活消费支出两年平均增长9.0%。全体居民恩格尔系数为27.6%，其中，城镇为27.0%，农村牧区为29.1%。2024年上半年，全体居民人均消费支出13511元，与上年同期相比增长6.7%，其中，城镇居民人均消费支出增长6.2%，农村牧区居民人均消费支出增长7.4%。

3.教育投入持续增加，教育资源逐渐优化

2023年，中央和自治区累计下达学前教育专项资金12.81亿元，义务教育薄弱环节改善与能力提升专项资金10.55亿元，高考综合改革专项发展资金6.95亿元，不断强化普惠性资源供给，提升义务教育办学水平，支持普通高中改善办学条件。2023年，全区新建改扩建幼儿园204所、中小学

---

① 两年平均增速是指以2021年相应同期数为基数，采用几何平均的方法计算的增速。内蒙古自治区统计局：《内蒙古自治区2023年国民经济和社会发展统计公报》，2024年3月21日。

676 所、特殊教育学校 13 所，规划年内竣工 649 所，现已竣工 665 所，新增学位 7.06 万个。学前三年毛入园率 94.96%，九年义务教育巩固率 98.3%，高中阶段毛入学率 95.24%，残疾儿童义务教育入学率 97%，提前实现"十四五"规划目标。高校教学水平逐年提升，2023 年国家级一流本科课程由 27 门增加到 81 门，12 所高校新增本科专业 38 个，新能源材料与器件、功能材料、智能装备工程等 20 个专业在内蒙古首次布点，弥补了相关领域专业布点的空白。2023 年，全区研究生招生规模达到 14199 人，较上一年增长 4.82%。截至 2023 年底，城市和乡村义务教育阶段本科及以上学历专任教师占比较上年分别增长 1.16 个和 2.72 个百分点，普通高中研究生及以上学历专任教师占比达到 19.09%，高校博士学位教师占比达到 21.57%，教师队伍素质显著提升。

4. 科技投入资金增加，科研成果转化加速

内蒙古坚持把科技创新摆在高质量发展的核心位置，出台《关于加快推进"科技兴蒙"行动 支持科技创新若干政策措施》《关于进一步提升科技创新能力的实施意见》等一系列扶持科技发展的政策，推动传统产业转型升级，培育战略性新兴产业和未来产业，引领产业全面高质量发展。2023 年内蒙古全区财政科技支出大幅增长，达到 78.2 亿元①，2020~2023 年增长率高达 81.93%，显示出内蒙古在科技投入方面的快速增长趋势以及推动科技创新的坚定决心。2023 年，全区共登记科技成果 2119 项，较上年增长 84.58%，其中，转化产生经济效益的成果 452 项，占应用技术类成果的 36.07%。科技成果以生物制药产业、草业、现代煤化工产业为主，共 285 项，占自治区 16 条重点产业链成果的 66.74%。② 在科技创新政策的推动下，内蒙古促进创新链、产业链、人才链、政策链、资金链的深度融合，推动产业不断创新，新质生产力不断发展。

---

① 《2024 年全区科技工作会议在呼召开 孙俊青作科技工作报告》，https://kjt.nmg.gov.cn/kjdt/gzdt/kjtgz/202402/t20240220_2469597.html，2024 年 2 月 20 日。

② 《创新驱动"攻"势强劲 我区科技成果登记数量再创新高》，https://kjt.nmg.gov.cn/kjdt/gzdt/kjtgz/202401/t20240129_2459876.html，2024 年 1 月 28 日。

5. 医疗卫生、社会保障制度不断完善，覆盖范围逐年扩大

2023 年以来，内蒙古稳步推进医疗卫生、社会保障改革，落实集体经济补助城乡居民基本养老保险工作，深入实施全民参保计划，全面实施企业职工基本养老保险全国统筹实现"七统一"工作，全区医疗卫生、社会保障事业取得明显成效。2023 年，参加职工基本医疗保险人数 606.6 万人，比上年增长 3.4%，参加城乡居民基本医疗保险人数 1552.1 万人，下降 2.0%。① 2023 年，全区医疗卫生机构增加 2.5%，卫生机构提供床位数增加 3.2%，卫生从业人员数增长 6.09%，居民医疗卫生保障能力进一步加强。参加工伤保险和失业保险的人数分别为 361.8 万人和 329.3 万人，较上年增加 3.4% 和 6.8%。② 2024 年上半年，全区基本养老保险参保人数为 1763.2 万人，较 2023 年末增加 15.6 万人，参保覆盖率达到 94.64%，提前完成"十四五"规划的目标（90%）任务。③ 截至 2023 年底，全区有各类养老机构 692 家，养老机构床位总数达到 8.4 万张，医养结合型养老机构数量达到 174 家，公办养老机构护理型床位达到 1.5 万张。内蒙古积极推进分层分类社会救治体系建设，切实兜住兜准兜好民生底线。2023 年，全区精准保障城乡低保人员 156.7 万人，保障特困人员 9.8 万人，累计支出城乡低保金、特困人员救助供养金 79.5 亿元，有力保障了困难群众基本生活。

（五）生态环境保护治理力度加大，绿色产业发展步伐加快

党的十八大以来，内蒙古坚持"绿水青山就是金山银山"理念，不断加强生态环境保护和治理，同时将绿色发展理念全面全程贯穿于农业、工业和服务业发展中，加快绿色技术创新，培育新质生产力，推进传统产业升级改造，大幅提升资源和能源利用效率，降低碳排放，减少环境污染，全面构

---

① 《内蒙古自治区 2023 年国民经济和社会发展统计公报》，https://www.nmg.gov.cn/tjsj/sjfb/tjsj/tjgb/202403/t20240321_ 2483646.html，2024 年 3 月 21 日。

② 《回眸 2023 | 内蒙古人社部门保障和改善民生成效更加明显》，人民网，http://nm.people.com.cn/n2/2024/0113/c196689-40713090.html，2024 年 1 月 13 日。

③ 内蒙古自治区人力资源和社会保障厅相关统计资料。

建绿色低碳的现代化产业体系，逐步形成生产发展、生活富裕、生态良好的新格局。重视农业绿色发展，持续推进农业"四控"行动，2023 年实施农业统防统治面积 5696 万亩、绿色防控面积 5567 万亩，化肥农药使用量有所下降，秸秆回收综合利用率达到 91.2%，畜禽粪污综合利用率达到 82%，节约大量农业用水，农田灌溉水利用系数达到 0.574，首次超过全国平均水平。大力发展绿色能源，2023 年内蒙古发电量达到 7100 万千瓦，新能源发电量占 23.2%①，2024 年 5 月内蒙古新能源装机已率先突破 1 亿千瓦。2023 年内蒙古已经在能源领域实现新能源总装机、新能源新增装机、新能源发电量三项"全国第一"。积极建设绿色发展载体和产业链，2024 年累计创建绿色工厂 298 个、绿色产品 92 个、绿色园区 24 个、绿色供应链 26 个。同时，强化重点河流和湖泊入河排污口的排查和管理，拓展固体废弃物防控，使内蒙古整体生态环境得到持续改善。

二　内蒙古经济社会发展存在的问题和挑战

2023 年，面对错综复杂的国际环境和艰巨的国内改革发展稳定任务，内蒙古认真贯彻落实党中央、国务院决策部署，坚持稳中求进工作总基调，完整、准确、全面贯彻新发展理念，加快构建新发展格局，经济回升向好，供给需求稳步改善，转型升级积极推进，就业物价总体稳定，民生保障有力有效，高质量发展扎实推进，努力实现闯新路、进中游的奋斗目标。但在取得良好发展成就的同时，内蒙古仍存在亟待破解的发展难题，主要体现在以下几方面。

（一）经济结构仍欠合理

2023 年，内蒙古三次产业结构为 11.1 : 47.5 : 41.4，呈"二三一"特

---

① 《创多项历史新高！内蒙古能源领域将实现"10 个全国第一"》，https://inews.nmgnews.com.cn/system/2023/12/26/013525828.shtml，2023 年 12 月 26 日。

征，第二产业对经济增长的贡献超过第三产业，显示出内蒙古的产业结构仍存在较大的优化空间。此外，内蒙古产业结构比较单一，长期以来，内蒙古经济对能源、冶金、农畜产品加工等产业依赖度较高，煤炭、火电等能源行业在工业增加值中占比较大，这种单一的产业结构使经济易受相关行业市场波动的影响，抗风险能力较弱，在资源逐渐枯竭或市场需求发生变化时，经济发展面临挑战。2024年以来，煤炭市场低迷对内蒙古经济产生较大的冲击，新兴产业发展不足，尽管内蒙古在培育清洁能源、新材料、装备制造、生物和环保等新兴产业方面做出了巨大努力，但新兴产业总体规模较小，基础薄弱，尚未形成有力的经济支撑。与发达地区相比，在技术创新、产业配套、人才吸引等方面存在差距，导致新兴产业发展相对缓慢，对经济结构调整和转型升级的推动作用有限。区域发展不平衡加大了结构调整的难度，内蒙古东、中、西盟市之间经济发展差异明显，呼包鄂地区大型企业集中，经济增长较快，东部盟市发展相对较慢，各盟市之间在资源分布、产业结构、科研环境、投资吸引力等方面存在不均衡，导致区域经济协调发展面临挑战，影响整体经济发展的均衡性和可持续性。

（二）消费需求不足，带动经济能力弱

众所周知，拉动经济的三驾马车是投资、消费和出口，目前内蒙古主要是靠投资拉动经济增长，在消费和出口方面较弱，尤其是消费方面，消费需求不足，对经济增长的带动力不强，其原因主要有以下几方面。一是整体消费能力有限，内蒙古居民收入偏低，购买力不强。居民收入偏低是影响消费需求的重要因素，内蒙古居民收入水平与发达地区相比存在一定差距，这在一定程度上限制了居民的消费能力和消费意愿。与全国平均水平相比，2023年内蒙古城镇居民人均可支配收入增速与全国平均水平持平，但是绝对值比全国平均水平低3145元。可见，收入水平低是制约内蒙古消费需求提升的重要因素。二是消费意愿不强，消费观念相对保守。居住、医疗保健支出与生活消费支出占比逐年攀升，对收入消费循环产生阻碍和抑制作用，居民在教育、医疗等方面的支出负担较重，导致居民预防性储蓄意愿较高，不敢轻

易消费，挤压了其他消费支出，限制了即期消费需求的释放，部分居民受传统消费观念影响，消费倾向较为保守，更倾向于储蓄，对新兴消费模式和消费产品的接受程度相对较低，一定程度上抑制了消费需求的增长。三是农村牧区消费市场发展较为滞后。农村牧区存在商业网点少、规模小、布局分散且不合理，商品品类不齐全、档次低的情况，优质商品及服务的有效供给相对不足，餐饮、汽车及油品、家具家电等方面的消费供给不尽如人意，农村牧区居民的多元化消费需求在就近消费市场难以得到满足。物流体系不完善，部分牧区快递存在空白，"最后一公里"问题突出，交通运输与物流融合发展不足导致农村牧区物流成本偏高，快递配送体系不健全，大件商品搬运难、退换难等问题成为制约农牧民网络消费增长的主要因素。四是消费结构不合理，消费市场供给与需求不匹配。由于内蒙古生活消费占比较大，发展型和享受型消费占比相对较小，在消费支出中，食品、住房等基本生活消费占比较高，在文化、旅游、教育、娱乐等方面的消费支出相对较少，消费结构有待进一步优化升级。此外，内蒙古现有生产结构与消费升级趋势不相匹配，最终消费品生产、商业服务不发达，消费环境较落后，导致消费资金外流。同时，市场上缺乏符合当地居民消费需求和消费能力的特色产品和服务，高质量的产品和服务供给不足，难以有效激发居民的消费欲望。

（三）就业形势依旧严峻，就业结构性矛盾突出

受国内外经济环境影响，内蒙古劳动力就业压力依然较大，区域性、结构性失业风险依然存在，高质量充分就业仍面临许多困难。首先，就业结构不够合理。内蒙古农牧业、工业领域是就业的重要领域，但这些产业面临转型升级，随着人工智能等技术的推广应用，进一步扩大就业的可能性降低；金融、电信、信息服务等现代服务业近几年发展较快，但规模较小难以成为吸纳就业的主要渠道。其次，农村转移人口就业困难。随着农村人口向城市转移加速，内蒙古城市化进程明显加快。大量农民工涌入城市，但由于文化素质较低、技能不足，他们在城市中就业比较困难，加大了城市就业压力。

即便一些农民工在城市中找到工作，也面临工资低、工作环境差等问题，就业质量不高。再次，劳动力市场供需不匹配。一方面存在劳动力短缺，另一方面又有劳动力找不到工作，劳动力市场的供需结构性矛盾突出。同时，就业观念存在问题。部分高校毕业生择业观念亟待改变，就业期望值偏高，大多数毕业生就业意愿偏向于机关、事业单位和国有企业，不愿到中小企业和生产一线工作，求职意愿与市场需求存在较大偏差；部分毕业生还存在求职观望心态，选择"慢就业""缓就业"，错失择业机会。最后，受创业融资渠道不畅、创业环境有待优化和创业风险高等因素制约，高校毕业生自主创业意愿不高，创业人数相对不多。

（四）科技创新能力不强，科技发展水平相对滞后

内蒙古作为边疆民族地区，发展基础薄弱，科技含量和创新能力低，自主创新能力不强。首先，科技创新投入偏低，与发达省份相比，内蒙古在科技研发方面的资金投入明显不足。2022 年，内蒙古 R&D 经费支出总额占全国的比例仅为 0.88%[①]，比例较低。疫情开始后，内蒙古 R&D 经费投入强度出现下降趋势，科技研发资金投入的不足制约了科研项目的开展、科研设备的购置与更新以及高端人才的引进和培养，从而影响科技创新的推进速度和质量。其次，自主创新能力不强，企业在技术创新方面的动力和能力较弱。缺乏具有自主知识产权的核心技术和产品。缺乏具有核心竞争力的创新型企业。内蒙古整体科技创新能力不强，高新技术企业数量相对较少，科技型中小企业发展不够充分，尤其是具有高成长性的科技企业相对匮乏，缺乏具有核心竞争力的创新型企业，难以形成强大的创新集群效应，在一些关键技术领域的自主创新能力不足，对外部技术的依赖程度较高。最后，科技成果转化缓慢。由于地理位置、市场机制等因素，内蒙古在科技成果转化方面存在困难，一些高新技术成果无法得到充分应用和推广，很多科技成果最终只能被外省企业或研究机构收购或利用，科技创新成果的本地化应用受到限

---

① 根据《中国统计年鉴 2023》中数据计算。

制，难以将科技成果有效地转化为现实生产力，实现其经济价值和社会价值。

（五）少子化、老龄化和减量化趋势叠加，人才短缺问题突出

2023 年以来，内蒙古总人口减少 5.17 万，减幅 0.22%，全区新出生人口 12.0 万，比 2022 年减少 1.4 万，人口出生率为 5.0‰，比 2022 年下降 0.58 个千分点。人口自然增长率为 -3.42‰，比 2022 年下降 1.17 个千分点。2023 年，60 岁及以上人口为 546.38 万，占 22.80%，增加 31.33 万，其中，65 岁及以上人口为 370.29 万人，占 15.45%，增加 17.34 万。这背后蕴含着"两减一增"问题，两减是总人口减少、出生人口减少，一增是老年人口增多，"两减一增"趋势的叠加导致人口抚养比上升、劳动力人口减少、抚养老年人的社会负担加重等问题。

人才短缺问题突出。内蒙古高技术行业从业人数和增速双下降，人才短缺现象严重，尤其是大数据、人工智能、新能源、高性能计算相关产业的高层次人才短缺更加严重。以科学研究与技术服务业为例，2019 年科学研究与技术服务业就业人数为 70176 人，2020 年为 62987 人，2021 年为 59430 人，2022 年为 56302 人[1]，高技能人才数量逐年递减。内蒙古科技创新平台规模较小，人才培养和引进机制不完善，导致在吸引高端人才方面存在较大难度，人才的缺乏又进一步制约了创新型企业的发展和科技创新能力的提升，形成恶性循环。技术人员和创新型人才的短缺影响企业创新能力的提升，制约科技创新发展，导致科技创新后劲不足。

（六）生态环境保护治理任重道远

近些年来，内蒙古坚持生态优先推动绿色发展，生态环境得到持续改善，但生态环境保护还面临诸多困难和问题。首先，内蒙古生态退化问题依然存在。尽管生态环境保护工作取得进展，但部分区域生态仍较脆弱，退化

---

[1] 《内蒙古统计年鉴》（2020~2023）。

沙化问题仍然严峻。其次，农业用水效率和面源污染防治水平较低。农业高标准农田建设面积不足，还有部分耕地尚未采用滴灌式高效节水灌溉方式，加上受到传统大水漫灌的固有思维影响，农业节水激励机制不到位，农户节水的积极性不高，浪费水资源。农业地膜回收利用水平不高，受加厚地膜和全生物降解地膜价格较高、大茬作物使用的地膜回收难及地膜回收后再处理和再利用成本高的困扰，有的地区地膜面源污染治理效果不佳。在农业生产中，存在农药、化肥不合理使用等情况，导致农业面源污染，对生态环境产生一定影响。最后，一般工业固体废弃物利用率偏低。固体废弃物的资源化利用是废弃物利用中的难题。内蒙古固体废弃物的综合利用水平偏低，据统计，2023年内蒙古固体废弃物综合利用率为40.54%，全国平均水平为57.62%，比全国低17.08个百分点。

三 内蒙古经济社会发展形势研判及对策建议

（一）内蒙古经济社会发展形势研判

1. 国内外环境形势分析

2023年以来，国际形势依然复杂严峻，受俄乌冲突、巴以冲突等局势长期影响，叠加全球产业链调整、贸易保护主义、紧缩货币政策、债务风险上升等因素，发达经济体工业生产仍不够活跃，国际贸易增长仍然有限，世界经济复苏进程仍然乏力且不均衡。同期，国内经济虽然受到外部不稳定因素的影响和个别国家的全方位打压，但在长远战略布局和近年来多重经济政策的有效支持下，我国经济长期向好的基本面没有改变，经济运行中积极因素增多，动能持续增强，经济波动式进入恢复轨道。2024年上半年，内蒙古融入国内大市场的进度加快，区内市场进一步开放，受全国市场影响明显增大，随着全国经济探底回暖，内蒙古经济也将迎来进中游的良好机遇。

2. 内蒙古经济社会走势研判

2024年上半年，受煤炭价格波动和政府投资项目优化管理的影响，拉动内蒙古经济的传统要素——煤炭和基建投资拉动力受到限制，但能源要素的供给保障能力增强，新能源、工业、装备制造业、高技术制造业增加值呈高速增长态势，表现良好，加之居民消费信心的增强和消费市场的逐渐恢复，成为内蒙古经济平稳向好、高质量发展的有力支撑。

在短期内，内蒙古经济预计不会呈现超强的增势。从供给侧来看，由于近年来煤炭价格波动较大，对财政收入和工业增长造成影响，尽管将迎来季节性用煤高峰，煤炭价格有可能小幅上涨，但受进口煤的冲击，涨幅不会很大，对自治区经济增长的拉动力不会剧增。虽然新能源等新兴产业增长很快，起到一定支撑作用，但是体量小辐射面窄，对经济的拉动力有限。因政府投资项目优化管理的影响，各项投资对经济增长的贡献也不会大幅度增加。从需求侧来看，2023 年至 2024 年上半年，消费和外贸都有所上升，但是受国内外环境和经济整体趋势影响，无论是对外贸易还是居民消费，都不可能在短期内发生巨大变化，对经济增长的拉动作用有限。另外，受区域经济结构单一、总量不大以及发展不均衡等影响，短期内蒙古就业仍面临巨大压力，居民收入增长和消费增长仍然受限，同时随着老年群体规模的扩大，为其提供的社会保障不断增加；受减免税、增加补贴等政策及经济发展影响，财政收入水平将受影响，财政自给率下降。

课题组综合上述因素，运用柯布—道格拉斯生产函数模型，对内蒙古 2024 年和 2025 年 GDP 进行初步预测。假设规模报酬不变的条件下，综合考虑产业结构因素，得到以 C-D 生产函数为基础的增长核算模型，根据模型估算和预测结果，2024 年内蒙古潜在增长率为 6.07%，2025 年潜在增长率为 5.8%。

总体来看，2023~2024 年，在国际国内各种复杂因素影响下，内蒙古经济承压平稳运行，经济总量有望跻身全国中等行列，2024 年和 2025 年经济实际增长率预计分别为 6.3% 和 7%。

（二）对策建议

当前内蒙古经济社会运行总体平稳，工业、固定资产投资均保持稳健增

长，消费市场平稳，高质量发展有序推进，但自治区经济社会发展仍然存在诸多问题。按照党中央和自治区党委新部署、新要求，围绕进一步全面深化改革、"闯新路、进中游"发展目标不动摇，应落实落细各项政策举措，促进经济社会高质量发展。

1.加快形成新质生产力，促进传统产业转型升级

近年来，内蒙古立足资源禀赋，积极探索资源型地区转型发展路径初见成效，要继续坚持多元化发展思路，准确把握发展趋势，科学谋划，提前布局。

（1）做大做强新兴产业，培育壮大新质生产力

当今世界正处于新一轮科技革命和产业变革加速演化时期，新兴产业层出不穷，新质生产力逐渐形成。内蒙古首先要把握发展趋势，科学谋划发展方向，瞄准市场需求，大力发展风光氢储、生物制药、新材料、商业航天、低空经济等新兴产业，同时，抓住国家实施"东数西算"工程的契机，加快发展数字经济、推进产业数字化转型，对今后产业绿色智能化发展发挥积极作用。其次要发挥政府投资引导作用、持续加大对新兴产业的投资力度，引领民间投资向新兴产业领域聚集，借助"科技产业金融一体化"试点，推动金融资本、社会资本和产业资本形成合力，为新兴产业发展提供资金支持。最后要以研发创新为抓手，加速关键核心技术攻关、核心零部件研发，同时建立科技中小企业及领军企业培育机制，推广应用新技术新零部件，发展壮大新兴特色产业。

（2）扩大现代服务业有效供给，提升新质生产力与传统产业的融合水平

当前，以信息数字技术为主导的现代服务业已成为保障工业企业生产延续性、提高工业技术水平、促进产业转型升级和提高生产效率的重要力量。数字革命时期，内蒙古应提高现代服务业数字化水平，完善现代服务体系，扩大现代服务业有效供给，促进新质生产力和传统产业融合发展，提升生产性服务业的服务能力。内蒙古生产性服务业与国内发达地区相比发展较落后，无法满足传统产业转型升级需求。为解决这一难题，首先，通过引进或合作方式，把发达地区的现代服务企业"请进来"，弥补短期内内蒙古现代

服务业有效供给的不足，提高内蒙古现代服务能力，为传统产业转型升级提供有力支撑，满足传统产业转型升级需求。其次，加快发展本地生产性服务企业。扶持和培育本地生产性服务企业，鼓励本地企业与发达地区先进生产性服务企业合作，共同参与本地区招投标项目，为本地生产性服务企业提供更广泛的应用场景，提升本地企业的服务能力和竞争力。最后，加强人才队伍建设。积极完善内蒙古人才引进和评估政策体系，拓宽人才引进渠道，准确识别高水平优秀人才，解决高水平人才紧缺问题；根据现有人才的职业发展需求和个人特点，提供个性化培训，提升现有人才的工作技能、拓展其知识储备；提高薪酬和福利待遇，吸引和留住优秀人才。

促进新质生产力和传统产业的深度融合。新质生产力的核心是技术革命突破和生产要素创新性配置，与传统产业深度融合能够为传统产业注入新的活力，推动社会生产力的提升。内蒙古应发挥后发优势，通过将新质生产力融入传统产业生产的各个环节推动传统产业优化升级、用产品生产和环境保护高标准倒逼传统产业转型升级。首先，坚持以新能源带动新工业、以先进制造业带动新型工业化，大力推进低碳工艺改革，以科技创新引领、数字化智能化赋能，加快产业向"高""智""绿"转型，塑造绿色低碳新业态新模式。其次，严格限制高耗能高耗水产业上马，推进"两高"行业限制类产能改造转型升级或退出市场。推进"煤改电""煤改气""气化内蒙古"行动，深入实施煤电"三改联动"，促进能源消费结构优化和重点领域节能降耗，积极实施节能、节水、节材、节地和资源综合节约升级类项目。最后，建设绿色发展园区、工厂和产业链，搭建绿色发展载体和产业链；基于资源优势、产业发展良好基础，响应国家政策，主动承接发达地区产业转移，不断推进优势支柱产业延链补链强链，坚持从"无中生有"到"有中生优"，大力引进优质企业落户、优好项目落地，建设现代化产业体系，深入落实"双碳"战略，不断推动产业结构优化升级。

2. 加快结构调整，优化经济结构

2023年以来，内蒙古经济保持稳定发展，三次产业在国民经济中的地位和作用不断调整，第一、第二产业比重下降，第三产业比重稳定上升，产

业结构趋于合理化，但经济结构调整优化仍存在较大的空间。

优化农牧业产业结构。根据市场需求和资源优势，发展特色农牧业和绿色农牧业，推进高标准农田建设和现代畜牧业建设，调整农牧业种植养殖结构。推进农牧业产业化经营，培育和壮大农牧业产业化龙头企业，发展农牧业合作社、家庭农场等新型经营主体，建立完善农牧业产业化经营体系，发展有机农业、生态畜牧业，打造绿色农畜产品品牌。加强优质农畜产品的生产和加工，提高农畜产品的附加值，实现农牧业生产、加工、销售一体化，提高农牧业的经济效益和市场竞争力。

加大科研投入，加强科研成果转化应用，以科研推动产业高质量发展。建立财政科技投入稳定增长机制，逐年扩大科研投资规模。出台税收优惠政策，鼓励企业加大研发投入、开展技术创新活动，推动科技成果转化和产业化，鼓励科技创新型中小企业、"专精特新"企业上板。加强科研创新平台建设，支持企业、高校、科研机构等建立产学研合作创新平台，联合攻关关键技术和零部件研发，提高自主创新能力，鼓励企业通过使用和推广科研成果实现转型升级，推进产业高质量发展。

加快发展现代服务业。要把培育服务业经营主体作为重中之重，在政策供给、资源配置、人才引育、资金保障方面加大对企业的支持力度，加快打造现代服务业集聚区，推动现代服务业高质量发展。重点发展现代金融、现代物流、电子商务、康养产业、科技信息服务、精品旅游、文化创意、教育培训等产业，提高服务业的比重和水平。

促进区域协调发展。根据内蒙古各地区的自然资源、人口资源禀赋和区域发展基础，对各盟市在财政、人才、土地、产业、考核制度以及基础设施建设方面实施差异化的发展政策，引导各盟市合理分工、协同发展。推进内蒙古从东到西集中集聚集约发展的经济带建设，打破东、中、西部固有模式，依托交通干线和产业融合，加强区域之间的经济联系和交流，推动区域一体化发展。

3.挖掘消费潜力，提高消费能力

首先，明确扩内需、促消费的有效办法是提高居民收入、持续提振消费。从稳就业、保岗位、促增收入手，夯实消费增长基础，加大对教育、医疗、养老等方面的财政支持和政策保障力度，化解居民消费的后顾之忧，推动居民收入增长与经济增长同步，提高居民消费意愿。其次，持续利用消费券等杠杆，继续真金白银补贴消费者，延长消费券发放时间，激发居民消费热情，特别是促进新能源汽车、绿色智能家电家居等商品消费，推动消费升级。再次，围绕文旅、餐饮等重点行业领域，满足高端消费和大众消费多元化需求，通过产品、服务、业态等多维度创新，形成多元化消费市场，既不缺高档商品、高端餐饮的引领，也不乏经济适用的个性化消费，鼓励实体商业以"社交+"为切入点，设计打造宜聚会、消遣、娱乐的新型经济业态，延伸消费场景，持续推动消费潜力释放。最后，培育挖掘"银发经济"发展空间。通过鼓励开发特色疗养、养生旅游、蒙医医药、蒙医心身医疗、民族特色养生等多种模式养老康养产业，撬动自治区546万老年人的"服务消费"热情，激活银发经济潜力。

4. 扩大就业，提高居民收入

近年来，国家和自治区出台一系列具体政策措施稳定就业和提高收入，取得一定成效。要将以坚持就业优先为导向、提高居民收入为目标作为最重要的民生，不断创造就业岗位，实现充分稳定就业，推动居民收入稳步提高。

（1）想方设法推动充分稳定就业

一是出台鼓励企业扩大用工政策。针对目前经济承压运行时期一些创新型或市场前景较好的民营企业扩大用人规模，提供部分税收减免、定向金融贷款扶持政策。有条件的盟市可以向一些中小微企业招录应届毕业生、就业困难人员给予社保补贴，降低企业用工成本，鼓励扩大用人规模。二是优化职业教育体系，保障职业教育质量。根据市场需求和产业发展方向，调整职业院校的专业设置，加强与企业合作，开展"订单式"培养，尽量保障专业设计与企业需求相对应。提高职业教育教师队伍素质和教学能力，理论学习与实践应用相结合，提高学生动手操作能力，让学生掌握一技之长，满足社会用工需求。三是促进重点群体就业。加强高校毕业生就业指导和服务，

组织开展各类校园招聘活动，拓宽高校毕业生就业渠道，搭建企业和毕业生之间的交流平台，鼓励企业吸纳高校毕业生就业。同时，引导高校毕业生到基层、到艰苦地区就业，落实相关优惠政策。支持高校毕业生自主创业，提供创业培训、创业指导、创业贷款等方面的支持，鼓励毕业生发挥自身的专业优势和创新能力，开展创业活动。加强农民工职业技能培训，提高农民工的就业竞争力。四是倡导青年和家长树立正确就业观念。通过媒体宣传倡导树立正确就业观念，摒弃只有考编制才算正式工作的传统观念，引导青年到其他岗位就业，帮助其树立"先就业、再择业"的积极就业观念。

（2）提高居民收入

在促进就业的同时，还要完善收入分配制度，提高最低工资标准，确保劳动者的基本收入。根据经济发展水平和物价变动情况，定期调整最低工资标准，保障低收入群体的生活水平。加大税收调节力度，对高收入群体加强税收征管，合理调节过高收入，对中低收入群体实施税收减免或优惠政策，减轻其税收负担。

5. 加大科技研发投入，提升科技创新能力

要充分认识到自治区科技研发投入不够、创新能力不足、创新体制机制不完善问题，加快推进"科技兴蒙"行动，实施支持科技创新的政策措施，提升科技创新能力，推动经济发展。一是建立政府科技投入刚性增长机制，确保政府在科技创新领域的资金投入逐年增加。设立专项科技基金，重点支持关键核心技术研发、创新平台建设、科技人才培养等项目。二是通过税收优惠、财政补贴等政策措施，鼓励企业加大研发投入。对企业的研发费用按照一定比例进行加计扣除，降低企业的研发成本，提高企业开展科技创新的积极性。完善知识产权抵押贷款机制，引导金融机构加大对科技创新企业的信贷支持力度。设立科技贷款风险补偿基金，降低金融机构的信贷风险，为企业科技创新提供充足的资金支持。三是强化企业创新主体地位，培育创新型企业，实施高新技术企业和科技型中小企业"双倍增"行动，加大对企业的培育和扶持力度。建立企业创新培育库，对入库企业进行重点跟踪和服务，帮助企业解决

在创新过程中遇到的问题。

6.重视人口发展，解决人才短缺问题

内蒙古正面临"少子化""老龄化""减量化"问题，同时还存在人才流失和人才短缺问题，如何应对人口"三化"和人才短缺成为当下亟待解决的问题。

（1）积极推进人口发展措施

发达的经济和舒适的人居环境是人口集聚的重要条件。因此，内蒙古应把经济发展和保护恢复生态环境放在优先地位，改善营商环境，引进先进企业，繁荣区域经济，落实保护恢复环境政策，创造环境优美、经济发达的良好社会环境，吸引更多的人口来内蒙古工作生活。扩大现有生育补贴政策的辐射范围，不仅补贴二孩和三孩，还要补贴一孩，同时加大个税抵扣额度，提高育龄人口收入，减少抚养负担。国家层面出台相关政策解决不同区域和不同工作领域之间性别比例失衡问题，缩短适婚年龄人口之间的空间距离、促进适婚年龄人口交流、提高适婚年龄人口的成婚概率。

（2）有效实施人才引育政策

人才是经济社会发展的第一资源，有效实施人才引育政策有利于地区经济社会良性发展。加强本土人才培养，优化教育体系，首先，提升中小学教育质量，注重培养学生的创新思维、实践能力和科学素养，为学生未来的学习和发展打下坚实基础。强化科学、技术、工程、数学（STEM）教育，在课程设置中增加相关学科的比重和实践环节，激发学生对科学技术的兴趣。其次，支持区内高校加强重点学科和特色专业建设，提高学科专业与内蒙古产业发展的契合度。鼓励高校与企业合作开展产学研项目，为学生提供实习、实训机会，培养学生的实际操作能力和解决问题的能力。高校可以围绕能源、农牧业、生态环保等优势产业，打造相关的特色专业和学科群。最后，制定优惠政策，加大人才引进力度，提供具有竞争力的薪资和福利待遇，吸引人才到内蒙古工作。对于高层次人才和急需紧缺人才，可以给予特殊的薪酬待遇和补贴，为引进的科研人才提供充足的科研经费和良好的科研条件，支持他们开展科研项目和学术研究。建立科研成果转化奖励机制，对

在科研成果转化方面取得突出成绩的人才给予奖励。

7.因地制宜科学规划，加强生态环境保护与治理

加强生态环境保护和治理是建设美丽中国的重要内容，也是实现可持续发展的必要条件。随着经济社会发展和生活质量提高，人们对生态环境的要求越来越高，加强生态环境保护和治理显得尤为重要。建设祖国北方重要生态安全屏障，要根据内蒙古生态环境特点因地制宜科学规划，精准施策保护和治理生态环境。一是完善生态环境保护和治理规划体系。结合内蒙古的地理、气候、生态等特点，制定科学合理、长期稳定的生态环境保护规划，明确不同区域的生态功能定位，确保各类生态资源得到针对性的保护和管理。二是强化政策支持，出台鼓励生态环境保护的税收优惠、补贴奖励等政策，引导企业和个人积极参与生态环境保护。三是加强生态修复治理与经济发展结合的良性互动。严格落实草畜平衡制度，加强草原禁牧、休牧和轮牧管理，让草原得到充分休养生息。推广草原改良技术，通过补播草种、施肥等措施，提高草原植被覆盖率和质量。加大对生态产业的扶持力度，推动生态农业、生态旅游等绿色产业发展，实现生态保护与经济发展的良性互动。四是加强森林资源管理，严厉打击非法砍伐、盗伐等行为。加大植树造林力度，提高森林覆盖率，特别是在生态脆弱地区和荒山荒地开展造林工程。五是继续推进防沙治沙工程，采取植树造林、封沙育林、设置沙障等措施，固定沙丘，防止沙漠化扩大。加强沙地资源的综合利用，有效推进内蒙古防沙治沙和风电光伏一体化工程，实现生态和经济效益的双赢。

参考文献

王俊莲、王晓芳主编《甘肃经济发展分析与预测（2024）》，社会科学文献出版社，2024。

李培林、陈光金、王春光主编《2024年中国社会形势分析与预测》，社会科学文献出版社，2023。

经济篇 ❩

B.2
内蒙古农业与农村经济发展形势分析

李赛男*

摘　要： 　2023~2024年内蒙古农业农村经济发展形势整体向好，粮食和畜牧业生产总量稳定增长，政策支持力度不断加大，农牧业发展韧性持续增强，品牌建设影响力显著提高，农业绿色发展取得显著成效。鉴于此，本报告在深入分析内蒙古农业农村经济发展形势与趋势的基础上，结合内外部环境因素的变化，探讨内蒙古农业农村经济在政策引领、转型升级、科技创新、绿色发展和品牌建设等方面的突出亮点，内蒙古农业农村经济发展仍存在农牧业全产业链发展不完善、农村牧区"三块地"改革推进缓慢、农产品优质不优价、养殖业利润空间收窄等问题挑战，为促进内蒙古农业农村经济高质量发展，需推动农牧业全产业链发展、加大农村牧区"三块地"改革力度、提高农产品议价能力、保障养殖业经济收益。

＊　李赛男，内蒙古自治区社会科学院经济研究所副研究员，主要研究方向为产业经济。

关键词：农牧业　农业农村　牧区改革　内蒙古

一　2023~2024年内蒙古农牧业经济运行总体情况

2023年内蒙古农业农村经济运行情况良好，粮食生产再创新高，畜牧业生产总量稳定增长，奶业振兴发展迈出新步伐，农村居民收入与消费水平稳步提升，为全区经济稳进提质、向上向好发展提供了有力支撑。2024年上半年内蒙古农牧业经济运行情况良好，农业生产稳步推进，畜牧业生产总量平稳增长，农村居民收入持续增长。

（一）内蒙古粮食产业稳步向好

1. 粮食生产再创新高

内蒙古自治区是全国重要的粮食生产区之一，粮食生产规模持续扩大，粮食总产量不断创出新高。2023年全区粮食播种面积达到10477.1万亩，比2022年增加49.3万亩，实现粮食生产的"二十连丰"；2023年全区粮食总产量达到791.6亿斤，比2022年增加11.4亿斤，稳居全国第6位；2023年全区主要粮食作物平均单产达到378公斤/亩，比2022年每亩单产量约提高4公斤。[①] 2024年上半年，内蒙古粮食产业已经顺利完成春播，为粮食丰收奠定了坚实基础。虽然具体粮食产量数据尚未公布，但根据以往趋势和当前农业生产条件，预计粮食生产将保持稳定或略有增长。

2. 粮食生产基础不断夯实

2023~2024年内蒙古高标准农田建设呈现积极向好的态势，为自治区农业生产的稳定发展奠定了坚实基础，为乡村振兴战略的深入实施提供了有力支撑。截至2023年底，内蒙古已累计建成高标准农田5237万亩，承载了自

---

① 内蒙古自治区农牧厅：《2023年全年自治区农牧业经济运行情况》，2024年3月22日。

治区 2/3 以上的粮食产能①，高标准农田建设为内蒙古粮食生产总量的稳定增长提供了坚实保障。2024 年内蒙古计划扩大建设高标准农田规模，计划建设规模为 850 万亩。② 截至 2024 年上半年，内蒙古高标准农田建设项目已经取得显著进展。例如，呼和浩特市土默特左旗的高标准农田建设项目已经全面启动，并且部分项目已经开工建设。内蒙古通过建设高标准农田，不仅有效提升了粮食综合生产能力、提高了农业生产效率、促进农民收入增长，而且有力保障了国家粮食安全、促进农业现代化发展，为自治区乡村振兴做出了重要贡献。

3. 粮食收购与市场价格基本稳定

2023 年内蒙古粮食价格整体呈现稳中有涨的态势，受市场供需关系、国际市场价格波动、政策调控以及天气条件等多种因素的影响，不同品种、不同时间段的粮食价格波动情况有所不同。其中，2023 年全区玉米价格整体呈现波动上涨的态势，2023 年一季度全区玉米平均收购价格为 132.08 元/50 公斤，同比上涨 4.54%。③ 2023 年二季度随着疫情防控形势好转和深加工企业开机率回升，玉米收购价格继续上涨。2023 年 7 月受国际粮价大幅回落、国内陈稻投放和国内玉米需求疲软等因素影响，玉米价格有所下降。2023 年四季度受新季玉米收获上市进度偏慢、收获和烘干成本增加等因素影响，玉米价格有所上涨；受基层豆源见底、优质大豆资源短缺以及国际市场价格波动等因素影响，2023 年全区大豆价格呈现高位平稳运行的态势。2023 年一季度呼伦贝尔市大豆平均收购价格为 296.67 元/50 公斤，同比上涨 2.74%。④ 2023 年全区小麦价格整体呈现上涨趋势，2023 年一季度全区小麦标准品平均收购价格为 141.69 元/50 公斤，同比上涨 7.14%。⑤ 2024 年上半年，内蒙古粮食价格整体呈现稳中有变的态势，小麦价格小幅上涨，

---

① 内蒙古发展改革委：《政策助力内蒙古高标准农田建设成效显著》。
② 内蒙古自治区人民政府：《高标准农田建设忙》，2024 年 3 月 19 日。
③ 内蒙古自治区发展改革委：《2023 年一季度全区粮价行情回顾及后市展望》，2023 年 4 月 17 日。
④ 内蒙古自治区发展改革委：《2023 年一季度全区粮价行情回顾及后市展望》，2023 年 4 月 17 日。
⑤ 内蒙古自治区发展改革委：《2023 年一季度全区粮价行情回顾及后市展望》，2023 年 4 月 17 日。

玉米收购价格总体呈现下降趋势。2024年上半年，小麦标准品平均收购价格和玉米平均收购价格分别为145.63元/50公斤、118.19元/50公斤，同比分别上涨1.90%和下降10.09%。① 此外，虽然上半年大豆价格具体数据尚未公布，但是由于国际大豆供需延续宽松格局，国内大豆市场也受到国际市场价格波动的影响，预计大豆价格将以平稳运行为主。

（二）内蒙古畜牧业稳步向好

1. 畜牧业生产总量稳定增长

一是内蒙古畜牧业生产总量持续增长。2023年猪牛羊禽肉总产量达到285.4万吨，同比增长2.7%。其中，猪肉、牛肉、羊肉和禽肉产量均有所增长。2024年上半年猪牛羊禽肉总产量达到102.2万吨，同比增长4.3%。由此可见，2023~2024年内蒙古畜牧业生产总量呈现稳步提升的态势。二是畜禽存栏与出栏情况稳定。2023年末生猪、牛、羊、家禽存栏量分别为629.9万头、947.7万头、6180.6万只以及5929.1万只，比2022年末分别增长5.5%、15.5%、0.9%和7.9%。2024年二季度末生猪、牛以及羊存栏量分别为641.3万头、971.2万头以及6793.6万只，分别增长1.5%、6.3%和1.0%。② 由此可见，2023~2024年自治区生猪产能一直处于高位，肉牛产业继续保持区域养殖优势，肉羊产业依然是自治区畜牧业的重要组成部分，家禽养殖业也在稳步发展。

2. 奶业进一步振兴发展

2023~2024年内蒙古奶业呈现稳中有进、积极向好的态势，在产量规模、产业链完善及龙头企业引领等方面均取得显著的发展成果。一是产量与规模持续扩大。奶牛存栏量实现稳步增长，2023年奶牛存栏量达到168.7万头，比上年增长6.1%；牛奶产量显著提升，居全国首位。③ 2023年牛奶

---

① 内蒙古自治区发展改革委：《2024年上半年全区粮价行情回顾及后市展望》，2024年7月25日。
② 内蒙古自治区统计局：《内蒙古自治区2023年国民经济和社会发展统计公报》，2023年3月21日。
③ 内蒙古自治区农牧厅：《对自治区十四届人大二次会议第209号建议的答复》。

产量达到792.6万吨，同比增长8.0%；乳制品加工能力逐步提升，2023年规模以上乳制品产量达到473.0万吨，同比增长13.2%。[①] 2024年上半年内蒙古牛奶产量增长率为2.6%[②]，奶业在保持稳定发展的同时，仍不断扩大生产规模和提高产量。二是产业链不断完善。内蒙古在奶业全链条升级方面取得显著进展，通过打造饲草基地、种源基地、奶源基地和产业集群等关键环节，全面提升奶业产业链综合竞争力。三是龙头企业引领作用显著。内蒙古的奶业龙头企业如伊利、蒙牛等在全球乳业中的地位不断提升，伊利和蒙牛均进入全球乳业企业10强，分别位列第五和第八，全区奶产业产值有望突破2200亿元。

（三）内蒙古农村居民收入与消费

1. 农村居民收入稳步增长

农村居民人均可支配收入主要由工资性收入、经营净收入、财产净收入和转移净收入四部分构成。随着内蒙古乡村振兴战略深入实施、农业产业结构优化升级，农村居民的收入来源日益多元化，农村居民收入水平持续提高。2023年农村牧区常住居民人均可支配收入为21221元，同比增长8.0%，其增速高于全区全体居民人均可支配收入增速和城镇居民人均可支配收入增速。[③] 2024年上半年农村牧区常住居民人均可支配收入为8932元，同比名义增长6.9%，高于城镇居民人均可支配收入增速。[④] 由此可见，2023~2024年内蒙古自治区农村居民收入增长势头良好。

2. 农村居民消费水平逐步提高

内蒙古农村居民的消费结构逐步优化升级，从满足基本生活需求向追求更高品质的生活转变。在食品、衣着等基本生活消费保持稳定增长的同时，教育、医疗、交通、通信等发展型和享受型消费支出不断增加。2023年内

---

① 内蒙古自治区农牧厅：《对自治区十四届人大二次会议第209号建议的答复》。
② 内蒙古自治区统计局：《上半年全区经济运行稳中有进、积极向好》，2024年7月19日。
③ 内蒙古自治区人民政府：《主要数据指标》，2024年3月26日。
④ 内蒙古自治区统计局：《上半年全区经济运行稳中有进、积极向好》，2024年7月19日。

蒙古农村牧区居民人均生活消费支出为 18650 元，两年平均增长 9.0%，表明农村居民消费能力不断增强，消费支出呈现稳步增长态势。①

二 2023~2024年内蒙古农业农村经济发展的突出亮点

2023~2024 年内蒙古农牧业在政策引领、转型升级、科技创新、绿色发展和品牌建设等方面均取得显著成效，进一步提升了内蒙古农牧业的综合生产能力和市场竞争力，为内蒙古经济发展注入了新的活力和动力。

（一）政策支持力度不断加大

2023 年内蒙古自治区党委、政府出台多项政策措施，推动农牧业高质量发展，包括《内蒙古自治区耕地建设与利用资金使用管理实施细则》《内蒙古自治区推进奶产业高质量发展若干政策措施》《关于支持种业振兴的政策措施》等。在 2023 年自治区政府公开发布的《内蒙古自治区 2023 年坚持稳中快进稳中优进推动产业高质量发展政策清单》中，明确指出要增强粮食综合生产能力、推进农牧业全产业链发展、实施种业振兴行动和奶业振兴行动等。此外，2024 年 1 月内蒙古自治区农牧厅发布《内蒙古数字农牧业农村牧区发展规划（2023—2025）》，指出要以数字化引领驱动农牧业农村牧区现代化，为建设国家重要农畜产品生产基地、建设农业强国提供有力支撑。2024 年 2 月，内蒙古自治区人民政府办公厅发布《关于支持设施农业、设施畜牧业发展若干措施的通知》，指出到 2030 年构建起区域布局更加合理、科技装备条件显著改善、发展质量效益和竞争力不断增强的现代设施农业新格局。

（二）农牧业发展韧性持续增强

2023~2024 年内蒙古农牧业的发展韧性在多个方面得到显著提升，为农

---

① 内蒙古自治区统计局：《上半年全区经济运行稳中有进、积极向好》，2024 年 7 月 19 日。

牧业的持续健康发展奠定了坚实基础。一是龙头企业带动能力增强，2023年新认定自治区龙头企业 149 家，自治区级以上龙头企业达到 770 家[①]，龙头企业在技术创新、市场开拓、品牌建设等方面发挥引领作用，带动农畜产品加工转化增值增效。二是农牧业社会化服务显著完善，2023 年内蒙古在 5个旗县、20 个乡镇、100 个村开展示范与推广行动，带动全区农业社会化服务面积达到 2400 万亩，有效提高了农牧业生产效率和资源利用效率。

（三）品牌建设影响力显著提高

2023~2024 年内蒙古农牧业品牌的数量和质量均显著提升，品牌知名度和美誉度不断提高。一是打造农牧业品牌，支持自治区建立健全农牧业品牌目录，积极推进绿色食品、有机农产品和地理标志农产品等类别的认证工作。推动"蒙"字标等区域公用品牌建设，提升内蒙古农牧产品知名度和美誉度。二是加强市场开拓，支持农畜产品加工企业和流通企业拓展国内外市场渠道，加强线上线下融合营销体系建设。组织参加国内外农产品博览会、展销会等活动，提升内蒙古农牧产品市场影响力。

（四）绿色发展取得新成效

2023~2024 年内蒙古坚持生态优先、绿色发展理念，推动绿色生态农业高质量发展。通过不断提高农业生产效率、保护生态环境、促进农业可持续发展，在推进农业绿色发展方面取得了突出成效。一是推广绿色生产技术，内蒙古持续实施农业"四控"行动，即控肥、控药、控水、控膜，通过科学施肥、生物防治、节水灌溉、地膜回收等措施，减少化肥农药使用量，提高水资源利用效率，降低农业面源污染。并且，加强农作物病虫害绿色防控技术的研发和推广，如利用天敌昆虫、生物农药等绿色防控手段，减少化学农药的使用。二是加强农业资源循环利用，推进畜禽粪便资源化利用重大工

---

① 《五大看点透视 2023 年内蒙古农牧业"成绩单"》，http://www.nmg.xinhuanet.com/20231227/62d48604db2d48128daddebef9ff33fb/c.html，2023 年 12 月 27 日。

程建设，鼓励发展生态循环农业，将畜禽粪污转化为有机肥料和生物质能源。加大秸秆还田力度，推进农作物秸秆综合利用。依托国家废旧地膜回收利用示范县项目，推进地膜及农资包装废弃物的减源、回收、利用示范，减少农膜对土壤的污染。三是推进农业绿色发展示范区建设，内蒙古在部分地区建设农业绿色发展示范区，通过示范区建设带动周边地区农业绿色发展。在示范区内推广绿色种植、绿色养殖、资源循环利用等绿色发展模式，形成可复制、可推广的经验和做法。

三　2023~2024年内蒙古农业农村经济发展存在的主要问题

（一）农牧业全产业链发展不完善

内蒙古农牧业全产业链发展存在多方面问题，不仅影响了农牧业的整体效益，也制约了农牧民收入增长和农村经济发展。一是产业链短且不完整，内蒙古农牧业产业链相对较短，多数产品仍停留在初级加工阶段，缺乏深加工和高附加值产品，导致农牧业产品附加值低，市场竞争力不足。此外，内蒙古农牧业产业链条不完整，上下游企业之间缺乏有效的协作和联动，难以形成完整的产业体系。二是农产品加工深度不足，内蒙古农牧业加工企业数量少、规模小、技术水平低，难以满足市场对高质量、多样化产品的需求。许多企业仍然采用传统的加工方式，缺乏先进的生产技术和设备，导致农牧业产品尤其是畜产品的加工深度相对不足。三是农牧业科技支撑不足，科技支撑对于农牧业产业链延伸和升级至关重要，内蒙古在农牧业科技研发、技术推广和人才培养等方面均存在不足，导致农牧业生产技术含量较低，难以开发出高附加值的产品，从而限制了产业链的延伸。四是市场体系不健全，健全的市场体系是农牧业产业链延伸的重要保障，内蒙古农牧业市场体系不完善，市场信息不对称、流通渠道不畅等问题仍然存在，导致农牧业产品难以及时、准确地反映市场需求变化，对产业链延伸的保障能力有待进一步提高。

（二）农村牧区"三块地"改革推进缓慢

内蒙古农村牧区改革，特别是"三块地"，通常指的是农村土地、宅基地和集体经营性建设用地的改革推进缓慢。一是产权关系复杂性与地权分散性，内蒙古农村牧区的土地产权关系相对复杂，地权、地块的分散性增加了改革的难度。其复杂性不仅体现在土地权属的界定上，还涉及不同利益主体之间的权益分配问题。此外，由于历史原因和政策限制，土地、宅基地和集体经营性建设用地的流转和交易受到诸多限制，导致市场发育不完善，价值难以充分体现。二是金融机构态度谨慎，由于农村牧区土地价值偏低、农业经营风险较大，金融机构在提供土地抵押贷款时态度谨慎。部分金融机构认为农地、农房抵押后的处置难度较大，风险较高，因此不愿意提供此类贷款，导致农村牧区土地融资困难，难以吸引外部投资，进一步制约了改革的推进。三是农牧民认知和参与度不足，部分农牧民对土地改革的认知不足，缺乏参与改革的积极性和主动性，对改革带来的长远利益缺乏信心。四是基础设施与公共服务滞后，内蒙古农村牧区的基础设施建设和公共服务普及相对滞后，使得土地资源的开发利用受到限制。教育、医疗等公共服务也存在相对滞后的问题，影响了农牧民的生活质量和改革意愿。

（三）农产品优质不优价问题突出

内蒙古农产品优质不优价的问题，主要涉及农产品品牌建设、市场营销、供需关系以及深加工能力等多个方面。一是品牌保护力度需要进一步加大，内蒙古农畜产品虽然具有地方特色和品质优良的优势，但品牌保护力度不够，品牌知名度和市场占有率不高，导致部分优质农产品在市场上难以获得应有的价值认可。二是市场营销能力有限，内蒙古农产品在市场营销方面相对滞后，缺乏有效的营销策略和手段。这导致农产品在市场中的竞争力不足，难以吸引更多消费者的关注和购买。三是信息不对称问题，农产品市场价格受供需关系影响较大，当市场供应充足时，农产品价格往往较低；而当

市场供应紧张时，农产品价格则可能上涨。内蒙古农产品在生产和销售过程中，可能存在信息不对称、供需失衡等问题，导致优质农产品难以获得合理的市场价格。

（四）养殖业利润空间收窄

2023~2024年内蒙古养殖业饲养成本居高不下、利润空间收窄，且多数企业处于亏损状态，主要问题包括以下三个方面。一是饲养成本增加，饲料是养殖业的主要成本之一，由于玉米、豆粕等饲料原料价格不断上涨，显著增加了养殖成本。另外，随着劳动力价格逐年上涨，养殖业的人工成本也在不断增加。例如，在奶牛养殖中，用工数量和劳动日工价的增加都导致人工成本的上升。二是畜产品价格显著下跌，受市场供需关系、外部环境变化等因素的影响，畜产品价格出现了显著性下跌。例如，生猪价格一直处于低位运行，牛肉价格持续下降，直接压缩了养殖业的利润空间。三是多数养殖业企业处于亏损状态，饲养成本上升和畜产品价格下跌同时发生，导致养殖业利润空间被严重压缩。当成本高于售价时，养殖业自然会陷入亏损状态。此外，散养户和小规模养殖户在面临市场波动和疾病等风险时抵御能力较弱。一旦市场出现不利变化或疾病暴发等突发情况，小规模企业容易陷入亏损甚至破产的境地。

四 促进内蒙古农业农村经济高质量发展的对策建议

（一）推动农牧业全产业链发展

促进内蒙古农牧业全产业链发展需要政府、企业、社会等多方面的共同努力和支持。可通过加强政策支持、推动科技创新、优化产业结构以及推动产业融合等措施，有力推动内蒙古农牧业全产业链健康发展。一是加大政策支持与资金投入力度，各级政府应继续加大对农牧业全产业链发展的财政支持力度，特别是针对关键环节和薄弱环节的投入。制定和完善相关政策，为农牧业全产业链发展提供良好的政策环境，包括税收优惠、贷款贴息、保险补贴等。二是推动科技创新与成果转化，鼓励在农牧业全产业链中各个关键环节进行关键科技攻关与研发，推动农业科技创新成果转化，建设科技小院、农牧业重大技术协同推广团队等，提高科技成果的转化率和应用效果。三是优化产业结构与布局，根据市场需求和资源禀赋，调整优化农牧业产业结构，推动传统农牧业向现代农牧业转变。科学规划农牧业产业布局，推动形成区域化布局、规模化生产、产业化经营的格局。四是推动产业融合发展，推动农牧业与加工业、旅游业等产业融合发展，延长产业链、提升价值链，增加农牧民收入。加大对新型农业经营主体的扶持力度，提高农牧业的组织化程度和产业化水平。

（二）加大农村牧区"三块地"改革力度

推进内蒙古农村牧区"三块地"改革需要政府、社会、农牧民等多方面的共同努力和支持。可通过明确权属关系、深化牧区草牧场"三权分置"改革、探索宅基地制度改革路径以及加强监督管理与评估考核等措施，有力推动内蒙古农村牧区"三块地"改革的深入推进和取得实效。一是加快推进农村土地确权登记颁证，按照权属合法、确权精准、权证适用、等级完善等要求，加快推进农村土地确权登记颁证工作，解决承包面积余缺、空间位置不明、承包界限不清等问题。二是深化牧区草牧场"三权分置"改革，牧区草牧场确权登记颁证是推进"三权分置"改革的基础，必须加快进度，确保牧民对承包草牧场的占有、使用和收益权利得到明确与保障。三是探索宅基地制度改革路径，结合内蒙古农村牧区实际情况，探索宅基地管理制度的完善路径，明确宅基地的取得、使用、转让和退出等规定。四是加强监督管理与评估考核，建立健全农村牧区"三块地"改革的监督管理机制，加强对改革过程的监督和管理，确保改革工作顺利进行。定期对农村牧区"三块地"改革工作进行评估考核，总结经验教训，及时发现问题并采取措施加以解决。

（三）提高农产品议价能力

解决内蒙古农产品优质不优价的问题需要从品牌建设、市场营销、供需关系调整以及深加工能力提升等多个方面入手，着力提升农产品的市场竞争力和附加值，实现优质优价的目标。一是提高品牌保护能力，加大品牌宣传力度，提高品牌知名度和美誉度。加强品牌保护工作，打击假冒伪劣产品。推动农产品品牌化、标准化生产。二是提升市场营销能力，开展多样化的营销活动，拓宽销售渠道，加强与电商平台、超市等销售渠道的合作，提高农产品包装和运输能力。三是调整供需关系，加强市场监测和预警机制建设，及时发布农产品供需信息，引导农民根据市场需求调整种植结构和生产规模。四是提升深加工能力，发展农产品加工业，延长产业链条，提高农产品附加值，推动农产品深加工企业技术创新和产业升级。

（四）保障养殖业经济收益

为推动内蒙古养殖业实现高质量发展，提高养殖业的整体收益水平，需要通过优化养殖结构、降低养殖成本、推广先进技术、拓宽销售渠道等措施提高养殖效益。一是优化养殖结构，推进产业升级。调整畜种结构，增加母畜、大畜、良种畜的比重，提高养殖效率和市场竞争力。鼓励和支持养殖户开展规模化、标准化养殖，提高养殖业的集约化和组织化程度。通过建设标准化养殖基地和示范区，推广先进管理模式，提高养殖效益。二是降低饲养成本，提高风险抵御能力。通过科学饲养管理、提高饲料利用率等方式降低饲养成本，积极寻找替代性饲料原料以降低饲料成本。加强动物防疫体系建设提高防疫水平减少疾病损失，利用保险等风险管理工具提高风险抵御能力。三是加强科技创新，提升养殖技术水平。积极引进和推广先进的养殖技术，如智能化养殖、精准饲养等，提高养殖业的科技含量和自动化水平。加大对养殖业科技研发的投入力度，支持科研机构和企业开展养殖新品种、新技术、新模式的研发和创新。通过科技创新推动养殖业转型升级，提高养殖效率，降低养殖风险，提升养殖业的整体竞争力。四是完善市场体系，拓宽销售渠道。加强养殖业市场体系建设，完善市场信息收集和发布机制，为养殖户提供及时、准确的市场信息。通过建立养殖业协会等组织，加强行业自律和协作，共同应对市场风险。积极拓宽养殖产品的销售渠道，加强与超市、餐饮企业等终端市场的合作，建立稳定的销售网络，并利用电商平台等新型销售渠道，扩大产品销售范围，提高市场占有率，从而为提高养殖业经济收益水平提供有力保障。

参考文献

李昊：《"一力一链两个行动"内蒙古加力推动农牧业转型》，《农民日报》2023 年2 月 7 日。

刘星、杨政伟、李昊：《内蒙古鄂尔多斯市：设施农业走新路　增收致富有"密码"》，《农民日报》2024 年 5 月 17 日。

李永桃：《聚链成势做大总量挺进中游》，《内蒙古日报（汉）》2023 年 7 月 27 日。

崔丽、李昊：《从一棵草到一杯奶》，《中国畜牧兽医报》2021 年 9 月 26 日。

苏来曼·斯拉木、夏米斯亚·卡米力江、奥斯曼·玉散：《扩大内需还是持续增收：推动经济增长的政策选择——新疆居民收入和消费数据的经验分析》，《华东经济管理》2016 年第 10 期。

B.3
内蒙古工业发展报告

马晓军[*]

摘　要： 2023年是全面贯彻落实党的二十大精神的开局之年，也是内蒙古发展史上具有里程碑意义的一年。在自治区党委办好两件大事的统领性要求和"闯新路、进中游"的奋斗目标指引下，全区工业经济运行保持稳定，工业生产总值稳步增长，新型工业化转型升级步伐持续加快、能源产业以"绿"为底、向"新"出发，链式思维做强特色优势产业，装备和高技术制造业拉动强劲，区域发展布局更加合理、工业园区建设支持力度加大，营商环境持续优化。但也要关注工业企业经营承压运行、国有企业增长活力有待提升、工业投资领域分化明显、外部市场有效需求不足、民营工业企业发展负担较重等工业经济运行中的突出问题及可能的风险点。要始终坚持稳中求进，把提振工业经济放在更加突出的位置，进一步加快新质生产力发展，推动产业升级；提升国有企业活力，增强增长动力；强化政策落实，助力企业纾困解难；打好绿色牌，实现可持续发展；壮集群，进一步提升工业园区承载力；全方位抓好落实，促进民营工业经济健康发展；多措并举，挖掘新的外贸增长点，踔厉奋发、勇毅前行，凝心聚力闯新路、进中游，不断书写中国式现代化的内蒙古新篇章。

关键词： 工业经济　绿色转型　风险防范　内蒙古新篇章

一　2023年内蒙古工业经济运行保持稳定

2023年面对严峻复杂的经济形势，全区上下砥砺前行，全面贯彻

---

* 马晓军，内蒙古自治区社会科学院经济研究所副研究员，主要研究方向为区域经济学、产业经济学。

习近平新时代中国特色社会主义思想，以铸牢中华民族共同体意识为各项工作主线，自治区党委提出办好两件大事的统领性要求和"闯新路、进中游"的奋斗目标，为书写中国式现代化内蒙古新篇章汇聚起磅礴力量，一年来，全区工业经济发展取得以下成就。

（一）工业生产总值稳步增长

2023 年，全区工业增加值比上年增长 7.2%，其中，规模以上工业增加值增长 7.4%。在规模以上工业中，分门类看，采矿业增长 2.1%，制造业增长 11.7%，[①] 电力、热力、燃气及水生产和供应业增长 16.3%。分行业看，煤炭开采和洗选业增长 8.0%，食品制造业增长 9.5%，石油、煤炭及其他燃料加工业增长 1.6%，化学原料和化学制品制造业增长 8.2%，非金属矿物制品业增长 39.2%，有色金属冶炼和压延加工业增长 12.1%，专用设备制造业增长 14.1%，电气机械和器材制造业增长 32.1%，计算机、通信和其他电子设备制造业增长 54.8%，电力、热力生产和供应业增长 5.3%。全年原煤产量 123366.3 万吨，比上年增长 1.7%；发电量 7629.9 亿千瓦时，增长 15.3%。规模以上工业企业产品中，焦炭产量 5069.3 万吨，增长 8.0%；单晶硅产量 58.9 万吨，增长 42.3%；钢材产量 3385.8 万吨，增长 11.1%；原铝产量 633.8 万吨，增长 3.7%；乳制品产量 473.0 万吨，增长 13.2%。

（二）新型工业化转型升级步伐持续加快

2023 年，全区规模以上工业中，战略性新兴产业增加值比上年增长 19.9%。非煤产业增加值比上年增长 8.3%，占规模以上工业增加值的比重为 58.5%。新产业保持较快增长，高技术制造业增加值比上年增长 33.6%，新能源装备制造业增加值增长 75.3%。新动能继续壮大，高技术产业投资比上年增长 49.2%。其中，高技术制造业投资增长 91.6%，高技术服务业

[①] 本文数据若无特殊说明，数据均来自内蒙古自治区统计局官网（https://tj.nmg.gov.cn）统计业务栏公布的统计月报、统计公报及内蒙古自治区人民政府官网（https://www.nmg.gov.cn）的政府工作报告。

投资增长 17.5%。新能源产业投资比上年增长 79.0%。制造业、高技术制造业、战略性新兴产业、科技研究和技术服务业、软件和信息服务业，均实现两位数增长。工业投资增长 32.9%，居全国第 2 位，制造业投资增长 46.4%、新能源装备制造业投资增长 1.2 倍。一般公共预算收入突破 3000 亿元，地方口径税收占全口径税收的 59.4%，居全国首位。这反映出内蒙古在调结构、转动能、提质量上迈出了坚实步伐，发展质量效益进一步提升。

（三）能源产业以"绿"为底，向"新"出发

立足禀赋优势，内蒙古逐"绿"前行、向"新"出发，提出"两个率先""两个超过"目标，即在我国各省（区、市）中率先建立以新能源为主体的能源供给体系，率先构建以新能源为主体的新型电力系统，计划到 2025 年新能源装机规模超过火电装机规模，到 2030 年新能源发电总量超过火电发电总量。截至 2024 年 5 月底，全区风光氢储装备制造项目完成投资 649.4 亿元，是上年同期的 2.4 倍，完成年度计划投资的 65%。目前全区已形成风电整建制配套能力 500 万千瓦，光伏组件供给能力 3050 万千瓦，氢能装备产能 450 台套，储能装备产能 200 万千瓦时，风光氢储装备制造全产业链基本形成，产值超过 1.2 万亿元。全区新能源总装机规模达到 10158 万千瓦、占电力总装机的比重达到 45%，同比提高 7.3 个百分点，成为全国第一个新能源总装机突破 1 亿千瓦的省份，年可发绿电约 2300 亿千瓦时，相当于减少碳排放超 1.9 亿吨。内蒙古充分发挥新能源的牵引带动作用，一手抓新能源开发建设，一手抓新能源装备制造、运维服务等关联配套产业发展，深入开展产业链招商、绿电招商，大力延链补链强链，持续壮大风光氢储四大产业集群，加快建设以呼包鄂通为重点的国家级新能源装备制造基地，新能源产业发展跃马扬鞭、突飞猛进。

（四）链式思维做强特色优势产业

实行产业链"链长制"，推进延链补链强链项目 650 个，16 条重点产业

链产值近 1.4 万亿元。新能源全产业链增加值增长 16.1%，建成全国单体规模最大的光伏治沙项目、国内在运最大陆上风电基地、世界首条固态低压储氢生产线，风光氢储装备制造业产值达到 2762 亿元，呼包鄂通 4 个基地占比达到 80%。现代煤化工产业增加值增长 15.4%，实施煤炭精深加工项目 34 个、投产 11 个，开工建设全球最大绿氢耦合煤制烯烃项目，煤制乙二醇、煤制烯烃产能均居全国第 2 位。稀土产业增加值增长 21%，重稀土金属产品实现规模化生产，10 万吨级全球最大稀土绿色冶炼项目开工，稀土、铌、锂等战略资源勘探实现新突破。农畜产品加工业增加值增长 11.6%、加工转化率达到 72%，新创建奶业、马铃薯 2 个国家级产业集群和 3 个国家级现代产业园、8 个产业强镇，创建数量位居全国第 1，建成全球最大乳酸菌种质库、国家羊遗传评估中心，肉羊产业产值达到千亿级。[①]

（五）装备和高技术制造业拉动强劲

2023 年，全区规上制造业增加值增速高于规上工业平均水平 4.3 个百分点，对全区规上工业增加值增长的贡献率达到 58.0%，较 2022 年提高 8.8 个百分点。全区 29 个制造业行业大类中，23 个行业增加值比上年增长，增长面为 79.3%。其中，16 个行业实现两位数增长。随着全区产业升级发展，技术含量和附加值较高的高端制造业保持较快增长。2023 年，全区高技术制造业增加值比上年增长 11.4%，快于规上工业平均水平约 4 个百分点。其中，医药制造业增加值增长 24.6%。2023 年，全区规上装备制造业增加值比上年增长 9.6%，是在 2022 年增长 43.3% 的基础上实现的快速增长。8 个装备大类行业中，6 个行业增加值增速高于规上工业平均水平。其中，电气机械、金属制品等行业高位运行，增加值比上年分别增长 89.2% 和 28.3%，带动全区新能源装备制造业增长 11.4%。[②]

---

① 《政府工作报告》，内蒙古自治区人民政府网站，https://www.nmg.gov.cn/zwyw/jrgz/202402/t20240204_2464393.html，2024 年 2 月 4 日。

② 《2023 年度全区经济运行情况答记者问》，内蒙古自治区统计局网站，https://tj.nmg.gov.cn/hdjl/xwfbh/202401/t20240119_2443754.html，2024 年 1 月 19 日。

2024年上半年，全区规模以上采矿业增加值同比增长4.1%，制造业增长11.0%，电力、热力、燃气及水生产和供应业增长11.5%，分别高于全国规模以上工业三大门类增速1.7个、4.5个和5.5个百分点。全区规模以上工业37个行业大类中，有25个行业增加值实现增长，增长面为67.6%。全区规模以上制造业增加值延续了2023年4月以来的两位数增长态势。一是装备制造增势迅猛，全区规模以上装备制造业增加值同比增长41.3%，高于全区规模以上工业平均水平33.8个百分点。其中，计算机、通信和其他电子设备制造业增加值同比增长58.8%，电气机械和器材制造业增长44.2%。二是高端制造业加快发展，全区规模以上高技术制造业增加值同比增长32.4%，高于全区规模以上工业平均水平24.9个百分点。其中，电子及通信设备制造业、医药制造业增加值分别同比增长49.3%、5.8%。三是光伏产品增势良好，主要原材料单晶硅、多晶硅产量分别同比增长62.3%和1.1倍，终端产品太阳能电池产量同比增长11.4倍。可见，内蒙古新的工业增长点和新质生产力正在形成，为经济发展注入活力。

（六）区域发展布局更加合理

自治区政府全力支持呼包同城化"60条"落地，以呼包同城化带动呼包鄂乌一体化加快发展，让呼包鄂乌真正成为引领带动全区高质量发展的"火车头"。呼和浩特作为首府，要真正"强起来""首起来"，全面提升综合实力，打造总部经济基地，建设"世界乳都"。包头作为老工业基地，要加快转型升级，全力建设"全国最大的稀土新材料基地和全球领先的稀土应用基地"。鄂尔多斯要当好自治区发展的顶梁柱、排头兵，建设好国家级现代煤化工示范区，打造世界级新能源产业高地。乌兰察布要全力建设绿色低碳铁合金生产基地，积极发展边腹联动枢纽经济。赤峰、通辽作为国家承接产业转移示范区，要珍惜机遇、主动作为，聚焦优势特色产业加大招商引资力度，着力发展壮大绿氢、绿氨、绿醇等产业，通过"双子星"的快速发展，带动蒙东地区跑出全面振兴发展加速度。赤峰要做实"有色金属之乡"，大力发展绿色锂基铝基新材料产业。通辽要加快建设东北地区最大的陆上风电装备制造基地。[①]

（七）工业园区建设支持力度加大

支持低碳零碳示范园区建设，对自治区低碳示范园区、零碳示范园区给予奖补。安排自治区工业园区发展专项资金，支持重点工业园区基础设施建设。突出高质量发展导向，按年度对工业园区进行考核评价，对综合实力考核评价前3名的工业园区给予资金支持；对招商引资、亩均效益、税收贡献、争先进位、科技创新等单项指标考核评价前3名的工业园区给予资金支持。对新获批的国家级高新技术产业开发区给予一次性最高2000万元研发经费支持；对进入全国排名前60名、年度排名提升5位以上及新获批的自治区级高新技术产业开发区给予一次性1000万元研发经费支持。培育新型工业化产业示范基地，对新认定的国家新型工业化产业示范基地和自治区级新型工业化产业示范基地分别给予500万元、300万元一次性奖补。

（八）营商环境持续优化

为全面贯彻党的二十大和二十届三中全会精神，坚持"抓环境就是抓发展"的理念，坚持"有效市场、有为政府，问题导向、目标导向，改革引领、数字赋能，系统集成、协同高效"的原则，出台《内蒙古自治区持续优化营商环境行动方案》，强化重点领域改革，优化政务服务环境，深化环境影响评价制度改革。对农副食品加工业，食品制造业，酒、饮料制造业，纺织服装、服饰业，制鞋业，印刷业，通用设备制造业，专用设备制造业，加油、加气站，汽车、摩托车等修理与维护业，自来水生产和供应业，天然气锅炉12类建设项目，在企业自愿的原则下，探索实施环评与排污许可"两证审批合一"。加强企业权益保护，优化法治监管环境。推动优化营

[①] 《政府工作报告》，内蒙古自治区人民政府网站，https://www.nmg.gov.cn/zwyw/jrgz/202402/t20240204_2464393.html，2024年2月4日。

商环境立法。鼓励创新示范引领，优化创新创业环境。推进科技型中小企业评价入库工作，推动更多符合条件的中小微科技型企业"应评尽评，应入尽入"。围绕发展新质生产力，布局氢能、新型储能、稀土新材料等重点产业链，建立"小升高、高变强"的企业梯次培育体系，鼓励各地区建立地方高新技术企业培育库。更好服务经营主体和社会公众，加快发展新质生产力，扎实推进高质量发展，奋力书写中国式现代化内蒙古新篇章。

二　2023年内蒙古工业经济运行中的突出问题及可能的风险点

内蒙古融入国内大市场的进度加快，区内市场进一步开放，受全国市场影响明显增大，随着全国经济探底回暖，内蒙古经济也将迎来进中游的良好机遇。能源要素的供给保障能力加强，新能源、工业、装备制造业、高技术制造业增加值呈高速增长态势，表现良好，成为内蒙古经济平稳向好、高质量发展的有力支撑，生产和投资都在加快恢复和增长，但制约稳定增长的因素很多。

（一）工业企业经营承压运行

2023年全年，全区规模以上工业负债合计26392.6亿元，负债同比增加3098.5亿元，资产负债率为55.3%；企业营业成本为22632.9亿元，同比增加1073.2亿元，营业收入利润率为14.4%，比上年末下降2.1个百分点，每百元营业收入中的成本为76.6元，增加0.3元。规模以上工业企业产品销售率为98.6%。2024年1~5月，全区规模以上工业企业利润总额同比下降21.1%，连续呈现负增长态势，叠加营业成本同比增长2.6%，企业成本倒挂导致生产经营承压。工业亏损企业亏损额同比增长28.0%，亏损面为39.2%。主要行业中，煤炭开采和洗选业利润总额同比下降21.3%，非金属矿物制品业下降121.1%，黑色金属冶炼和压延加工业下降179.6%。

（二）国有企业增长活力有待提升

国有企业在改革创新、结构调整等方面取得了一些成绩，但仍面临挑战和问题，在发展现状方面，部分国有企业存在经营效率低下、管理不善的问题，主要表现在决策机制不灵活、内部监督不到位、资源浪费严重等方面。国有企业的市场化程度不高，市场竞争意识相对较弱，一定程度上限制了国有企业的发展潜力和市场竞争力。此外，部分国有企业在产业结构和转型升级方面也面临一定的困难和挑战。2024 年上半年，全区规模以上工业国有控股企业 921 家，增加值同比增长 5.9%，占规模以上工业企业数的 23.3%，占全区规模以上工业增加值比重超五成，但增速低于民营企业 3.3 个百分点，活跃程度有待提高。

（三）工业投资领域分化明显

受国内外环境以及长期负债投资影响，投资信心有所下降，投资力度有所调整。从 2024 年 1~5 月的投资情况看，全区固定资产投资虽然整体表现优异，但只有制造业投资一枝独秀，基建投资、房地产投资和高技术制造业投资均表现疲软。1~5 月，全区基础设施投资增长 5.4%，制造业投资增长 21.2%，制造业投资增速是基础设施建设投资增速的近 4 倍，且基础设施投资增速连续三个月持续回落，从 3 月的 28% 下降至 5 月的 5.4%。房地产业延续上年的下降走势，仍处于深度调整阶段。高技术制造业投资在持续保持高速增长的情况下，累计增速从 2 月的 209% 下跌至 4 月的 -1.1%，呈现断崖式下跌态势。投资过热导致部分行业阶段性产能过剩、竞争激烈、效益挤压，进入产能消化期，影响企业进一步投资热情。

（四）外部市场有效需求不足

受国际国内大环境及国家之间贸易壁垒的影响，内蒙古外向型工业企业产业链、供应链仍不够稳定，循环受阻，各产业间、上下游间运行困难。市场有效需求不足，增长动力不强，导致部分行业生产收缩、达产率低位徘

徊。外贸出口订单整体呈现缩减态势，部分羊绒加工、高端品牌运动鞋、食品加工企业出口订单持续下降，导致企业发展预期走弱，出口型企业面临严峻考验。为了维护既有市场，不得不低效益运行，企业效益下滑导致部分企业放缓投资计划，工业经济及部分重点企业生产经营形势较为严峻。

（五）民营工业企业发展负担较重

首先，贷款难、融资难、中高级专业技术人员用工难等问题依然凸显。其次，房屋租金高，有产权服务从事经营活动可以享受一定的政策补贴，但绝大部分民营企业经营场所租赁的是私有房产，较低的利润、高额的厂房租金及人员开支，制约了民营工业企业的发展。最后，民营工业企业主体对政府出台的扶持政策了解较少。部分民营企业主体对出台的政策措施了解较少，对能够享受到的政策享受不到位，限制其发展。

三　2024～2025年内蒙古推动工业稳中求进的重点工作及方向

内蒙古始终坚持稳中求进，把提振工业经济放在更加突出的位置，促进工业经济运行在合理区间，目前自治区经济仍然面临较大下行压力，实现这些目标需要承压负重，坚持发展不动摇，加快发展不懈怠，重点抓好以下工作。

（一）加快新质生产力发展，推动产业升级

工业要围绕率先"进中游"目标锻长板、补短板、壮集群、强支撑，加快形成新质生产力。以新兴产业和未来产业为代表的新质生产力，是自治区塑造新优势、打造新引擎的关键所在，必须积极抢滩布局，率先在一两个点位上取得突破，提升产业发展核心竞争力。针对新材料、现代装备制造、生物医药、商业航天、低空经济等新兴产业，要把握发展趋势、瞄准市场需求，以科技创新为引领，加快关键核心技术、核心零部件研发制造攻关，深入推进融合集群发展，尽快把规模做起来、比重提上来。大力发展高端制造

业和高技术产业，提升产业链和价值水平。坚持以新能源带动新工业、以先进制造业带动新型工业化，加快推进智能化、绿色化改造，促进传统产业转型升级。积极培育新兴产业和未来产业，打造新的经济增长点。

（二）提升国有企业活力，增强增长动力

深入推进国资国企发展"突围"，在提升国有经济发展质效上实现新突破。全面盘活各类资源资产，提高其节约集约利用水平，紧盯持续亏损企业、高负债企业和非正常经营企业，加快内部专业化整合和破产清算，一级监管企业经营性亏损问题全面解决。全面开展一流企业创建，在增强国企核心功能、提升国企核心竞争力上实现新突破，努力打造"蒙字号"国企新标杆。深化国有企业改革，提升经营效率和市场竞争力，巩固改革成果，在完善体制机制、提高国企发展活力上实现新突破，以效益为导向改革考核分配机制，实行企业负责人薪酬与效益刚性挂钩，树立奖优罚劣、奖罚分明的用人导向。推动国有企业与民营企业合作，发挥各自优势，实现共赢发展。加强国有企业管理，不断完善监管方式，在提升国资监管效能上实现新突破，提升其对全区工业经济增长的贡献。

（三）强化政策落实，助力企业纾困解难

继续深入贯彻落实全区经济工作相关会议精神，确保各项政策措施落地显效。建立科技型中小企业、高新技术企业、科技领军企业梯次培育机制，实施企业科技特派员行动，加强企业科技特派员工作站建设，引导科研人员、科技特派员、技术经纪人等精准服务企业科技创新。培育中小企业特色产业集群，对新认定的自治区级中小企业特色产业集群和国家级中小企业特色产业集群分别给予奖励。加大对中小企业的支持力度，通过减税降费、金融支持等手段，帮助企业降低成本，缓解经营压力。

（四）打好绿色牌，实现可持续发展

新型电力系统要加快构建，绿电绿证交易要全面推开，新能源装备制造

要加力提效、量质齐升。打好"绿电牌","一企一策""一园一策",推动耦合发展、绿电替代,打造更多低碳、零碳园区,吸引集聚更多先进高载能产业落户自治区。新能源全产业链要力争完成投资 3000 亿元、新增装机规模 4000 万千瓦以上、提前一年超过火电装机规模的目标,力争新能源装机新增规模、在建规模、总体规模保持全国第一。

(五)壮集群,进一步提升工业园区承载力

深入实施制造业重点产业链高质量发展行动,集中力量打造乳制品世界级集群,稀土新材料、现代煤化工、硅晶新材料及光伏制造 3 个国家级集群,风电装备、氢能制造、新型储能、生物医药、精细化工、合金材料等 9 个自治区级集群,推动优质企业、资源要素、创新人才等成龙配套,引领产业链向中下游延伸、价值链向中高端攀升。强支撑,就是要推动工业园区综合实力大幅跃升。加大引企入园、扶企强园力度,重点支持落地项目多、发展潜力大、创新能力强、投资强度高的园区提档升级;围绕链主企业强化全方位服务、全要素保障、全链条招引,让更多上下游的合作商、供应商集聚园区,化点为珠、串珠成链。

(六)全方位抓好落实,促进民营工业经济健康发展

首先,全面清理阻碍民营经济发展壮大的法规政策,规范涉企行政审批程序,深化政府增值服务,推动"高效办成一件事"。其次,明确服务民营企业的目标和重点,加快补齐融资服务短板,规范兑现招商引资承诺,全面清理民营企业账款,推动涉案企业合规整改,支持民营企业上市融资和并购重组,持续加大信贷资源投入,加大外汇便利化政策支持和服务供给力度,完善跨境投融资便利化政策,优化跨境金融外汇特色服务,支持民营企业"走出去""引进来",助力民营经济发展壮大。最后,强化组织实施保障,加强宣传解读,强化工作落实,加强民营企业合法权益保护,严惩恶意破坏市场竞争秩序的行为,支持民营企业引进高层次人才,推动涉企政策直达快享。

（七）多措并举，挖掘新的外贸增长点

创新细化工作举措，加强统筹协调，完善工作机制，上下联动推进工作。组织外资工作人员招商引资项目和外资管理工作培训，专题研究分析全市外经贸工作，分解任务、制定考核细则、压实责任，协调推进全区实际利用外资和外贸增量工作。全力攻坚项目，强化外资招商，利用重点展会平台，围绕重点产业、重点项目，开展招商引资和项目对接活动，挖掘现有企业投资潜力和以商招商方式，引导和鼓励发展前景较好的外经贸企业，围绕企业产品上下游，扩大投资。"抓建设"，为进出口企业提供高效便捷服务，优化跨境营商环境，为自治区外向型经济发展提供平台支撑。"出政策"，研究制定自治区促进对外贸易高质量发展相关扶持政策，按企业进出口业绩给予扶持。"走出去"，培育企业开拓市场，要主动对接重点外贸企业总部，尽最大可能挖掘进出口业绩空间。

参考文献

曹思阳：《迎难而上勇闯新路 奋进争先向新而行——〈2023 年国民经济和社会发展统计公报〉评读》，《内蒙古统计》2024 年第 1 期。

《内蒙古自治区 2023 年国民经济和社会发展统计公报》，https：//tj.nmg.gov.cn/tjyw/tjgb/202403/t20240321_2483646.html，2024 年 3 月 21 日。

《2023 年度全区经济运行情况答记者问》，https：//tj.nmg.gov.cn/hdjl/xwfbh/202401/t20240119_2443754.html，2024 年 1 月 19 日。

B.4
内蒙古服务业发展报告

山 丹*

摘 要: 内蒙古聚焦"五大任务",坚持稳中求进、以进促稳、先立后破,全力抓好项目投资等七方面重点任务,为全区经济奠定稳中有进的发展基调。2023年以来,内蒙古服务业发展稳中向好,现代服务业增长态势显著,生活性服务业投资表现突出,服务业经营主体呈现稳步发展的态势,盟市服务业中呼包鄂城市服务业发展引领作用进一步增强,文化服务业发展势头强劲,但也存在服务业总量偏低、消费内生动力不足、区域发展不平衡、市场竞争力不强等问题。对此,应优化服务业产业布局,助力服务业重点领域发展;强化生活性服务业供给,提升消费品质;着力培育壮大市场主体,加强服务品牌建设;进一步推进服务业融合发展,提升现代化水平。

关键词: 服务业 现代服务业 生活性服务业 内蒙古

一 2023年以来内蒙古服务业发展总体态势

(一)服务业发展稳中向好,现代服务业增长态势显著

2023年以来,内蒙古服务业稳中向好,总体发展态势良好。2023年内蒙古服务业完成增加值10186.1亿元,同比增长7%,比2022年高出5个百分点,高出全国服务业增加值增速1.2个百分点。服务业增加值占地区生产

---

* 山丹,内蒙古自治区社会科学院经济研究所研究员,主要研究方向为产业经济。

总值的 41.36%，比 2022 年高出 1.36 个百分点，拉动经济增长 2.9 个百分点，对 GDP 的贡献率为 39.77%。2024 年内蒙古服务业延续稳步恢复态势。2024 年 1~6 月内蒙古服务业实现增加值 5306.6 亿元，与上年同期相比绝对值增加 257.8 亿元，同比增长 4.7%，比第一季度快 0.6 个百分点，高于全国 0.1 个百分点，占全区地区生产总值的比重为 45.40%，低于 2023 年同期 0.59 个百分点（见图 1），拉动经济增长 2.4 个百分点，服务业对 GDP 的贡献率为 34.9%。1~5 月，全区规模以上服务业 10 个行业门类中，8 个行业实现同比增长，其中现代服务业增长比较突出，信息传输、软件和信息技术服务业与科学研究和技术服务业及教育行业分别同比增长 13.7%、23.5% 和 12.2%。总体上看，内蒙古服务业较上年显著向好发展，对全区经济增长的支撑作用较明显，同时现代服务业发展表现突出。

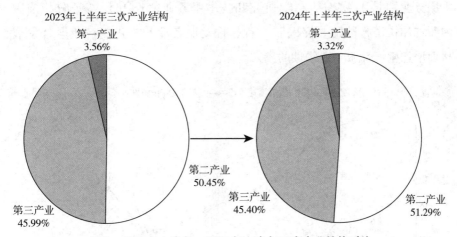

图 1 2023 年上半年、2024 年上半年三次产业结构对比

数据来源：内蒙古自治区统计局网站，2023 年 6 月、2024 年 6 月数据。

（二）服务业固定资产投资波动较大，生活性服务业投资表现突出

2023 年以来，内蒙古服务业固定资产投资波动较大。2023 年 1~6 月服务业固定资产投资增速较平稳，7~12 月服务业固定资产投资增速放缓。分析原因，影响服务业服务效率和服务质量的文化、体育和娱乐业及租赁和商

务服务业负增长，批发和零售业及交通运输、仓储和邮政业增速不高导致
2023年服务业固定资产投资增速较平缓。进入2024年，内蒙古服务业固定
资产投资增速有较大波动，1~6月内蒙古固定资产投资呈现高开低走的发
展态势，服务业固定资产投资增速为4.0%，累计增速同比下降6.8个百分
点，低于全国1.4个百分点。1~2月增速较高，该指标达到峰值为25.2%
（见图2）。受政策发力影响，各部经济工作会议和自治区十四届人民代表大
会第二次会议，提出积极推动重大项目建设，进一步加强资金要素保障，产
生显著效果。加之居民投资需求增加，1~2月住宿和餐饮业投资增速达到
301.6%，租赁和商务服务业增长400.1%，文化、体育和娱乐业增速为
228.5%。2~5月呈下降趋势，1~6月呈小幅上升趋势。服务业13个行业大
类固定资产投资中，生产性服务业投资表现突出，信息传输、软件和信息技
术服务业增长114.7%，科学研究和技术服务业增长105.4%。分析原因，
内蒙古加快实施科技"突围"工程，推动服务业与先进制药业融合发展，
从而增加生产性服务业领域的投入。

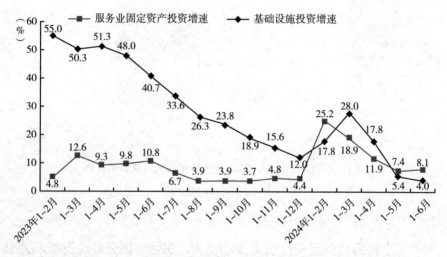

图2 2023年至2024年上半年内蒙古服务业固定资产投资增速和基础设施投资增速

数据来源：内蒙古自治区统计局网站，2024年6月数据。

（三）服务业经营主体呈现稳步发展的态势，文化、体育和娱乐业发展势头强劲，批发和零售业保持较高增速

2023 年以来，服务业经营主体呈现稳中快进发展态势。2023 年底全区经营主体（含分支机构）发展到 272.9 万户，同比增长 7.87%。从实有经营主体数量看，服务业 13 个行业大类（不含其他类）中除金融业与水利、环境和公共设施管理业外，其他行业均同比保持正增长，五成以上行业同比增速超 10%，其中文化、体育和娱乐业增速达 19.8%。从新设情况看，个体工商户主要分布的行业中，住宿和餐饮业，交通运输、仓储和邮政业，居民服务、修理和其他服务业增势明显，新设增速同比均超 20%。企业主要分布的行业中，批发和零售业、租赁和商务服务业新设数量同比增幅较大，分别为 22.65%、19.61%。①

服务业经营主体在经营主体中的占比近八成，仍为体量最大、分布最广的基础性产业。2024 年 1~6 月，全区经营主体发展到 284.14 万户，其中个体工商户 208.30 万户，占经营主体的 73.3%，同比增长 8.2%；其中，上半年全区共新设经营主体 24.57 万户，个体工商户 18.94 万户，占新设经营主体的 77.09%，同比增长 13.85%。从行业发展情况看，除金融业外，其他行业实有经营主体数量同比实现正增长，五成以上行业同比增速超 10%，其中，文化、体育和娱乐业加速复苏，同比增长超 20%。从新设情况看，经营主体分布的主要行业中，批发和零售业仍保持较高增速，住宿和餐饮业增速有所放缓，文化、体育和娱乐业势头强劲，近三年增速首次突破 27%。从整体情况看，文化、体育和娱乐业及交通运输、仓储和邮政业总量和新设数量增长率均位列前茅，行业总体发展势头向好。② 反映了内蒙古自治区在服务业领域的快速发展，也展示了其在推动经济结构调整和高质量发展方面的积极成效。

---

① 李国萍：《2023 年内蒙古日均新设经营主体 1843 户》，《内蒙古日报（汉）》2024 年 1 月 9 日。
② 《2024 年上半年经营主体发展情况分析》，内蒙古自治区市场监管局网站，2024 年 7 月 18 日。

（四）盟市服务业呈现蓬勃发展势头，呼包鄂城市服务业发展引领作用进一步增强

2023 年以来，内蒙古 12 盟市服务业呈现蓬勃发展势头，其中呼包鄂城市群服务业拉动作用明显，尤其呼和浩特市的服务业增长态势明显，首府首位度显著提升。2023 年呼包鄂城市服务业实现增加值 5804.31 亿元，占全区服务业增加值的 56.98%；其中，呼和浩特市服务业占全区服务业的 1/5 以上。呼包鄂规模以上服务业实现营业收入 1002 亿元，占全区规模以上服务业营业收入的 59.29%。2023 年，呼和浩特市成功获得"十四五"首批商贸服务型国家物流枢纽、国家骨干冷链物流基地两大物流领域"国字号"名片；成功入围全国第二批城市"一刻钟便民生活圈"试点地区；入选国家旅游科技示范园、国家工业旅游示范基地；获评首批国家级旅游休闲街、第二批全国乡村旅游重点镇。① 同时，多家物流企业的入驻极大地方便了人们的生产生活，商贸物流产业呈现良好的发展势头。通过全力推动服务业提档升级，首府城市的首位度有了进一步提升。

（五）消费品市场活力持续迸发，文化服务业发展势头强劲

2024 年 1~6 月，内蒙古全社会消费品零售总额达到 2533.3 亿元（以下简称"社零总额"），同比增长 2.8%，增速较 1~5 月提升 0.3 个百分点（见图 3），显示出消费市场持续回升的势头。随着居民生活品质提升、绿色环保意识增强，以运动健身产品、绿色智能家电、新能源汽车等为代表的升级类商品成为消费新增长点。上半年，限额以上体育娱乐用品类、通信器材类零售额分别同比增长 93.6%、110.1%，高能效等级家电、智能家电零售额增长 21.2%，新能源汽车增长 65.1%。随着商贸企业网上业务的增多，叠加网络购物促销力度加大，上半年全区实物商品网上零售额达 228.1 亿元，同比增长 13.2%；占社零总额的比重为 9.0%，比一季度提高 0.6 个百

---

① 刘丽霞：《首府现代服务业抓聚集提品质聚合力》，《呼和浩特日报（汉）》2023 年 2 月 20 日。

分点。其中，限额以上网上零售额同比增长 35.1%，占限额以上社零额的比重比一季度提高 1.1 个百分点。2024 年上半年，全区餐饮收入同比增长 9.7%，高于全国平均水平 1.8 个百分点，拉动社零总额增长 1.0 个百分点。其中，限额以上餐饮收入同比增长 4.0%，高于限额以上社零额 3.1 个百分点，拉动限额以上社零额增长 0.2 个百分点。

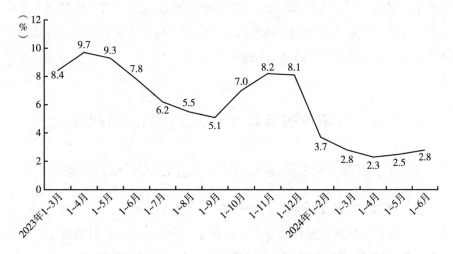

图 3　2023 年至 2024 年上半年内蒙古全社会消费品零售总额增速

数据来源：内蒙古自治区统计局网站，2024 年 6 月数据。

2024 年随着北疆文化建设扎实推进，统筹推进文化高质量发展，全区文化消费潜力有效释放，文化产业保持稳中有进的发展势头。规模以上文化企业营业收入稳定增长。一季度，全区 163 家规模以上文化及相关产业企业（以下简称"文化企业"）实现营业收入 31.7 亿元，同比增长 6.7%。分领域看，文化核心领域实现营业收入 25.8 亿元，同比增长 9.0%，拉动全部规模以上文化企业营业收入增长 7.2 个百分点。文化批发和零售业稳步提升。一季度，全区文化批发和零售业实现营业收入 16.8 亿元，同比增长 6.9%。文化服务业保持较快增长。一季度，文化服务业实现营业收入 12.0 亿元，同比增长 10.8%，增速快于全区规模以上文化企业 4.1 个百分点。在 9 个文化行业大类中，文化娱乐休闲服务实现营业收入 0.5 亿元，同比增长

41.5%。从行业小类看，文化活动服务实现营业收入 2.4 亿元，同比增长 14.4%，拉动全区文化企业营业收入增长 1.0 个百分点。文化新业态行业增势强劲。一季度，文化新业态特征较为明显的 16 个行业小类实现营业收入 1.9 亿元，比上年同期增长 75.3%。文化新业态行业对全区规模以上文化企业营业收入增长的贡献率为 42.0%。其中，互联网其他信息服务实现营业收入 1.0 亿元，同比增长 2.6 倍，拉动全区文化企业营业收入增长 2.5 个百分点；互联网广告服务实现营业收入 0.7 亿元，同比增长 17.2%，拉动全区文化企业营业收入增长 0.3 个百分点。[①]

二 内蒙古服务业发展中存在的突出问题

（一）全区服务业总量偏低，部分行业后续发展动力不足

内蒙古服务业总量偏低，占地区生产总值比重不高。2024 年 1~6 月，全区服务业占地区生产总值比重低于全国 11.26 个百分点；对地区生产总值的贡献率低于全国平均值 17.7 个百分点；在西部 12 个省（区、市）中，服务业总量排在第 8 位。1~6 月规模以上服务业发展乏力，总量下降 1.2%，尤其对服务业拉动作用较强的交通运输、仓储和邮政业及居民服务、修理和其他服务业呈现负增长，分别为-6.7%和-11.9%，其他行业增长缓慢。部分地区规模以上服务业营业成本上升，利润减少。1~4 月，乌兰察布市规模以上服务业营业成本同比增长 49.1%。[②] 巴彦淖尔市第一季度全市规上服务业利润总额同比减少 21.2%。[③] 服务业固定资产投资对部分行业的拉动作用下降，导致一些行业后续发展动力不足。1~6 月，金融业，房地

---

① 刘丽霞：《一季度全区文化产业发展稳中有进》，《呼和浩特日报（汉）》2024 年 5 月 21 日。

② 《2024 年 1~4 月乌兰察布市规模以上服务业收入平稳增长》，乌兰察布市统计局网站，2024 年 5 月 24 日。

③ 《全市规上服务业下行压力加大——一季度全市规上服务业运行情况分析》，巴彦淖尔市统计局网站，2024 年 5 月 8 日。

产业，水利、环境和公共设施管理业，卫生和社会工作固定资产投资分别减少 56.3%、2.3%、19.7% 和 40.8%。

（二）消费内生增长动力不足，消费结构不均衡

近些年，居民消费观念发生很大的转变，加之外部环境的压力，就业受到影响，收入增速放缓，商品购买欲望减弱，消费趋于谨慎，导致消费内生增长动力不足。尽管消费市场总体保持良好恢复态势，但居民消费信心仍需增强，企业运营成本增加，传统批发和零售业经营压力增大。2024 年上半年，全区全社会消费品零售总额增速低于全国平均水平 0.9 个百分点，显示出消费品市场增长放缓的趋势。限额以上企业中与居民生活息息相关的粮油、食品类增长速度最高为 20%，中医药品类消费增速为 4.3%，以上两类属于刚需消费。烟酒类消费增速为 3.3%，汽车类消费为 1.1%，其余品类均为负增长。

（三）区域发展不平衡，一些盟市服务业恢复缓慢

内蒙古 12 个盟市服务业发展表现出极大的不平衡。服务业总量上，呼包鄂三市服务业增加值占全区近六成；服务业增速上，呼和浩特、鄂尔多斯和乌海三市的增速高于全区平均增速。服务业发展恢复极不平衡，2024 年 1~5 月，5 个盟市规模以上服务业营业收入增速为正，分别是呼和浩特市、乌兰察布市、兴安盟、赤峰市和乌海市，增速分别为 13%、57.5%、0.6%、2.1% 和 8.7%，其余盟市规模以上服务业营业收入呈下降趋势。分盟市看，鄂尔多斯市、包头市、呼和浩特市增速居全区前三位，同比分别增长 6.1%、3.6%、3.4%。呼和浩特市、包头市、鄂尔多斯市总量居全区前三位，分别实现 560.1 亿元、517.1 亿元、308.8 亿元，合计占全区全社会消费品零售总额的 54.7%。

（四）服务业企业发展信心仍显不足，市场竞争力不强

受外部复杂环境和国内经济下行压力加大影响，部分服务业企业出现投资方向不明、意愿不强、动力不足的问题。分析原因，主要是服务业企业规

模偏小，抗风险能力弱。据 2024 年内蒙古服务业民营企业排行榜前 20 名企业数据，整体营业收入在 10 亿元以上，服务业企业营业收入最高的只有 100 亿元；根据《2023 中国服务业民营企业 100 强榜单》，营业收入最低的服务业企业营业收入在 300 亿元以上，本区没有上榜企业，与其他省（区、市）有很大的差距。

三　内蒙古服务业发展前景及预测

（一）自治区各项政策支撑利好

2023 年 10 月发布的《国务院关于推动内蒙古高质量发展奋力书写中国式现代化新篇章的意见》强调促进服务业优质高效发展，这既是产业延链增值的迫切需要，也是满足人民不断升级的高品质、多样化需求的必然要求。为此，鼓励现代服务业与先进制造业、现代农牧业融合发展，并加快建设相关的检测检验中心和物流枢纽。同时，积极应对人口老龄化趋势，提出发展银发经济；实施中华优秀传统文化传承发展工程，在红山文化遗址申报世界文化遗产，长城、黄河国家文化公园建设，阿尔山创建国家级旅游度假区等方面加紧谋划和推进[1]，积极发展旅游业。在此基础上，2024 年自治区发改委印发《内蒙古自治区加快构建优质高效服务业新体系行动方案（2024—2026 年）》。该方案从促进服务业品质升级、推进服务业数字化发展、推进服务业融合化发展、推进服务业绿色化转型、扩大服务业开放水平和强化服务业金融支撑方面下达主要任务，并依据以上任务目标初步构建起优质高效的服务业新体系。

下一步，随着各项政策的支持和投资的增加，预计未来内蒙古自治区服务业在总量及增长速度方面将迈向新台阶。从行业角度，生活性服务业中文化、体育和娱乐业的增长势头强劲，主要因为各盟市围绕地区特色举办了多

---

[1] 《推动产业结构战略性调整优化》，《内蒙古日报（汉）》2023 年 10 月 21 日。

场那达慕大会和演唱会等；随着网络购物和旅游业的快速发展，生产性服务业中交通运输仍然是拉动服务业的主要行业。自治区积极布局建设自治区级物流枢纽、物流园区、国家物流枢纽和国家骨干冷链物流基地，未来邮电业务将有很大的发展空间。为应对日益加剧的老龄化问题，自治区层面出台了很多地方性政策，未来银发经济发展空间很大，与银发经济相关联的上下游产业，尤其康养旅游业发展势头较强劲。内蒙古文化服务业也将继续成为推动全区文化产业增长的重要力量。同时，随着文化产业整体的持续振兴、繁荣发展，内蒙古文化服务业有望在新的一年取得更加显著的成绩。

（二）持续改善的营商环境

内蒙古自治区在 2022 年出台的《内蒙古自治区以更优营商环境服务市场主体行动方案》（3.0 版方案）的基础上，2024 年出台《内蒙古自治区持续优化营商环境行动方案》，该方案包括政府采购、政务服务、要素保障、法治监管、创新创业和政商关系等。这些措施的实施将有助于提升企业的获得感和满意度，为各类市场主体投资兴业营造稳定、公平、透明、可预期的良好环境。目前，内蒙古自治区本级、盟市等五级 60 万政务服务事项实现"进一网，能通办"，全区政务服务事项网上可办率达 98%，支持自治区政务服务事项全程网办率突破 85%。自治区本级网上中介服务超市向全区延伸，目前该平台已承载 21 类相关资质，入驻中介服务机构 3137 家；"蒙速办"移动端实名注册用户超 1740 万，接入教育、医疗、人社等应用 6300 余项，推出"小事智办、政策厨房、生活缴费"等 21 个利企便民服务专区。[①]营商环境的改善，将进一步提升服务业的开放度和竞争力、促进服务业监管政策的完善和创新服务业的发展模式，从而对服务业的整体发展产生极大的促进作用。

---

① 杨柳：《我区 60 万政务服务事项实现"一网通办"》，《内蒙古日报（汉）》2023 年 9 月 13 日。

（三）城乡居民收入的不断提高

城乡居民收入水平的提高，有利于居民消费能力提升、带动服务业发展，从而促就业、稳增长，扩大服务人员供给，催生新业态。2024年1~6月，内蒙古城乡居民人均可支配收入达到19054元，增长5%；其中，城镇常住居民人均可支配收入25373元，增长4.2%，农村常住居民人均可支配收入8932元，增长6.9%。2024年7月，中郡研究所发布的《中郡报告：2024全国县域城乡居民人均可支配收入监测报告》中，内蒙古有14个县市上榜全国居民收入百富县名单，这些县市的城乡居民人均可支配收入平均值为54247元。

综合来看，2024年上半年内蒙古服务业总体发展稳中向好，主要服务行业批发和零售业，交通运输、仓储和邮政业，金融业等在各项政策叠加作用下尚有小幅上升的余地。

四 促进内蒙古服务业高质量发展的对策建议

（一）优化服务业产业布局，助力服务业重点领域发展

一是优化服务业产业布局。优化服务业产业布局，不仅是提升服务业发展质量的关键，也是推动经济高质量发展的重要途径。依托内蒙古资源禀赋，加快推进呼和浩特、乌兰察布、通辽等城市的物流园区和物流基础设施建设；进一步提升二连浩特市、满洲里市等口岸功能；充分发挥乌兰察布市算力发展对服务业高质量发展的重要作用；依靠自然风光和深厚的文化底蕴，推出"演艺+旅游""节庆+旅游""文博+旅游"等新业态，提升游客的旅游体验和旅游业品质。针对老龄化趋势，进一步加强银发经济供给体系建设，加快健康服务业的重要产业之一医养康旅的发展。二是加快构建区域性现代化综合交通体系。加快推进呼和浩特市区域枢纽机场建设；推进国家高速公路网内蒙古境内的待贯穿路段建设，加速自治区东、中、西部高速公

路主通道建设，以及加强呼包鄂乌城市群高速公路网络建设；铁路建设方面，加强呼包鄂乌城市群和赤峰、通辽区域中心城市的联通等。通过以上措施对全区基础设施进行升级，加快建设区域集疏运体系。

（二）强化生活性服务业供给，提升消费品质

因应消费需求变化，增加生活性服务供给。一是抓住"诚信建设年"行动部署契机，加强对企业的诚信教育，引导企业树立诚信经营理念，推行以诚信经营为核心的企业文化建设；加快服务业诚信体系建设，自治区层面统一建立信用信息平台，加强线上线下服务产品的品质监控。二是进一步完善在生活性服务消费领域的质量标准体系，引导服务企业根据市场需求提升服务品质。尤其是家政服务业、餐饮业和康养旅游等与人民生活息息相关的生活性服务业，加强服务标准化建设。从生活性服务业供给侧不断创新，丰富产品和服务供给，以满足消费者需求。通过这些综合措施，有效推动消费增长与升级，实现经济持续健康发展。

（三）着力培育壮大市场主体，加强服务品牌建设

一是培育各盟市城乡多层次市场主体。大力培育服务业大型企业、龙头企业，同时注重拓展服务业中小企业的发展空间，提升服务业企业的整体竞争力，促进持续发展。针对内蒙古盟市和城乡服务业发展不平衡问题，要因地制宜发展生产性和生活性服务业，加强区域协作，促进资源要素在区域间合理流动，加强培育东、西部中小城市和农村牧区的服务业企业。二是培育地区性服务业品牌。充分发挥京蒙合作在内蒙古服务业领域的作用，推动内蒙古服务业高质量发展。加强在餐饮、家政服务、农畜产品流通合作和教育等领域的合作，同时支持企业创建国家级、自治区级品牌，培育内蒙古服务品牌。

（四）进一步推进服务业融合发展，提升现代化水平

一是加快推进区域物流中心建设。实施"快递进厂"工程，推进城乡

两级寄递物流园区及末端建设。逐步实现旗县快递企业分拨处理场所园区化管理，不断完善城区多元化末端公共服务设施建设。通过以上措施缩小城乡之间的物流服务差距，提高整体服务水平。加强农村物流网络建设，提升农村电商服务水平。二是加快建设面向新能源、乳业、稀土等重点领域的技术研发、产品设计、检验检测认证等多功能服务载体，推进服务业与制造业的深度融合。三是数字赋能服务业内部融合发展。进一步提升服务业现代化（数字化）水平，夯实服务业数字化发展基础，丰富服务业数字化应用场景，提升服务业数字化管理水平。

参考文献

《沙仁高娃：1~5月份内蒙古消费市场企稳回升》，内蒙古自治区统计局网站，2024年6月19日。

《2024年上半年经营主体发展情况分析》，内蒙古自治区市场监督管理局网站，2024年7月18日。

《2024年一季度内蒙古文化产业发展稳中有进文化企业营业收入平稳增长》，内蒙古自治区统计局网站，2024年5月16日。

吴宇宁：《政策"组合拳"加力提效 消费市场乘势而上》，《中国财经报》2024年8月13日。

《紧盯市场 释放消费新活力——从消费恢复看今年以来内蒙古经济发展新成效》，内蒙古人民政府网站，2024年4月29日。

《常态长效优环境 开辟沃土助发展》，《赤峰日报》2021年3月30日。

刘丽霞：《首府现代服务业抓聚集提品质聚合力》，《呼和浩特日报（汉）》2023年2月20日。

《一图读懂内蒙古自治区以更优营商环境服务市场主体行动方案3.0版》，《内蒙古自治区人民政府公报》2022年3月15日。

《〈2024年内蒙古自治区国民经济和社会发展计划〉发布》，内蒙古自治区人民政府网站，2024年2月21日。

内蒙古固定资产投资形势分析*

齐　舆**

摘　要：　2023 年及 2024 年上半年，内蒙古精准谋划推动重大项目建设、精细化开展重大项目管理、全面做好项目建设要素保障，固定资产投资持续稳定增长，经济运行呈现持续向好、稳中有进的良好态势，主要表现为工业投资动能强劲、重大项目投资支撑有力、民营投资活力增强、农业投资稳中提质。同时内蒙古固定资产投资也面临一些困难，主要包括投资增长空间不足、制造强而基建弱、房地产投资持续走低、高技术制造业投资后劲不足，需要在持续扩大有效投资、充分激发民间投资活力、推进重大项目建设投资、加强基础设施建设投资等方面发力，以延续内蒙古固定资产投资持续向好的良好态势，推进内蒙古经济高质量发展，为奋力书写中国式现代化内蒙古新篇章提供有力支撑。

关键词：　固定资产投资　经济增长　内蒙古

　　2023 年是三年新冠疫情防控转段后经济恢复发展的一年，面对复杂严峻的外部环境，内蒙古全面贯彻落实党的二十大精神，深入贯彻习近平总书记对内蒙古的重要指示精神，坚持稳中求进工作总基调，全面落实《国务院关于推动内蒙古高质量发展奋力书写中国式现代化新篇章的意见》，强化重大项目建设、全力扩大有效投资，积极推动"六个工程"落地，固定资

---

　　* 本文系 2022 年度内蒙古自治区社会科学院交办课题"内蒙古经济形势分析"子课题三"内蒙古投资消费状况调查研究"的阶段性成果。

　　** 齐舆，内蒙古自治区社会科学院经济研究所副研究员，内蒙古管理现代化研究中心研究员，主要研究方向为产业经济、统计学。

产投资表现出稳定增长的良好态势，为内蒙古办好"两件大事"、实现经济高质量发展积蓄强劲动能。

一 内蒙古固定资产投资运行的基本情况

2023 年，内蒙古全社会固定资产投资同比增长 19.4%，高于全国平均水平（2.8%）16.6 个百分点，位居全国第三。内蒙古固定资产投资（不含农户）同比增长 19.8%，高于全国平均水平（3.0%）16.8 个百分点。2024年上半年，内蒙古固定资产投资（不含农户）同比增长 12.0%，低于上年平均水平 12.5 个百分点，高于全国平均水平（3.9%）8.1 个百分点。由图1 分析可得，2023 年以来，内蒙古固定资产投资增速变化与全国平均水平基本保持一致，并大幅高于全国平均水平，呈现年初达到较高水平后逐步回落的趋势。①

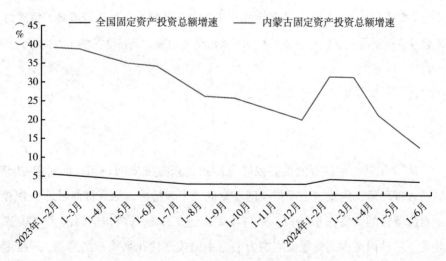

图 1　2023 年和 2024 年上半年全国及内蒙古自治区固定资产投资
（不含农户）增速

资料来源：国家统计局、内蒙古自治区统计局。

---

① 数据来源：国家统计局、内蒙古自治区统计局《内蒙古统计月报》。

从投资结构看，第一、第二产业投资"加速跑"。2023 年，内蒙古第一产业投资同比增长 8.6%；第二产业投资增长 33.1%，其中，制造业投资同比增长 46.4%；第三产业投资增长 4.4%。2024 年上半年，内蒙古第一产业投资同比增长 77%，高于全国第一产业投资增速 73.9 个百分点，其中，在高标准农田项目加快实施带动下全区农业投资增长 2.3 倍；第二产业投资增长 13.3%，其中，工业投资同比增长 13.1%；第三产业投资增长 4%。由图 2 分析可见，2019 年以来，第二产业投资与全区固定资产投资增长趋势保持一致，是全区固定资产投资增长的重要支撑；第一产业投资增长波动明显，但对全区固定资产投资走势影响较小；第三产业受疫情冲击较大，增长乏力。①

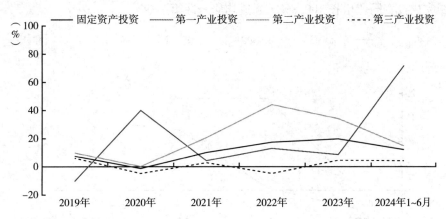

图 2　2019 年至 2024 年 1~6 月内蒙古自治区固定资产投资三次产业增速

资料来源：内蒙古自治区统计局。

从区域看，2023 年，内蒙古东部地区投资比上年增长 14.7%，中部地区投资增长 25.4%，西部地区投资增长 18.6%。分析图 3 可见，2020 年以来，内蒙古自治区东部地区、中部地区、西部地区固定资产投资的增长趋势基本一致，这表明各个区域都积极推进和落实自治区顶层设计及固定资产投资政策。中部地区投资整体增速明显高于其他两个地区，主要得益于地方政策扶持、京津冀辐射、基础设施完善以及资源整合等方面的优势，同时中部

① 数据来源：内蒙古自治区统计局《内蒙古统计月报》。

地区是内蒙古的经济中心、商贸中心和重要交通枢纽，拥有更多的发展机遇；西部地区由于地理条件和资源分布特殊性，投资增速稍有小幅波动，但总体也表现出积极向好的发展态势；东部地区多以农牧业为主，轻工业和重工业比重较低。统计数据显示（见表1），2023年，鄂尔多斯市固定资产投资增长27.4%，高于全区平均水平（19.8%）7.6个百分点，居全区第一位，呼包鄂地区固定资产投资增长25.7%，远高于其他盟市；2024年上半年，通辽市固定资产投资表现亮眼，全市固定资产投资同比增长33.3%，增速连续三个月排名全区第一，连续30个月保持25%以上的增速，工业投资和基础设施投资拉动作用明显，工业投资同比增长53.7%，基础设施领域完成投资同比增长100.8%，增速均居全区第一。①

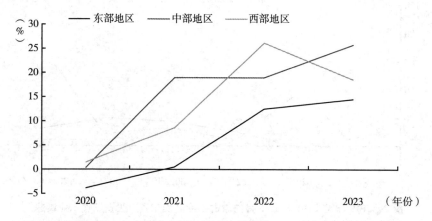

图3 2020~2023年内蒙古自治区固定资产投资（不含农户）各地区增速

资料来源：内蒙古自治区统计局。

表1 2023年及2024年上半年内蒙古各盟市固定资产投资（不含农户）增速

单位：%

地区	2023年	2024年1~6月
全区	19.8	12.0
呼和浩特市	25.5	14.9
包头市	24.3	17.5

---

① 数据来源：内蒙古自治区统计局。

地区	2023 年	2024 年 1~6 月
呼伦贝尔市	22.5	4.3
兴安盟	17.9	−25.7
通辽市	24.3	33.3
赤峰市	9.0	18.2
锡林郭勒盟	15.2	12.3
乌兰察布市	23.4	2.4
鄂尔多斯市	27.4	15.2
巴彦淖尔市	23.0	29.0
乌海市	18.3	−22.5
阿拉善盟	14.0	13.6
呼包鄂地区	25.7	15.1
其他地区	15.2	8.8
沿黄 7 盟市	24.0	12.6

资料来源：内蒙古自治区统计局。

二 内蒙古固定资产投资运行中的亮点

（一）工业投资动能强劲

工业是内蒙古经济发展的命脉，工业投资的增速决定了整体产业的发展速度。2023 年以来，面对国际形势不确定因素增多，内蒙古以绿色化、智能化、高端化为主攻方向，改造提升传统产业、培育壮大新兴产业、前瞻布局未来产业，着力补短板、锻长板，持续推动工业经济提质增量。2023 年，内蒙古工业投资增长 32.9%，增速较 1~11 月有所回落，但制造业投资仍保持较大增长幅度，制造业固定资产投资同比增长 46.4%，高于固定资产投资增速 26.6 个百分点，高技术制造业固定资产投资增速达到 123.7%，连续 11 个月增速均为一倍以上；1~11 月，制造业固定资产投资占工业投资比重为 51.3%，对工业投资增长的贡献率达 72.1%。2024 年上半年，内蒙古工

业投资增长 13.1%，增速逐月回落，但装备制造业和高技术制造业仍保持较大增幅，装备制造业增加值同比增长 41.3%，高技术制造业增加值同比增长 32.4%，尤其值得一提的是，光伏和新材料产业发展亮眼，全区稀土化合物和多晶硅产量分别增长 2.3 倍和 1.1 倍。① 这一增长数据，不仅反映了内蒙古工业经济强劲的复苏势头，更体现了工业有效投资对内蒙古经济强有力的拉动作用。

（二）民间投资活力增强

2023 年以来，内蒙古积极开展诚信建设工程，出台优化营商环境 4.0 版方案，专门成立民营经济发展委员会，设立重点民营企业党委和民营经济发展服务局，建设"蒙企通"民营企业综合服务平台，推出以信用评价为基准的"信易贷"，为广大民营企业营造良好的发展环境。内蒙古民间投资以超过 10% 的速度领跑全国民间投资，成为内蒙古经济发展的新引擎。2023 年，内蒙古民间固定资产投资实现同比增长 14.2%，贡献了 90% 以上的新增就业。2024 年上半年，内蒙古民间投资实现同比增长 9.2%，高于全国民间投资增速 9.1 个百分点，显示出内蒙古民间投资的强劲活力和投资环境的持续改善（见图 4）。扣除房地产开发的民间投资增长 14.7%，高于全区固定资产投资增速 2.7 个百分点，这表明民间投资稳定增长，对整体经济发展发挥积极推动作用。其中，民间制造业投资增长 14.2%，对全区民间投资的贡献率超七成。这一数据表明扣除房地产投资后，内蒙古民间投资增速表现出强劲的增长势头，显示出企业对市场前景的信心逐渐增强。除制造业外，交通运输业等领域民间投资均保持稳定增速，这些行业也保持较好的增长态势。这表明经营主体预期改善，市场内生发展动力增强。

（三）重大项目投资支撑有力

亿元以上的大型项目对内蒙古自治区的投资稳增长作用显著。"内蒙古

---

① 《内蒙古：经济高增长背后的转型之变》，新华社新媒体，2024 年 8 月 5 日。

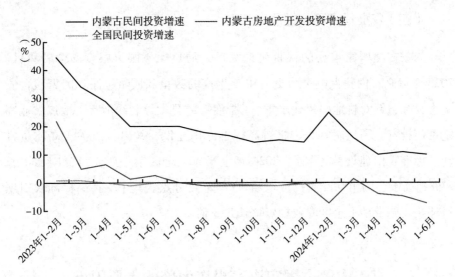

图 4　2023 年至 2024 年上半年全国和内蒙古民间投资增速

资料来源：国家统计局、内蒙古自治区统计局。

自治区全力扩大有效投资取得新进展"作为国务院第九次大督查发现的典型经验在全国通报表扬。根据统计，2023 年内蒙古建设重大项目 3155 个，已完成建设投资 8259 亿元，完成年度建设任务的 105.8%，超额完成全年计划建设任务，比上年同期多 1923 亿元，同比增长 30.4%；截至 2024 年 6 月底，内蒙古已开复工项目 3087 个，开复工率 99.5%，已完成建设投资 4780 亿元，同比增长 14.9%，完成年度投资计划的 52.8%。有效投资不断提升，全区亿元以上施工项目完成投资同比增长 15.4%，高于全部投资增速 3.4 个百分点，拉动全部投资增长 11.6 个百分点，对全区投资增长的贡献率达 96.9%。1~5 月，内蒙古新能源重大项目投资保持快速增长，完成投资 492 亿元，同比增长 30%，占能源重大项目已完成投资的七成以上。①

---

① 数据来源：内蒙古自治区发展和改革委员会《2023 年 12 月重大项目建设进展情况》《2024 年 6 月底重大项目建设进展情况》。

（四）农业投资稳中提质

内蒙古是国家重要的粮食生产大区，肩负保障国家粮食安全的重任。2023 年以来，内蒙古以全力提升粮食生产的数量和质量、保障国家粮食安全为目标，针对耕地碎片化严重、"肥瘦"差异大等制约因素，增加农业固定资产投资，因地制宜大力推进高标准农田建设，并出台《关于高质量推动高标准农田建设的通知》。2024 年上半年，全区第一产业投资同比增长77%，高于全国第一产业投资增速 73.9 个百分点。其中，在高标准农田项目加快实施带动下全区农业投资增长 2.3 倍。①

三 内蒙古固定资产投资面临的主要困难

（一）投资增长空间有限

内蒙古经济目前属于投资拉动型发展模式。2023 年以来，全区固定资产投资整体表现优异。然而，深入分析固定资产投资、制造业投资、基础设施建设投资和房地产开发投资发现，只有制造业投资一枝独秀，其他行业固定资产投资表现乏力、后劲不足，这表明内蒙古仍然处于产业结构转型调整关键期。当前和未来一段时间内，投资将持续承压，投资增长空间有限。

（二）制造强基建弱

制造业投资的强劲表现与基础设施建设投资的疲软形成了鲜明对比。分析图 5 可以看出，内蒙古制造业固定资产投资增速从 2023 年 4 月起，远超基础设施建设投资增速，二者差距逐月增大，2024 年 1~2 月，二者差距高

---

① 《李楠：上半年全区固定资产投资保持两位数增长》，内蒙古自治区统计局网站，2024 年 7 月 19 日。

达 65.6 个百分点，制造业固定资产投资增速是基础设施建设投资增速的 4.7 倍，3 月之后这一差距才有所收窄。基础设施建设投资累计增速连续三个月持续回落，从 3 月的 28% 下降至 5 月的 5.4%。这种情况不仅反映出基础设施项目的资金流入不足，也与整体经济结构调整密切相关。

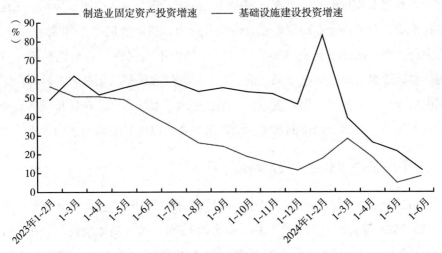

图 5　2023 年至 2024 年上半年内蒙古制造业固定资产投资和基础设施建设投资增速
资料来源：内蒙古自治区统计局。

（三）房地产投资持续走低

2023 年以来，内蒙古房地产业延续上年的下降走势，仍处于深度调整阶段。2023 年，全区房地产开发投资下降 1.5%，从 2023 年 7 月起，房地产开发投资呈现负增长态势。2024 年 5 月，国务院出台房地产刺激政策，试图提振市场信心和稳定投资，但整体效果尚未显现，市场仍在持续承压，仍然比 4 月下跌 0.2%，连续十个月呈负增长态势。2024 年上半年，全区房地产开发投资持续下降，降幅达 3.8%。相关调研数据显示，2024 年 1~4 月，赤峰市房地产开发投资下降 29.1%，较上年同期回落 57.5 个百分点，下拉全市固定资产投资 9.7 个百分点。土地购置费同比下降 48%，下拉房地产投资 27.6 个百分点。

房地产市场向下调整，房地产开发投资与市场需求下降。购房者的信心受挫，导致市场活跃度降低，购房意愿减弱，从而形成了供需失衡的局面。这种投资和需求的双重下滑，对上下游重要产业如建材、建筑、家居和家电等行业的发展形成不利影响。各类材料的需求减少，直接导致建材行业的萎缩，建筑施工项目的减少也在一定程度上拖慢了整个经济的增长步伐。在这种情况下，房地产企业面临着更大的经营压力，资金链的紧张加剧。所以，许多开发商可能减缓开盘节奏，以应对市场的不确定性，甚至选择停工待售。在政策尚未显现明显效果之前，行业的深层次调整仍然是大势所趋。短期内房地产的反弹仍然困难重重，要想让房地产市场回暖，恢复投资活力和购房者信心，需要更加全面和系统的政策组合，以应对面临的系列挑战。

（四）高技术制造业投资后劲不足

2023年，内蒙古高技术制造业固定资产投资跑出加速度，全年累计增长123.7%，最高增速出现在3月，高达257.3%。这一高速增长态势并未持续，在2024年2月达到令人振奋的209%后出现断崖式下跌，2024年上半年累计增速为-17.2%。一定程度上反映出企业可能面临供应链中断、销售受阻以及融资受限等困境，也充分暴露出内蒙古科技创新发展中的短板和薄弱环节。同时，也显示出投资过热，盲目迅速扩张导致部分行业阶段性产能过剩、竞争激烈、效益挤压。在各大企业纷纷扩大投资规模、提升技术能力的情况下，行业内部竞争日益加剧。许多企业为了争夺有限的市场份额，不得不削减价格以维持销售额，这进一步压缩了企业的盈利能力，影响其持续投资的信心。再加上高技术制造业进入相对复杂的产能消化期，许多企业在技术研发和生产能力上进行大幅度投入，市场急剧变化使得投资短期内难以回本，企业在财务上的压力影响了进一步投资的热情。对于高技术制造业而言，行业如何寻求转型升级、持续发展，企业如何在市场波动中保持稳健增长、实现技术创新与成本控制的平衡，将成为面临的关键挑战。在追求快速增长过程中，企业往往忽视了市场需求与实际生产能力之间的平衡，结果导致供需不匹配，影响了整个行业的稳定发展。

四　内蒙古固定资产投资运行对策和建议

（一）发挥政府投资引导作用，持续扩大有效投资

内蒙古现阶段处于疫后恢复关键期叠加经济下行期，投资仍是经济增长的压舱石，有效投资将是推动内蒙古经济增长的重要引擎。在这个特殊时期，政府要把更多的资金用于支持国家重大战略、促进产业结构升级和惠民生补短板等领域，扩大有效投资，而非盲目追求 GDP 增长。过往的经验表明，盲目上项目往往导致资源浪费，而真正能为经济可持续发展打下基础的投资，应当聚焦于那些能够产生切实回报的领域。具体而言，政府扩大有效投资、发挥引导作用主要体现在以下几个方面。一是立足国家经济发展政策导向和内蒙古发展现状，准确把握投资的重点领域，如基础设施建设、传统产业转型升级、高技术产业、民生保障等，持续扩大政府有效投资。二是根据内蒙古的资源特点和产业基础，合理调整产业布局，加大对新能源、新材料等新兴产业的固定资产投资，挖掘新兴产业的投资潜力，释放新潜能。三是结合国家总体战略布局和内蒙古的定位，重点增加粮食安全、产业链和供应链安全、经济高质量发展等领域的政府投资，增强政府投资的全局性和长期性。

（二）充分激发民间投资活力

民间投资是全社会固定资产投资的主力军，也是民营经济活跃度的重要"晴雨表"。一要发挥好政府对民间投资的撬动作用，重点放在构建良好的营商环境、放宽民间资本准入条件、提升政府服务水平等方面，激发民间投资的潜力，撬动民间资本加入有效投资中。二要引导金融机构加大对民营企业的资金投入和支持力度，以破解民营企业融资难、融资贵、覆盖面有限等问题为目标，加大民间投资的金融支持力度。三要推动"科技产业金融一体化"专项试点，着重支持生物制造、人工智能和数字技术等前沿领域的

早期科技项目。通过这种方式，金融资本、社会资本和产业资本可以形成合力，为经济发展注入新的动能。

（三）推进重大项目建设投资

近年来，重大项目建设逐步成为支撑内蒙古固定资产投资稳定增长最有力的压舱石，积极推进重大项目建设，是促进内蒙古固定资产投资稳定增长的关键，是短期经济增长和长期经济高质量发展的硬支撑。推进重大项目建设，要从谋划、实施、储备三个方面协同发力。一是根据国家发展政策导向，结合内蒙古地区资源禀赋优势，立足全产业链，围绕延链、补链、强链，筛选谋划发展动能强、带动作用大的重大项目；二是全力保障重大项目的推进和实施，加快项目审批和开工前准备工作，加强用工、用地、用能资金等要素保障，推动重大项目尽早开工、尽早建成、尽早达产投产，推动形成更多有效投资；三是主动响应国家新一轮"稳增长"政策，围绕中央预算内、自治区预算内、专项资金、一般债、专项债、金融工具等各类政策要求，在重点领域针对性地谋划储备一批好项目，提前做好争资申报工作。

（四）加强基础设施建设投资

基础设施建设是经济社会发展的重要支撑和保障，完善的基础设施建设能够在很大程度上优化地区营商环境，促进地方经济快速发展。加强基础设施建设投资，具体有以下两个方面。一是农村公路建设。农村公路是覆盖面最广、服务人口最多的公益性交通基础设施。推进农村公路建设与老旧公路改造，不仅有利于填补农村交通基础设施的短板，也将进一步完善县乡货运物流运输体系。这种改善将直接促进农村投资，助力乡域经济发展，最终实现农村地区资源优势向经济优势和发展优势的转化。二是新型基础设施建设。算力是数字经济时代的新型生产力。从无人驾驶到智慧政务，众多人工智能应用深入千行百业，离不开强大算力的支撑。要根据内蒙古自身优势资源禀赋，加大投入建设算力基础设施，推动5G网络、千兆光网等新型信息基础设施建设，扩大算力供给，围绕国家算力枢纽节点优化骨干网络架构，建设高速算力网络。这将为数字经济的进一步发展奠定坚实基础，提升各类新兴产业的竞争力。

参考文献

杨春利：《2023~2024年甘肃固定资产投资状况分析与预测》，载王俊莲、王晓芳主编《甘肃经济发展分析与预测（2024）》，社会科学文献出版社，2024。

王昌林主编《2024年中国经济形势分析与预测》，社会科学文献出版社，2023。

中国建银投资有限责任公司投资研究院主编《中国投资发展报告（2023）》，社会科学文献出版社，2023。

B.6
内蒙古财政税收形势分析报告

李秀梅　赵利君*

摘　要：　2023 年，内蒙古自治区经济运行持续恢复向好，叠加能源保供稳价政策持续推进，煤炭等资源能源产品量价齐升，财政收入大幅增加，首次突破 3000 亿元大关，税收结构进一步优化，财政收入质量有所提升，财政支出保持适当强度，加大财力下沉力度，民生性、重点支出得到有力保障。但是，财政运行过程中仍存在财政收入高度依赖资源型经济，财政收支矛盾突出，财政自给率区域分化显著，债务还本付息压力较大等问题。2024 年财政运行形势不容乐观，财政收入下行压力加大，支出刚性增长，收支矛盾进一步加剧。从财政收入和财政运行的整体形势上看，全区处于财政收入增长承压期、财政风险集中暴露期、财政支出结构优化期三期叠加阶段。基于此，本报告围绕加强财源建设、强化地方财政体制改革和提升财政管理水平三大重要目标，从六个方面提出促进内蒙古财政可持续运行的政策措施和具体路径：促进产业结构调整，培育稳定可持续财源；强化财税政策支持，激发消费潜能；优化营商环境，积极而审慎地推进政府投资；扎实做好财政管理工作，提升管理效能；强化地方政府债务管理，防范化解财政运行风险；深化地方财税体制改革，全面推动经济社会高质量发展。

关键词：　财政运行　财源建设　财政风险　财税体制改革

---

* 李秀梅，内蒙古财经大学财政税务学院副教授，硕士生导师；赵利君，内蒙古财政厅国库收付中心四级调研员。

一 2023年内蒙古自治区财政运行的基本情况

面对异常复杂的国际环境和经济下行压力，内蒙古自治区上下紧紧围绕推进高质量发展，积极推动落实各项政策，加之煤炭等主导行业景气度延续，能源保供稳价政策持续推进，全区经济社会发展呈现持续恢复向好的态势。2023年地区生产总值增长7.3%、居全国第三位，创2010年以来最好位次。[①] 经济持续发展为财政收支稳定增长奠定了基础，在2022年快速增长的基础上，仍保持良好增长势头，全区财政收支实现新突破。

（一）内蒙古自治区财政收支分析

1. 一般公共预算收支情况

2023年全区一般公共预算收入3083.6亿元，同比增长9.2%，分别高于全国一般公共预算收入、地方一般公共预算收入（本级收入）2.8个和1.4个百分点。主要是经济增长及煤炭等资源能源产品量价齐升，带动财政收入大幅增长。加上中央补助、一般债务收入、调入预算稳定调节基金、调入资金及上年结转等收入7591.4亿元，收入总量为10675.0亿元。

全区一般公共预算支出6817.5亿元，同比增长15.8%，显著高于全国平均水平，比全国一般公共预算支出增长率高10.4个百分点，是地方一般公共预算支出增长率的3.1倍。[②] 上解中央、一般债务还本、补充预算稳定调节基金等支出2569.2亿元，支出总量为9507亿元。

---

① 《2024年内蒙古自治区政府工作报告（全文）》，新华网，http://nmg.news.cn/20240204/a3a4f38f9111469380689f21a1f5288d/c.html，2024年2月4日。

② 2023年，全国一般公共预算支出274574亿元，同比增长5.4%，中央一般公共预算本级支出38219亿元，同比增长7.4%；地方一般公共预算支出236355亿元，同比增长5.1%。数据来源于《2023年财政收支情况》，http://gks.mof.gov.cn/tongjishuju/202402/t20240201_3928009.htm，2024年2月1日。

2023 年全区一般公共预算收支总量相抵，年终结转资金①为 1222.2 亿元，比 2022 年（年终结转 955.5 亿元）增长 27.9%。

2. 政府性基金预算收支情况

2023 年全区政府性基金预算收入 478.3 亿元，比 2022 年多 70.6 亿元，完成当年预算的 83.6%，主要是房地产市场不及预期，国有土地使用权出让收入未完成预算。国有土地使用权出让收入 375.3 亿元，占政府性基金预算收入的 78.5%，该项收入本期只完成预算的 79.1%。新增专项债务收入 735.5 亿元，中央补助 80.3 亿元，加上上年结转等收入，政府性基金收入总额为 1527.5 亿元。

全区政府性基金预算支出 959.7 亿元，增长 41.4%。政府性基金预算支出的增长主要是中央专项债券增加 191 亿元。加上专项债务还本、调出资金等支出 396.8 亿元，支出总量为 1356.5 亿元。收支总量相抵，年终结转 171 亿元。

3. 国有资本经营预算收支情况

2022 年自治区国有资本经营预算收入 48.5 亿元，2023 年该项收入 112.6 亿元，增长 132.2%。加上中央补助 1.1 亿元和上年结转 8.9 亿元，国有资本经营预算资金收入总量为 122.6 亿元。相对于一般公共预算和政府性基金预算，自治区国有资本经营预算②资金的体量较小，且收入主要来源于国有企业一次性产权转让收入。

2023 年全区国有资本经营预算资金用于资本性支出和费用性支出 27.2 亿元，增长 246.1%；向一般公共预算调出资金 81 亿元，支出总量为 108.3 亿元。收支总量相抵，年终结转 4.3 亿元。

4. 全区政府性债务情况

总体上看，无论是全区地方政府债务（包括地方政府一般债务和专项

---

① 结转资金主要是项目支出年终未执行完毕，按规定结转下年继续使用。
② 《预算法实施条例》明确规定国有资本经营预算收入包括依照法律、行政法规和国务院规定应当纳入国有资本经营预算的国有独资企业和国有独资公司按照规定上缴国家的利润收入、从国有资本控股和参股公司获得的股息红利收入、国有产权转让收入、清算收入和其他收入。

债务）存量余额，还是新增债务均未超过财政部下达的余额限额。2023 年末全区地方政府债务余额 11070.5 亿元，控制在财政部下达债务余额限额 11428.1 亿元内，新增一般债券和专项债券 726.1 亿元，控制在新增债务限额（735 亿元）内。

2023 年全年共发行地方政府债券 2984.0 亿元。其中包括再融资债券 2257.9 亿元，用于偿还政府负有偿还责任的拖欠企业账款或 2018 年之前认定的政府负有偿还责任的拖欠企业账款，政府债券到期本金及化解存量债务；新增债券 726.1 亿元，主要用于一般债券重点支持城市基础设施、农林水利建设、科教文卫等相关项目，专项债券聚焦内蒙古的五大任务和全方位建设"模范自治区"两件大事，重点支持在建续建的国家和自治区重大项目，特别是跨省、跨区域的高铁、政府收费公路以及产业园区基础设施建设。具体数据见表 1。

表 1　2023 年内蒙古自治区债务情况

单位：亿元，%

项　　目	地方政府专项债务	占地方债务比重	地方政府一般债务	占地方债务比重	全区地方政府债务
2022 年末债务余额	2754.9	29.5	6585.0	70.5	9339.9
2023 年末债务余额限额	3345.9	30.2	7724.9	69.8	11070.8
2023 年债务发行额	735.5	24.6	2248.5	75.4	2984.0
2023 年债务还本额	144.5	11.5	1108.2	88.5	1252.7
2023 年末债务余额	3345.9	30.2	7724.6	69.8	11070.5
2023 年新债务限额	469.0	63.8	266.0	36.2	735.0
2023 年新债务实际数					726.1

数据来源：由内蒙古自治区预决算公开平台 2024 年预算报表及《关于内蒙古自治区 2023 年预算执行情况和 2024 年预算草案的报告》中相关数据整理所得。

（二）内蒙古自治区财政运行特征分析

1.财政收入首次突破3000亿元，收入质量稳中有进

2023 年，全区上下齐心协力，依法依规组织税收收入，加强非税收入

管理，加强财源建设，着力夯实税基、涵养税源，确保财政平稳运行，财政收入质量稳中有进。2023年一般公共预算收入3083.6亿元，首次突破3000亿元，高于年初预算收入增长目标9.1个百分点，完成年初预算的108.2%。自治区经济持续向好，加之上年同期集中大规模留抵退税拉低基数影响，全区税收收入为2331.4亿元，增长9.2%，高于全国税收收入增长率（8.7%），非税收入为752.4亿元，增长9%，显著高于全国非税收入增长率（-3.7%）。

财政收入质量通常是指税收收入占一般公共预算收入的比重，反映财政收入结构的科学性、可持续性和财源稳定性等。[1] 2023年内蒙古自治区税收收入和非税收入分别占一般公共预算收入比重为75.6%和24.4%，这一比例与上年同期基本相当。各行业税收形势整体较好，税收结构进一步优化，非煤行业增长有力，同比增长28.5%，拉动整体税收增长13.9个百分点，占全口径税收收入的57.6%。[2] 全区各级加大政府资源资产出让、处置力度，充分挖掘财政增收潜力，非税收入结构持续优化。国有资源（资产）有偿使用收入作为非税收入稳定和可持续财源之一，对全区财政收入形成有力支撑，2023年全区国有资源（资产）有偿使用收入352.9亿元，增收154亿元，增长77.4%，拉动非税收入增长22.3个百分点。

2.财政支出保持适当强度，重点支出得到有效保障

为进一步落实积极财政政策，在上年高基数基础上，2023年仍保持较高强度财政支出。全区一般公共预算支出首次突破6000亿元，支出增长率高达15.8%，政府性基金支出增长41.4%。各级政府、各部门严格贯彻党中央、国务院关于"过紧日子"的精神，将其贯穿财政收支各个环节，严格控制非刚性支出，保障重点支出。

巩固深化"五个大起底"成果，大力压减非重点非刚性支出，取消低效无效支出，2023年共计压减资金53亿元，用于保障自治区党委、政府重

---

① 吕冰洋、李昭逸、戴敏：《省以下财政收入体制与财政收入质量：针对非税收入的研究》，《经济理论与经济管理》2024年第5期。
② 内蒙古财政厅微信公众号，2024年1月4日。

大决策部署。为确保"两个屏障""两个基地""一个桥头堡"重大战略任务落地见效，当年五大任务支出共计 2547.8 亿元，占一般公共预算支出的 37.4%。统筹基本建设资金和专项债券资金 666.8 亿元，支持自治区重大项目建设。① 基层"三保"得到有效保障，债务本息按时偿还，金融、节能环保、交通运输等支出增速较快，重点支出保障有力。

3. 财政收入高度依赖资源型经济，民生性支出增长显著

从全区的税收结构上看，2023 年国内增值税占税收收入比重最高，为 29.6%，资源税次之，为 28.8%（见图 1）。资源税已成为内蒙古的主体税种，对内蒙古的税收贡献显而易见。从全区非税收入结构上看，2023 年国有资源（资产）有偿使用收入占半壁江山，占一般公共预算中的非税收入比重高达 46.9%，是专项收入（位居第二）占比的 2.5 倍。同年，国有资源（资产）有偿使用收入增长 77.4%，拉动非税收入增长 22.3 个百分点，主要是矿产资源专项收入 179.4 亿元，增收 91.8 亿元，增长 104.8%。显然内蒙古财政收入高度依赖资源型经济。

已有研究表明资源型地区高度依赖资源型财政收入，其税基规模主要受制于本地区资源禀赋与资源价格变动，而非取决于人口或资本流入，也因此使得地方政府扩展税基的内动力不足，各类公共产品均供给不足。还有学者使用 1998~2018 年中国地级市数据，开展采矿业繁荣对地方公共品供给的影响研究发现，尽管采矿业繁荣促进地方财政收入大幅度增加，但民生性公共品供给水平并未随之提升，主要原因是采矿业繁荣期财政供养人员支出膨胀、资金使用效率降低，使得高速增长的财政收入未能有效转化为公共品供给。② 与现有研究不同的是，近年内蒙古各级财政和预算部门在预算绩效管理全面实施的背景下，财政资金使用效率明显提高，财政收入增长驱动民生支出快速增长。2023 年内蒙古全区教育、医疗卫生、就业、社会保障及住房保障四类民生性支出增长率达 16%，比一般公共预算支出增长率高 0.2 个百分点。

---

① 《关于内蒙古自治区 2023 年预算执行情况和 2024 年预算草案的报告》，2024 年 1 月 30 日。
② 王丽艳、马光荣：《采矿业繁荣与公共品提供》，《经济评论》2021 年第 6 期。

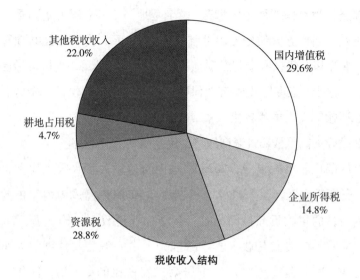

税收收入结构

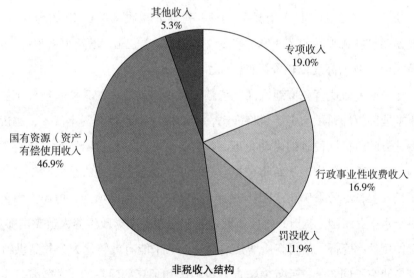

非税收入结构

图1 2023年内蒙古自治区税收与非税收入结构

数据来源：内蒙古自治区财政厅。

4.财政自给率下降，财政收支区域分化严重

2023年全区一般公共预算收入占一般公共预算支出比重为45%，相对2022年（48%）下降3个百分点，且低于全国平均水平。这种比例关

系也被称为财政自给率，用于衡量地方财政自主性和评价财政压力。[①] 同年，内蒙古自治区取得中央补助收入 3651.7 亿元，比上年增加 372 亿元，为全区一般公共预算收入的 1.2 倍。上年结转资金 874.4 亿元，调入预算稳定调节基金 815.2 亿元，两项统筹资金占当年一般公共预算收入的 55%。

受资源富集程度、产业结构等因素影响，自治区 12 盟市财政收支区域不均衡问题较为严重。如图 2 所示，收入方面地区分化最为显著，呼包鄂一般公共预算收入占各盟市一般公共预算收入总和的 63%，其中鄂尔多斯市占 43%，占比最小的三个盟市（乌兰察布市、兴安盟以及阿拉善盟）加总后仅占 7%。在上级转移支付的均衡下，一般公共预算支出区域失衡问题弱于一般公共预算收入。人口差异、财政收入水平等因素决定了各地的自给率差异。鄂尔多斯市自给率最高为 81.3%；乌海市、包头市、呼和浩特市均在 40% 以上，分别为 49.8%、42.2%、40.9%；锡林郭勒盟为 34.3%；其他盟市均在 30% 以下，兴安盟自给率最低，仅为 11.8%。

5. 债务依存度增加，还本付息压力加大

2023 年内蒙古自治区地方政府债务依存度由 2022 年的 16.9% 增加到 27.8%。债务依存度是指当年发行的债务占财政支出总额的比重。[②] 本报告中债务依存度是由当年发行债务（包括一般债券和专项债券）占当年一般公共预算总支出与政府性基金总支出之和的比重。

2023 年债务余额虽在财政部下达的余额限额范围内，但随着债务规模，特别是到期债务规模增加，全区还本付息压力增大。2023 年偿还地方政府债务到期本息 1572.2 亿元，比 2022 年多 317.2 亿元。其中，本金 1252.7 亿元，利息 319.5 亿元。

---

① 吴劲梅、杨世信：《PPP 投资影响地方政府财政压力及其影响机制》，《社会科学家》2023 年第 8 期。

② 马恩涛、姜超：《基于 AHP-TOPSIS 法的我国地方政府债务风险测度研究》，《南开经济研究》2022 年第 6 期。

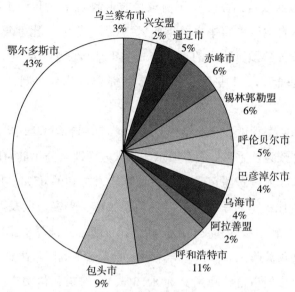

12盟市一般公共预算收入比例

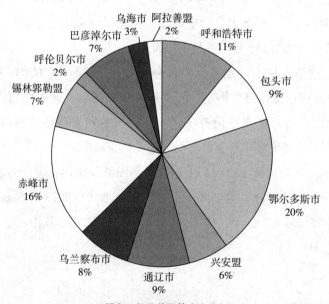

12盟市一般公共预算支出比例

图2 2023年内蒙古12盟市一般公共预算收支结构

二　2024年内蒙古自治区财政形势分析

2024 年是实现"十四五"规划目标任务的关键一年，是推动实施自治区"六个工程"的重要一年。[①] 全区上下齐心协力全力办好两件大事，凝心聚力闯新路、进中游，踔厉奋发、勇毅前行，不断书写中国式现代化的内蒙古新篇章。同时，由于国内与国际经济形势复杂多变，不确定性较强，收支矛盾仍然突出，紧平衡状态将继续保持。

（一）2024年1~6月内蒙古自治区财政运行情况

1. 税收收入大幅下降，非税收入持续增长

一般公共预算收入质量有所下降，主要表现为税收收入占一般公共预算收入比重从 2023 年上半年的 74.8% 下降到 2024 年上半年的 70.6%。2024 年 1~6 月，全区一般公共预算收入 1623.3 亿元，同比下降 9.4%，税收收入同比下降 14.5%。与全国水平相比较，内蒙古自治区的增收情况弱于同期全国水平，2024 年上半年，全国税收收入 94080 亿元，同比下降 5.6%。[②] 税收收入大幅下降主要原因：一是经济下行，经济增长是税收增长的基础，经济增长放缓，税收增长就会受到制约；二是 2022 年制造业中小微企业缓税入库抬高 2023 年基数；三是 2023 年中出台减税降费政策减收等特殊因素影响。另外，物价水平下行，煤炭等部分能源矿产类产品价格持续下跌，也会拖累税收增速。

由于税收收入下滑明显，为了弥补税收减收，全区各级政府加大盘活存量资源力度，促使非税收入保持快速增长。2024 年上半年，内蒙古自治区一般公共预算收入中税收收入大幅下降，非税收入同期增长 5.6%。同期，政府性基金预算收入增长显著，同比增长 19.8%，远高于全国水平。全国政府性基金预算收入同比下降 15.3%。政府性基金收入的快速增长主要是

[①] 《2024 年内蒙古自治区国民经济和社会发展计划》，2024 年 2 月 8 日。

[②] 《财政部公布 2024 年上半年财政收支情况》，中国经济网，http://www.ce.cn/xwzx/gnsz/gdxw/202407/22/t20240722_ 39077994.shtml，2024 年 7 月 22 日。

由国有土地使用权出让收入增长拉动的。显然，在一般公共预算收入增长乏力的情况下，非税收入及政府性基金预算资金对自治区财力形成一定的补充和支撑。

2. 支出刚性增长，收支平衡压力持续加大

虽然2024年上半年全区一般公共预算收入下降显著，但一般公共预算支出仍表现出增长态势，比上年同期增加52.2亿元，增长1.8%。从上半年整体形势上看，收入显著下降，支出刚性增长，收支平衡压力持续增加（见表2）。

表2　2024年1~6月内蒙古自治区财政收支情况

单位：亿元，%

	科目	2024年1~6月	2023年1~6月
全区一般公共预算收支	一般公共预算收入	1623.3	1791.8
	一般公共预算收入增长率	-9.4	13.7
	税收收入	1145.9	1339.8
	税收收入增长率	-14.5	12.9
	税收收入占比	70.6	74.8
	非税收收入	477.4	452.0
	非税收收入增长率	5.6	16.1
	非税收收入占比	29.4	25.2
	一般公共预算支出	3034.1	2981.9
	一般公共预算支出增长率	1.8	7.2
全区政府性基金预算收支	政府性基金预算收入	207.2	172.9
	政府性基金预算收入增长率	19.8	4.2
	政府性基金预算支出	415.5	538.6
	政府性基金预算支出增长率	-22.9	44.4

数据来源：内蒙古自治区财政厅财政数据整理所得。《2024年1~6月全区一般公共预算和政府性基金预算收支完成情况》，内蒙古自治区财政厅网站，https://czt.nmg.gov.cn/zwgk/zfxxgk/fdzdgknr/czsj/202407/t20240722_2545614.html，2024年7月22日。

3. 持续盘活存量资金，充分调配沉淀资金

近年来，为解决地方财政困难、积极化债，自治区各级财政出台并实施

盘活资产以及盘活资金的若干举措或办法，各级财政和各预算单位积极盘活各类存量资金，调配一切可调配资金。在历年盘活口径的基础上，2024 年进一步扩大盘活范围，包括要求使用自治区本级财力安排的年初预算项目资金，原则上年底不得结转，全部收回；下一年度预算已安排同项目资金的，本年度预算项目资金不得结转或减少结转；专项资金应当在各级人大批准预算后 60 日内下达，未按规定时限下达的，对未下达部分逐月按 20% 比例进行盘活，且年度执行中不再追加安排等。同时探索对单位自有资金，根据单位性质、资金来源、资金用途等进行分类管理，对可参照盘活财政存量政策管理的部分加大盘活力度。①

（二）2024年内蒙古自治区财政运行整体形势

随着宏观调控政策效应持续释放，招商引资重大项目储备库建立，固定资产投资快速增长，依托自治区资源禀赋，全区经济将持续恢复，财政收入增势预期向好。但是由于国内与国际经济形势复杂多变，不确定性较强，继续实施结构性减税降费政策，房地产市场预期尚未稳定等，资源价格波动幅度大，财政收入增长面临较大不确定性。科技、教育、社会保障、乡村振兴、生态环保等领域都需要保持高度的财政支出，统筹平衡资金的难度空前，收支矛盾仍然突出，紧平衡状态将继续保持，全区财政收入和财政运行的整体形势处于三期叠加阶段。

1. 财政收入处于增长承压期

受煤炭供需宽松、国内疆煤外运量提升和国际进口量增长等影响，煤炭价格回归正常值，预计煤炭量价继续保持低位运行，高度依赖资源型经济的内蒙古财政收入增长难度大。居民收入预期减弱，就业预期仍然较低，消费信心不足，预防性储蓄倾向较高，消费支出增速缓慢。2024 年上半年，社

---

① 《内蒙古：多管齐下从严管理存量资金 助推提升财政资金使用效益》，内蒙古自治区财政厅网站，https：//czt.nmg.gov.cn/czdt/czxw/202406/t20240619_ 2526269.html，2024 年 6 月 19 日。

会消费品零售总额增速为 2%，显著低于同期居民可支配收入和 GDP 的增长率。① 市场需求减弱、产品价格下降等多因素影响下，全区企业利润增长乏力。另外，由于 2023 年基数高，一定程度上加大了 2024 年财政收入增长难度。

2. 财政风险处于集中暴露期

内蒙古是 12 个地方债务高风险省份之一，化债任务艰巨繁重。目前，隐性债务化解工作已经进入攻坚阶段，剩余隐性债务大多需要真金白银化解，偿还到期债券本金和政府债务利息压力也很大，加之支出刚性增长，化债任务艰巨。另外，2024 年城投债到期进入高峰期，到期债券规模大、再融资难，财政支持减弱的条件下，地方政府债务违约风险增大。②

金融风险方面，地方金融机构改革化险任务较重，工作压力较大。财政风险与金融风险往往相伴相随、相互传导，但防范金融风险的最终落脚点是财政安全。③ 房地产风险方面，自治区 2023 年房地产开发投资下降 2.6%，商品房库存消化周期达到 30 个月，保交楼项目流动资金仍有缺口，多个盟市土地出让收入不达预期。

3. 财政支出处于结构优化期

防风险、重点领域和刚性支出压力加大，"三保"、民生、化债等支出占全部支出的 75% 以上。例如，从财力安排和统筹上看，各旗县（市、区）自有收入加上级转移支付资金可以覆盖"三保"需求，但实际上仍有部分地区在保基层"三保"过程中困难重重。"三保"风险主要来源于消化暂付款、化债等多重压力下，加上一些地方自行出台提标扩面的支出政策，编外人员控制不力等因素进一步加剧了基层收支矛盾，增加"三保"风险。产业处于转型期，难以摸清未来的产业布局以及与之相匹配的税收

① 内蒙古自治区统计局：《2024 年 6 月统计月报》，2024 年 8 月 2 日。
② 佟成元、李媛、李思函：《2023 年内蒙古经济形势分析与 2024 年趋势展望》，《北方经济》2024 年第 1 期。
③ 马海涛、姚东旻、于曙光：《我国财政安全的内涵、挑战和实现路径：基于总体国家安全观视角》，《经济理论与经济管理》2024 年第 5 期。

结构变化，地区间财政收入和产业间税收贡献"两个不平衡"问题需要着力解决，更需要加大自治区本级统筹力度，加大转移支付力度。

三　促进内蒙古自治区财政持续发展的政策措施

总的来看，2024年内蒙古自治区财政收支形势依然严峻。各级财政和各预算部门严格贯彻落实中央关于"积极的财政政策要适度加力、提质增效"的要求，聚焦加强财源建设、提升财政管理水平、推动地方财政体制改革三大工作，从"增长、统筹、下沉、协同"四个方面持续发力，全力保障党中央、国务院和自治区党委、政府重大决策部署落实，推动内蒙古自治区经济社会高质量发展。

（一）促进产业结构调整，培育稳定可持续财源

加快推进农牧业产业化、规模化、品牌化发展，积极推动传统能源产业转型升级，发展新能源产业；持续推进制造业高端化、智能化、绿色化发展。大力推动以科技创新为核心的创新驱动发展战略，依托信息产业和人工智能优势，促进产业数字化转型，以数字技术驱动文化和科技、旅游、金融等传统行业的融合发展，切实用数字赋能实体经济，推动产业升级与产业高端化，实现税收可持续增长。

（二）强化财税政策支持，激发消费潜能

严格落实国家关于"2024消费促进年"的相关精神和要求，坚持以"政策+活动"为基本驱动，激发消费潜能。积极研究制定设备更新改造、以旧换新、购车等财税补贴政策，进一步落实节能节水、环境保护、安全生产专用设备相关税收优惠政策。积极争取中央专项资金，以县城为中心、乡镇为重点、乡村为基础，打造县域商业流通体系，推动农村消费提质扩容。加大旅游发展专项资金支持力度，提高其使用效益，依托内蒙古得天独厚的自然、人文禀赋优势，支持各类文旅宣传推广活动、

补贴旅游消费等，全方位助力文旅产业发展建设，充分挖掘和激活文旅消费潜力。

（三）优化营商环境，积极而审慎地推进政府投资

不断优化营商环境，完善重点领域投资回报机制，为社会资本参与创造条件，解决社会资本后顾之忧，引导和鼓励社会资本在生态环保、基础设施、社会事业等重点领域投资，引导社会资本推动"高精尖"产业领域投资。合理运用市场化运行模式，大力推动建设投资基金、政府引导基金发展，吸引社会资金支持科技相关领域的创新与发展，促进相关行业核心竞争力提升。用好用足政府债券，合理统筹两级（自治区与各盟市）债务空间，推动项目快速落地。充分发挥财政补贴、税收优惠等财税政策优势，持续加大科技创新投资力度，激发民间投资活力，推动经济可持续发展，助力财源可持续增长。

（四）扎实做好财政管理工作，提升管理效能

一是提升预算管理效能。严格执行人大批准的预算，政府所有收支全面纳入预算管理，强化预算指标管理，规范预算调剂行为，优化预算分配，完善全生命周期项目管理机制。进一步落实国库集中支付制度，完善政府采购制度和内控制度，提高预算执行质量。健全预算绩效管理体系，围绕中央重大决策部署、自治区五大任务和重大财税政策落实情况开展绩效评价，强化绩效评价结果应用。加强预算公开，提高预算透明度。二是加强资源性国有资产的管理和利用，增加政府的非税收入。进一步完善过紧日子制度机制，落实党政机关习惯过紧日子要求。严格控制一般性支出，从紧安排非刚性、非重点项目支出，节约政府采购成本，腾出更多财政资源用于推动高质量发展、增进民生福祉。统筹上级转移支付和自有财力，使用稳定可靠财力，确保"三保"优先支出。加强"三保"运行动态监管，严格对旗县（市、区）"三保"预算全面复审，确保"三保"预算应保尽保，不留硬缺口。

（五）强化地方政府债务管理，防范化解财政运行风险

建立同高质量发展相适应的政府债务管理机制。完善专项债券管理制度，加强项目穿透式管理，强化项目收入归集，确保按时偿还、不出风险。统筹好债务风险化解和稳定发展，层层压实责任，进一步落实一揽子化债方案。健全防范化解隐性债务风险长效机制，逐步降低债务风险水平，合理安排政府投资规模，优先保障在建续建项目，着力提高投资效率，杜绝形成政府"拖欠"。逐步降低融资平台存量债务，大幅压降平台数量，建立平台管理长效机制。按照"谁决策、谁负责、谁借出、谁收回"的原则，严格新增财政暂付款审批，建立对外借款终身负责制，加大违规追责问责和消化奖励力度。

（六）深化地方财税体制改革，全面推动经济社会高质量发展

深入贯彻党的二十届三中全会精神，坚持目标引领和问题导向，加快地方财税体制改革。一是健全地方税体系，深化税收征管改革，依法依规征税收费。二是完善财政转移支付体系，加强转移支付定期评估和退出管理，优化资金分配，研究建立完善促进高质量发展的转移支付激励约束机制。三是落实落细已出台的中央与地方财政事权和支出责任划分改革相关方案，稳步推进省级以下财政体制改革。围绕推动基本公共服务均等化、提高公共财政绩效、充分发挥各级政府积极性等目标，积极推进自治区地方财政体制改革，制定优化财政事权和支出责任划分、收入划分及转移支付制度改革方案，建立健全权责清晰、运行顺畅、充满活力的内蒙古地方财政体制，全面提高财政治理水平和运行效能。

参考文献

杨帆：《2023 年内蒙古财政收支实现两个"首次突破"》，《内蒙古日报（汉）》

2024 年 1 月 5 日，第 001 版。

《2024 年内蒙古自治区政府工作报告（全文）》，新华网，2024 年 2 月 4 日。

吕冰洋、李昭逸、戴敏：《省以下财政收入体制与财政收入质量：针对非税收入的研究》，《经济理论与经济管理》2024 年第 5 期。

《关于 2023 年中央和地方预算执行情况与 2024 年中央和地方预算草案的报告》，2024 年 3 月 19 日。

《关于内蒙古自治区 2023 年预算执行情况和 2024 年预算草案的报告》，2024 年 1 月 30 日。

王丽艳、马光荣：《采矿业繁荣与公共品提供》，《经济评论》2021 年第 6 期。

赵志君、庄馨予：《共同富裕视角下我国社会福利的测度与因素分析》，《经济与管理评论》2023 年第 2 期。

王列军：《我国民生支出的规模、特征及变化趋势》，《管理世界》2023 年第 3 期。

马恩涛、姜超：《基于 AHP-TOPSIS 法的我国地方政府债务风险测度研究》，《南开经济研究》2022 年第 6 期。

《2024 年内蒙古自治区国民经济和社会发展计划》，2024 年 2 月 8 日。

《财政部公布 2024 年上半年财政收支情况》，中国经济网，2024 年 7 月 22 日。

《2024 年 1~6 月全区一般公共预算和政府性基金预算收支完成情况》，内蒙古自治区财政厅网站，2024 年 7 月 22 日。

内蒙古自治区统计局：《2024 年 6 月统计报月报》，2024 年 8 月 2 日。

佟成元、李媛、李思函：《2023 年内蒙古经济形势分析与 2024 年趋势展望》，《北方经济》2024 年第 1 期。

马海涛、姚东旻、于曙光：《我国财政安全的内涵、挑战和实现路径：基于总体国家安全观视角》，《经济理论与经济管理》2024 年第 5 期。

内蒙古金融发展现状、存在问题及对策

黄雪*

摘　要： 2023 年以来，内蒙古金融机构实施稳健的货币政策，积极化解金融风险，不断优化信贷结构，规模稳步扩大；证券业平稳发展，积极推动企业上市，上市公司数量稳步提升，资本市场服务实体经济能力不断提高；保险业探底回升，经济社会保障能力不断提高。2024 年上半年，内蒙古宏观调控进一步扩大，稳健货币政策不断夯实，防范化解金融风险能力和服务实体经济能力逐步提升。然而仍存在经济增长仍面临诸多挑战、金融创新动能不足、多元金融发展滞后、防范化解金融风险形势严峻等问题。应有效提升金融综合服务能力、强化财政与金融协作，消除中小实体经济与金融机构合作障碍，为内蒙古经济社会发展保驾护航。

关键词： 金融业　金融服务　银行业　证券业　保险业

2023 年以来，内蒙古自治区实施稳健的货币政策，积极化解金融风险，金融业务规模稳步扩大。银行信贷结构逐渐优化，业务规模稳步扩大、抗风险能力进一步提高。证券业平稳发展，上市公司数量稳步增加，服务实体经济能力不断增强。保险业走出低谷走向正常化，保障能力逐渐恢复。金融业的服务能力、调控能力和抗风险能力日益提高，为内蒙古经济高质量发展做出重大贡献和保障。

---

* 黄雪，内蒙古包头市财政局正信集团职工，银行、证券、基金从业资格认证人员，国际金融理财师，主要从事宏微观经济、金融学研究。

一 2023年内蒙古自治区金融业现状分析

2023年，内蒙古自治区围绕办好"两件大事"，锚定闯新路、进中游目标，扎实推进金融政策落地见效，多措并举化解金融风险，坚决守住底线，为自治区高质量发展提供了有力支撑。

（一）内蒙古金融业务概况

2023年，全区金融业增加值1081亿元，同比增长9%。人民币贷款余额30064.05亿元，同比增长11.5%，比上年提高3.7个百分点，高于全国平均增速0.9个百分点，增速居全国第10位。贷款全年新增3098.7亿元，增量创历史新高。全区金融机构人民币存款余额36317.56亿元，同比增长12.4%，高于全国平均增速2.4个百分点，增速居全国第5位，存款全年新增4003.9亿元。全区保险业累计实现原保险保费收入718.73亿元，同比增长7.75%。

（二）内蒙古自治区银行业发展情况

2023年，全区金融机构人民币贷款余额30064.05亿元，全年新增3098.7亿元，增量创历史新高，12个盟市中，呼、包、鄂贷款余额总计18751.09亿元，占全区的62.37%；全区金融机构人民币存款余额36317.56亿元，全年新增4003.9亿元，其中呼、包、鄂存款余额总计20214.83亿元，占全区的55.66%。各盟市金融机构人民币存贷款情况见图1、图2。

银行信贷结构持续优化。一是企（事）业单位贷款增长较快。企（事）业单位贷款全年新增2074.7亿元，占新增贷款额的67%，同比增加652.8亿元，其中，中长期贷款新增1380.3亿元，同比多增409.5亿元。二是对实体经济重点领域支持力度持续加大。2023年，全区高新技术企业、制造业、基础设施相关行业贷款分别新增254.2亿元、421.1亿

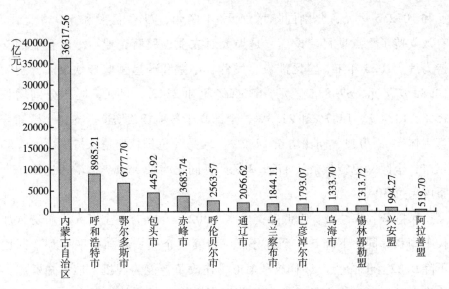

图 1　2023 年内蒙古金融机构（含外资）人民币存款地区分布

数据来源：《2023 年 12 月内蒙古自治区金融统计数据》，http：//huhehaote. pbc. gov. cn/huhehaote/129786/5216865/index. html，2024 年 1 月 23 日。

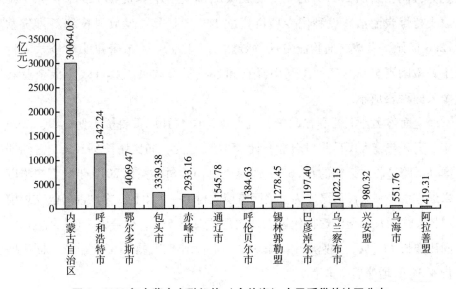

图 2　2023 年内蒙古金融机构（含外资）人民币贷款地区分布

数据来源：《2023 年 12 月内蒙古自治区金融统计数据》，http：//huhehaote. pbc. gov. cn/huhehaote/129786/5216865/index. html，2024 年 1 月 23 日。

元和 1072.5 亿元，分别同比增加 99.4 亿元、77.3 亿元和 599.8 亿元，有效支持了重点项目建设。三是加大对农业、民营企业、小微企业的支持力度。2023 年末，全区涉农、民营、小微和普惠领域贷款余额分别为 10982.9 亿元、6788.5 亿元、6335 亿元和 2843.2 亿元，同比分别增长 15%、14.4%、14.7% 和 21.3%，全部高于各项贷款增速。支持小微和普惠主体 59.6 万户，同比增长 14.2%。四是绿色贷款增速保持高位。2023 年末，全区绿色贷款余额 4729.2 亿元，同比增长 34.8%，增速连续 7 个季度超过 30%。

保持低利率政策，降低融资成本。2023 年 12 月，全区人民币贷款加权平均利率同比下降 0.9 个百分点，新发放企业贷款加权平均利率同比下降 0.82 个百分点。以释放利率市场化改革效能为契机，推动融资成本稳中有降。2023 年，全区人民银行通过各项货币政策工具向金融机构累计发放低成本政策资金 1081.7 亿元，其中，发放再贷款、再贴现 788.6 亿元，同比增加 207.9 亿元。发放碳减排支持工具资金 129.3 亿元，发放支持煤炭清洁高效利用专项再贷款 149.3 亿元，发放科技创新再贷款 12.6 亿元，发放交通物流专项再贷款 1.1 亿元，发放普惠小微贷款支持工具激励资金 0.9 亿元。利用降息和各项货币政策工具有效降低企业和个人的融资成本。

全面落实外汇便利化政策，有力支持向北开放重要桥头堡建设。2023 年，全区跨境人民币收付金额合计 2584.2 亿元，同比增长 99.8%，占同期本外币跨境收付金额的 66.6%，跨境人民币收付金额创 2010 年政策实施以来最好水平，人民币已成为自治区跨境收付第一大币种。全区涉外收支规模保持较快增长，全区银行代客涉外收付款总额 537.5 亿美元，创历史新高，同比增长 43.3%，增速居全国第 3 位。银行结售汇总额 165 亿美元，同比增长 4.3%，增速居全国第 5 位。

（三）内蒙古自治区保险业发展情况

2023 年，全区保险业累计实现原保险保费收入 718.73 亿元，同比增长

7.75%；其中，产险公司累计实现原保险保费收入 241.79 亿元，同比增长 8.42%。寿险公司累计实现原保险保费收入 476.94 亿元，同比增长 7.42%。全区赔付支出 304.9 亿元，同比增长 27%；总计保险金额 795465.27 亿元，同比增长 5.72%。累计保单件数 17348 万件，同比增长 1%。① 保险业走出 2022 年的低谷，再度步入正增长期。

（四）内蒙古自治区证券业发展情况

2023 年末，内蒙古自治区上市公司共有 28 家，其中，A 股上市公司 26 家，B 股上市公司 2 家。26 家 A 股上市公司中，在上海证券交易所主板上市 16 家，在深圳证券交易所主板上市 7 家，在创业板上市 3 家，在北京证券交易所上市 2 家；从地区分布看，呼和浩特市 8 家，包头市 7 家，鄂尔多斯市 3 家，赤峰市 2 家，乌兰察布市、巴彦淖尔市、乌海市、锡林郭勒盟、阿拉善盟、霍林格勒市各 1 家；从控股股东看，中央企业控股 5 家，地方国资控股 4 家，民营资本控股 14 家，无实际控制人 3 家（见表 1）。全区拟上市辅导备案企业 15 家，其中，呼和浩特市 5 家，包头市 2 家，鄂尔多斯市 2 家，呼伦贝尔市、兴安盟、乌海市、阿拉善盟、巴彦淖尔市、通辽市各 1 家。全区上市后备企业共 80 家。全区新三板挂牌公司 46 家，其中，呼和浩特市 12 家，包头市 14 家，赤峰市 5 家，巴彦淖尔市 4 家，鄂尔多斯市 3 家，呼伦贝尔市 3 家，通辽市 2 家，锡林郭勒盟、乌海市、阿拉善盟各 1 家。内蒙古辖区有 2 家证券公司、111 家证券分支机构，12 个盟市均有证券分支机构分布；全区共有 12 家期货分支机构，主要分布在呼和浩特市、包头市、赤峰市和通辽市。在中国证券投资基金业协会登记并且注册地在内蒙古的私募基金管理人共有 49 家，主要分布在呼和浩特市、包头市、鄂尔多斯市和乌兰察布市。

---

① 《2023 年 12 月内蒙古保险业数据》，http：//www.cbirc.gov.cn/branch/neimenggu/view/pages/common/ItemDetail.html？docId=1149805&itemId=1895，2024 年 1 月 29 日。

表 1　内蒙古自治区盟市上市公司情况

单位：家

项目	具体情况	数量
上市交易所	上海证券交易所主板上市	16
	深圳证券交易所主板上市	7
	创业板上市	3
	北京证券交易所上市	2
所在地区	呼和浩特市	8
	包头市	7
	鄂尔多斯市	3
	赤峰市	2
	乌兰察布市	1
	巴彦淖尔市	1
	乌海市	1
	锡林郭勒盟	1
	阿拉善盟	1
	霍林格勒市	1
控股股东	中央企业控股	5
	地方国资控股	4
	民营资本控股	14
	无实际控制人	3

数据来源：《内蒙古辖区资本市场月度统计（2023 年 10 月）》，http://www.csrc.gov.cn/neimenggu/c103698/c7451707/content.shtml，2023 年 12 月 25 日。

全区大力推进实施企业上市"天骏计划"。通过实施"千百工程"，推动开展千家企业上市培训，百家企业进入上市后备库，采用常态化培训、精准化聚焦的方式，全力推动服务企业上市进程。举办民营拟上市企业圆桌会、资本市场支持民营企业高质量发展推进会等，多次组织企业走进沪深北交易所实地学习交流。2023 年落实企业上市奖补资金 4300 万元，有力减轻了企业上市成本负担，提升了企业改制上市和利用资本市场发展壮大、实现高质量发展的积极性。

（五）金融业其他领域运行情况

2023 年末，全区持有融资担保业务经营许可证融资担保机构 65 家，较年初减少 14 家，其中，呼和浩特市 11 家，呼伦贝尔市 10 家，锡林郭勒盟 7 家，兴安盟 6 家，鄂尔多斯市、赤峰市各 5 家，包头市、通辽市、阿拉善盟各 4 家，乌兰察布市、巴彦淖尔市、乌海市、满洲里市各 2 家，二连浩特市 1 家。全区共有政府性融资担保机构 26 家；全区融资担保余额 311.86 亿元，较年初增加 1.4 亿元（见表 2）。2023 年末，全区共有小额贷款公司 91 家，其中，评级 A 级 10 家、B 级 12 家、C 级 22 家、D 级 13 家、E 级 34 家。全区正常经营类融资租赁公司 3 家，其中，呼和浩特市 2 家，乌海市 1 家。

表 2　2023 年内蒙古各盟市融资担保业务情况

单位：家，亿元

盟市	持有融资担保业务经营许可证融资担保机构数	政府性融资担保机构数	融资担保余额
呼和浩特市	11	5	137.11
呼伦贝尔市	10	1	38.08
锡林郭勒盟	7	3	4.38
兴安盟	6	3	16.85
鄂尔多斯市	5	3	7.23
赤峰市	5	4	52.91
包头市	4	2	6.23
通辽市	4	2	13.87
阿拉善盟	4	1	3.99
乌兰察布市	2	1	8.72
巴彦淖尔市	2	1	8.35
乌海市	2	—	4.19
满洲里市	2	—	9.59
二连浩特市	1	—	0.35
总计	65	26	311.86

数据来源：中共内蒙古自治区委员会金融委员会。

二　2024年上半年内蒙古自治区金融发展情况分析

（一）内蒙古自治区金融运行情况

2024年一季度，全区金融业增加值304.1亿元，同比增长5.3%，受"央行缩表"及宏观经济下行影响，增速有所下滑。全区金融机构人民币贷款余额31116.3亿元，比年初新增1052.3亿元，同比增长9.9%，比上年同期提高0.2个百分点，高于全国平均增速0.3个百分点。全区金融机构人民币存款余额38165.7亿元，同比增长9.8%，高于全国平均增速1.9个百分点。全区保险业累计实现原保险保费收入421.08亿元，同比增长18.54%。

（二）内蒙古自治区银行业运行情况

2024年5月末，全区金融机构人民币贷款余额31424.96亿元，较年初新增1360.91亿元，增长率为4.5%。全区金融机构人民币存款余额38145.97亿元，较年初增加1828.41亿元，增长率为5%。贷款利率稳中有降，人民币一般贷款加权平均利率同比下降0.27个百分点，运用支农和支小再贷款发放的贷款加权平均利率分别下降0.16个和0.27个百分点。科技金融方面，3月末，全区科技型中小企业获贷率为41.8%，比年初提高2个百分点，全区科技型中小企业存量贷款平均利率比年初下降13个BP，全区高新技术企业贷款余额3626.2亿元，较年初增加167亿元。绿色金融方面，3月末，全区绿色贷款余额5398亿元，同比增长43.1%，增速高于各项贷款33.2个百分点，连续8个月增速在30%以上。普惠金融方面，3月末，全区涉农、民营和小微企业贷款余额分别为11778亿元、7428.8亿元和6754.3亿元，分别比年初新增800.7亿元、657.3亿元和234.6亿元，分别同比增长13.1%、14%和11.2%，全部高于各项贷款增速。养老金融方面，3月末，全区卫生和社会工作中长期贷款余额（包含养老服务产业）80.9亿元，比年初增加2.7亿元。数字金融方面，3月末，全区信息传输、软件和信息技术服务业贷款余额 48.3 亿元，同比增长 22.9%。一季度，自治区银行代客涉外收付款总额 173.7 亿美元，同比增长 124.9%，增速居全国第 1 位。银行结售汇总额 39.4 亿美元，同比增长 10.1%，增速居全国第 3 位。

（三）内蒙古自治区保险业运行情况

2024 年 5 月末，全区保险业累计实现原保险保费收入 421.08 亿元，同比增长 18.54%；其中，产险公司累计实现原保险保费收入 89.28 亿元，同比增长 1.9%；寿险公司累计实现原保险保费收入 331.8 亿元，同比增长 23.95%。全区赔付支出 153.64 亿元，同比增长 29%。总计保险金额 316578.33 亿元，同比增长 5.3%。累计保单件数 7550 万件，同比增长 28.2%。

（四）内蒙古自治区证券业及融资担保业运行情况

2024 年 6 月末，全区 A 股上市公司 25 家，较 2023 年末减少 1 家，新三板挂牌公司 42 家，较 2023 年末减少 4 家。

2024 年 6 月末，全区持有融资担保业务经营许可证融资担保机构 63 家，较年初减少 2 家。全区共有政府性融资担保机构 26 家；全区融资担保余额 297.26 亿元，较年初减少 14.6 亿元（见表 3）。

表 3　2024 年 6 月内蒙古各盟市融资担保业务情况

单位：家，亿元

盟市	持有融资担保业务经营许可证融资担保机构数	政府性融资担保机构数	融资担保余额
呼和浩特市	11	5	131.21
呼伦贝尔市	10	1	34.10
锡林郭勒盟	7	3	5.14
兴安盟	6	3	14.31
赤峰市	5	4	52.71
鄂尔多斯市	4	3	9.33
包头市	4	4	6.69
通辽市	4	2	13.11

续表

盟市	持有融资担保业务经营许可证融资担保机构数	政府性融资担保机构数	融资担保余额
阿拉善盟	4	1	3.95
乌兰察布市	2	1	8.46
乌海市	2	—	4.06
满洲里市	2	—	8.05
巴彦淖尔市	1	1	5.84
二连浩特市	1	—	0.31
总计	63	26	297.26

数据来源：中共内蒙古自治区委员会金融委员会。

（五）聚焦"六个工程"强化金融服务

2024 年，为了落实好自治区政府工作报告关于引导金融机构加大对"六个工程"支持力度任务安排，印发《内蒙古自治区人民政府办公厅关于金融支持"六个工程"若干措施的通知》，积极引导全区金融机构用好金融政策和金融工具，全力支持"六个工程"落地实施。全区金融业聚焦"六个工程"，紧盯各类企业融资需求，跟踪开展供需对接，做好科技、绿色、普惠、养老、数字金融 5 篇文章，加快推动金融业扩量提质、晋位升级，为实体经济高质量发展提供坚实的金融支撑。

三 内蒙古自治区金融运行中存在的问题

2023 年以来，内蒙古自治区金融稳定运行，金融服务实体经济的质效明显提升，对实现全区经济高质量发展发挥重要支持推动作用。但是受国内外大环境和经济调整影响，金融发展中仍然存在问题。

（一）经济增长仍面临诸多挑战

影响内蒙古自治区经济持续恢复增长的困难和挑战依然不少，经济发展仍面临诸多不确定因素。一是需求萎缩、供给冲击、预期转弱压力依然较大，区域发展、城乡发展、产业发展不平衡特征依然明显。二是财政资源紧张，财政收入增长还面临不少困难和挑战，财政扶持实体经济的能力有限。三是全区尚处在经济结构转型的过渡期，新旧产能切换还不完全，转型升级步伐还需进一步加快。四是消费复苏乏力，高质量发展新引擎蓄积不够。

（二）金融创新动能不足

全区各类金融机构在开展传统金融业务过程中已能做到游刃有余，稳步展业，但与发达省份金融机构相比，创新能力明显不足。在全国如火如荼开发新质生产力的当下，金融业如依旧墨守成规，将很难满足新时代经济社会发展的要求。如2023年全国各地文旅市场激烈竞争时，各地方政府为促进旅游发展督促金融机构推出"文旅贷""文旅E贷""文旅保险"等相关配套创新金融产品。反观内蒙古自治区，仅部分小型地方金融机构推出文旅产品，大部分金融机构仍然按照传统业务流程服务文旅企业，金融创新能力明显滞后。内蒙古作为中国乳都，畜牧业的大区，农牧产业对各类新型农业保险有较大需求，但各盟市保险业发展不均衡，大量新型险种无法做到普及。过去一年，全区新增上市公司数量同比有所增加，但较发达省份仍有巨大差距，区内龙头企业孵化培养工作任重而道远。受资本市场长期低迷影响，全区证券行业一直经受着"严冬"，证券机构普遍反映新生代的"90后""00后"投资资本市场意愿不强烈，经济业务开展困难，这就倒逼证券业转型升级，大力拓展自营业务和投行业务，主动降低经纪业务在营收中的占比，但区内证券机构普遍存在对总部研发产品的高度依赖性，缺乏依托区域优势和特点主动创新的动能。

（三）多元金融发展滞后

经过国家多年推行普惠金融政策，大力扶持非公有制经济，内蒙古自治区中小微企业，特别是民营企业的融资门槛明显下降，融资能力得到很大提升。不过，仍有一些企业反映融资难、融资贵问题。通过实地调研，不难发

现，受融资难困扰的企业普遍存在以下问题。一是财务报表不规范，"三张表"（资产负债表、损益表、现金流量表）科目混乱，无法真实反映企业财务情况。二是缺少有效抵质押物。三是信用耗尽（银行已满额提供信用贷款）缺乏增信手段，历史征信有污点、涉案、涉罚等。而上述问题是银行授信风险审批的红线。很多企业拥有稳定的上下游产业链基础、良好的产品市场前景，但因自有资金不足，融资能力有限而无法做大做强。问题的矛盾点在于这些企业没有找到与其融资风险偏好相适应的金融投资机构，比如较银行风偏更高的天使投资基金、风险投资基金（VC）、私募股权投资基金（PE）等，或帮助企业增信的政府性融资担保公司（内蒙古自治区融资担保行业规模较小、区域发展不平衡）。很多企业购买生产设备，不得不向区外融资租赁公司申请融资帮助，成本高、流程长、路途远、谈判能力差。缺乏这些多元金融领域的金融机构，是内蒙古自治区金融业发展的短板，是造成企业"融资难""融资贵"的困难所在和诱因，亟须改善。

（四）防范化解金融风险形势依然严峻

在自治区党委、政府领导下，全区金融风险得到明显缓释。在地方政府债务和高风险法人机构两个重要的系统性金融风险化解工作中，各大金融机构积极配合主动调降政府债务利率，积极处理高风险机构不良资产、化解历史遗留问题，为彻底消除内蒙古自治区金融风险打下坚实基础。但是金融风险仍未彻底解除，防范化解金融风险形势依然严峻。

四 2025年内蒙古自治区金融运行发展预测

2025年，内蒙古自治区银行业将继续落实稳健的货币政策，根据贷款市场报价利率（LPR）灵活调整贷款利率。按照央行出台的相关"地产新政"及时加大房地产领域的支持力度，为实现地产去库存发挥作用。政策性银行及商业银行进一步完善普惠金融措施，在高标准农田建设、设施农业改造、乡村振兴、风光电等重要领域的融资支持更加便利。金融监管部门继续引导各类金融机构创新金融产品，探索在养老金融、数字金融、科创金融、文旅金融、智慧农牧业金融领域不断创新革新金融投资渠道。将持续优化金融服务，提升金融资源使用效率，提高资本市场服务实体经济能力和金融风险防范化解能力，为全区经济结构转型和高质量发展提供有力的金融支持。

五 内蒙古自治区金融业发展的对策建议

（一）消除企业与金融机构之间的障碍，解决企业融资难问题

1. 多措并举开拓企业增信渠道

企业"融资难"的一大堵点在于缺乏充足的抵质押物，缺少增信手段。一方面，引入更多的融资担保公司，增加现有融资担保公司资本金，提升担保公司抗风险能力和风险容忍度，通过融资担保为企业增信，提高企业获贷能力，财政资源好的地方政府可以成立融资担保基金，帮助本土优质企业融资增信。另一方面，扩大抵质押品范围。针对大部分农牧企业、文旅企业无有效抵押物而无法融资的问题，应尝试对农村集体土地使用权进行物权登记，并抵押解决融资难的问题。另外，应推广科技企业使用知识产权质押为企业增信，解决融资无抵质押物难题。要完善知识产权质押登记中心职能，加大知识产权宣传力度，科学评估知识产权价值，为金融机构评估企业信用额度提供有效依据。

2. "走出去""引进来"，大力拓展多元金融

各地方政府可定期收集有融资需求的企业名录，安排到金融资源更为丰富的省份进行路演，把内蒙古的优质品牌推广出去，吸引成本更低、投资意向更积极的资金流入内蒙古自治区。金融业也需要招商引资，要想尽办法，开辟渠道，吸引融资门槛更低、风险偏好更高的金融机构入驻自治区生根发芽，为有融资需求的优质企业提供更多的选择余地。

（二）有效提升金融综合服务能力

金融业不仅要聚焦主业，实现各项经营目标，也要为全区经济发展做出贡献。在距离旅游景点较近的金融机构物理网点内，可在旅游旺季为游客提供饮水、卫生间、常用药品、休息、充电、Wi-Fi、景点宣传册、旅行指南、小件物品寄存箱等免费增值服务。对有需求办理开卡、挂失、现金结算、购买保险等业务的游客，开通绿色通道，为游客优先办理业务。异地游客持异地、跨行卡在当地自助设备存取款的，给予一定手续费减免。通过各类增值服务，将内蒙古自治区打造成为游客友好型省份。全区范围内推广"金融副村长"制度，为实现乡村振兴提供更便利的金融服务。为解决金融产品和客户信息不对称问题，出台本地区金融业"供给册"，同时设立金融顾问服务，帮助企业解读金融政策和匹配合适的金融产品、优化融资结构、降低融资成本、分析受困原因，提出有针对性的解决思路并提供融资方案，有效架起"政、金、企"沟通协调的桥梁。

（三）完善资本市场服务实体经济能力

随着我国资本市场的快速发展，全省各级政府和大中型企业应该认真研究资本市场的发展趋势，认真分析资本市场的产品和工具，充分利用资本市场助推内蒙古自治区经济高质量发展。一是充分利用多层次资本市场，提升直接融资比重。根据企业上市相关政策法规要求，结合自治区发展战略和产业发展规划，加快培育特色经济产业、优势产业等重点领域和行业的优秀企业上市，鼓励支持新型科创型企业在北交所、科创板、创业板上市融资，积极利用企业债、公司债、私募债等融资工具进行债务融资，支持重点企业通过资本市场做大做强。二是积极引进和培育证券、基金、资管、信托等多元化金融市场主体，扩大自治区金融资本市场机构规模，丰富金融产品和金融衍生工具。三是大力推广资产证券化（ABS）、资产支持票据（ABN）、不动产投资信托基金（REITs），适度使用政府和社会资本合作（PPP）等融资模式，盘活政府和企业存量资产，提高资金周转效率，着力降低地方政府杠杆率，为基础设施建设投资提供强大融资支持。

（四）强化财政与金融协作

财政、金融是支持经济发展的两项重要手段。要做好财政与金融的联动工作，一是加强信贷政策与财政政策、产业政策、就业政策等宏观政策的有机协调配合。二是自治区政府层面建立以解决问题为导向的金融与财政联动机制，相互沟通和交流，充分发挥财政资金的杠杆效应，探索利用财政资金撬动更多金融资源的有效途径，做大做强内蒙古经济的推动力。

（五）防范化解金融风险

近几年经济形势有所波动，部分金融机构出现经营风险，改革化险工作势在必行。一是加快不良资产处置进度，组织公检法相关部门打击逃废债，加快审查、起诉、执行速度，推动不良资产清收处置工作提质增效。二是多渠道开展资本补充，通过争取专项资金，引入合格投资者，推动地方政府注资等方式补充高风险机构资本金。三是加快推进公司治理改革，推动高风险机构纠正股东资质不符、不实等问题，完善风控组织构架及合规制度。四是稳妥有序推进高风险机构整合重组、减量提质。

B.8
内蒙古民营经济发展报告*

张倩 李莹**

摘 要： 内蒙古坚持贯彻落实党中央"两个毫不动摇"要求，不断优化民营企业发展环境、促进民营经济发展壮大，培育了一大批民营企业、民营企业家，增强了民营企业信心和获得感，取得显著成效。本报告对内蒙古促进民营经济发展的政策举措进行总结，梳理、分析内蒙古民营经济发展现状和存在的问题，提出提高涉企政策的科学性、可行性和可操作性；优化政务服务平台，提升政务服务效能；加大对民营企业金融和人才培养支持力度；转变服务观念，增强服务意识；建立监督机制，加大责任追究力度；加强法律保障，维护民营企业合法权益等措施，以进一步推动民营经济高质量发展，为实现自治区"闯新路、进中游"目标贡献力量。

关键词： 民营经济 营商环境 内蒙古

民营企业是我国经济制度的内在要素，是推动供给侧结构性改革的坚实主体，也是推动高质量发展和现代化建设的重要力量。党中央和国务院始终高度重视促进民营经济健康发展。党的十八大以来，习近平总书记多次就民营经济发展作出重要论述，反复强调"两个毫不动摇""三个没有变""两个健康"，提出民营企业和民营企业家是我们自己人，帮助民营经济解决发

---

* 基金项目：内蒙古自治区社会科学院 2024 年度课题"创新驱动资源型地区转型发展路径研究——以内蒙古自治区为例"（项目编号：QN2406）阶段性成果。

** 张倩，内蒙古自治区社会科学院经济研究所助理研究员，主要研究方向为产业经济；李莹，内蒙古自治区社会科学院经济研究所副所长、研究员，主要研究方向为城市与区域发展。

展中的困难。① 内蒙古自治区党委、政府深入贯彻习近平总书记关于民营经济发展的重要论述，全面抓好惠企政策落实，持续优化民营经济发展环境，为民营经济发展注入强劲动能。

一　内蒙古促进民营经济发展的主要举措及成效

自治区近年来高度重视支持民营经济发展，坚定发展信心决心，推动纾困惠企政策措施落实落地；坚持市场主体一律平等，坚决拆除有碍民营经济发展的"隐形门槛"；加快构建"亲""清"新型政商关系，进一步优化营商环境。在相关政策举措推动下，内蒙古民营经济取得重大成就，经济总量持续扩大、发展质量和效益不断提升，经济结构逐步优化。

（一）内蒙古促进民营经济发展的主要举措

1. 持续完善体制机制建设

自治区注重顶层设计和规划引领，积极完善涉企政策法规和制度建设。最早于 2019 年成立民营经济发展处，统筹实施民营经济相关发展规划和重大政策，是较早设立相关省级组织机构的省份之一。2024 年成立自治区党委书记任主任的自治区民营经济发展委员会，在自治区发展改革委设立民营经济发展服务局和自治区重点民营企业党委，服务保障民营经济的体制机制进一步完善。先后印发《关于进一步支持民营经济高质量发展的若干措施》《内蒙古自治区关于贯彻落实〈中共中央　国务院关于促进民营经济发展壮大的意见〉分工方案》，以解决民营经济发展突出问题为导向，全力支持民营经济发展壮大。出台《内蒙古自治区以更优营商环境服务市场主体行动方案》（3.0 方案），首次对标北上广江浙等先进地区，着力全面提升审批、监管、服务智能化水平。此外，还颁布《关于进一步做好减费让利惠企利

---

① 《习近平：在民营企业座谈会上的讲话》，新华网，http://www.xinhuanet.com/politics/leaders/2018-11/01/c_1123649488.htm，2018 年 11 月 1 日。

民工作的通知》《关于深化土地综合整治加强土地资源节约集约利用的实施细则》《关于规范涉企刑事案件审判服务法治化营商环境的指导意见》等，搭建起促进民营经济发展的政策框架体系，从降低成本、要素供给、权益保护等方面给予企业支持。

2. 积极搭建民营经济高质量发展服务平台

自治区不断强化政企互动，畅通交流渠道。2021年建设覆盖自治区、盟市、旗县三级的"蒙企通"政务服务平台，累计办结各类诉求3000余件，为企业清欠账款、挽回损失超过16亿元。[①]下设"减税降费助企发展""促进中小企业发展政策""自然资源政策"等专栏，精准为企业提供所需政策。2023年，自治区建立民营企业沟通交流机制，通过组织民营企业座谈会、召开专题事项对接会等方式，推动解决民营企业提出的各类问题，如举办商贸流通住宿餐饮业、高新技术2场"政企同心恳谈会"。畅通民企诉求反映渠道，提升办理实效。96888民企服务热线与12345热线实现互联互通，诉求办理情况定期在全区通报，纳入全区营商环境评价和地方党政班子考核。开展自治区清理拖欠企业账款专项行动，2023年，经各级党政主要负责同志签字确认并上报国务院的政府拖欠企业无分歧账款已全部清零，同时从源头上遏制新增拖欠账款，确保新增拖欠账款动态清零。组织实施"蒙企研""蒙企行""蒙企服务工作站"等一系列合作交流项目，为自治区民营企业与国内外、区内外企业商业交流、拓展市场提供服务，促进自治区民营企业参与跨区域经济合作。

3. 精准联系服务重点民营企业

重点民营企业是民营经济的领头羊、排头兵。充分发挥自治区民营经济发展服务局服务重点民营企业职能职责，制定自治区重点民营企业标准，印发包含总部型、超大型、重点产业链链主等六类48家企业的《自

[①]《用更实举措 造更优环境推动内蒙古民营经济发展壮大》，内蒙古自治区发展和改革委员会网站，http://fgw.nmg.gov.cn/xxgk/ztzl/zxzt/fwmyjjfz/202406/t20240626_2530418.html，2024年6月26日。

治区重点民营企业名单》，确保服务工作精准高效、有序推进。① 依托"蒙企通"平台，为自治区重点民营企业打造服务专窗，精准提供政策推送、党建指导、意见征集等服务，并按"即时响应""无事不扰"原则设置企业诉求提报、督办机制。建立自治区发展改革委班子成员联系服务重点民营企业制度，实行"直接上门服务""免预约接待服务"，强化与重点民营企业的直接沟通。

4. 提升金融服务民营经济质效

自治区立足实际，打造具有自治区特色的"信易贷"品牌，实现推动信用信息共享、降低金融风险、促进企业融资的功能。已拥有"银税互动""蒙享贷"等近10家"信易贷"融资服务平台。依托自治区社会信用信息平台建立全国融资服务平台省级节点，通过国家层面推送和自治区层面共享等方式，全面归集纳税信息、生态环境领域信息等涉企信用信息并依法依规推送至各类金融机构，为其向中小微企业开展信用融资服务提供数据支撑。目前，自治区"信易贷"平台、包头市"信易贷"平台、赤峰市蒙东金融信用信息服务平台等8个融资平台与节点实现数据互连，公共信用信息同金融信息共享整合进一步强化。不断加大民营企业信贷投放力度，服务质效进一步提升。截至2024年3月末，民营企业贷款余额较年初增长6%，增量占全区企业类贷款的54%；一季度新发放贷款中的52%为信用贷款，新发放贷款平均利率较上年下降0.12个百分点。②

5. 加强民营经济法治保障

一是加快立法进程。围绕构建完备的行政执法制度体系，强化立法，着手谋划自治区促进民营经济发展条例，梳理民营企业面临的根本性问题，充分开展立法调研，广泛征求意见，争取尽快纳入自治区立法计划。二是严格执行市场公平准入。深入推进公平竞争审查制度落实，清理限制民营企业平

---

① 《关于〈自治区重点民营企业名单〉的公示》，内蒙古自治区发展和改革委员会网站，http：//fgw.nmg.gov.cn/xxgk/zxzx/tzgg/202405/t20240511_2506642.html，2024年5月11日。

② 《对自治区十四届人大二次会议第448号建议的答复》，内蒙古自治区发展和改革委员会网站，http：//fgw.nmg.gov.cn/ywgz/jyta/202407/t20240722_2545460.html，2024年7月22日。

等参与市场竞争的政策措施。2023 年全区共梳理政策措施 13560 件，发现问题文件 111 件，均整改完毕。[①] 持续推进市场准入便利化改革，实行属地登记，将登记管辖权限下放，推行登记"一日办结"。三是严格规范文明公正执法。细化市场监管执法事项工作程序和规则，严格落实自由裁量、行政执法全过程记录等 6 项制度，确保执法起到良好的效果。建立市场监管领域轻微违法行为容错机制，推行柔性执法，让执法更有"温度"。2023 年，全区纠正不规范行政执法行为 51 个，适用首违不罚的主体 2899 户。[②]

（二）内蒙古民营经济发展取得的成效

内蒙古民营经济在提质增效、转型升级、保障民生、科技创新等方面发挥了积极作用，显现出"五六九八九"的特征，即贡献了超 50% 的固定资产投资、近 60% 的地区生产总值、90% 的城镇劳动就业、超 80% 的社会消费品零售总额和超 90% 的市场主体数量，为推动经济高质量发展作出了重要贡献。

一是民营经济规模不断扩大。2021~2023 年内蒙古自治区民营规模以上工业增加值增速分别为 8.0%、7.0%、5.9%。虽然近三年整体增速稳中趋缓，但增速均高于全国平均水平。民营经济稳中向好的基础不断夯实，成为创造社会财富的主要来源。[③]

二是民间投资保持高速增长。2023 年，在全国民间投资增速下降 0.4% 的情况下，内蒙古自治区民间投资动力依旧十足，同比增长 14.2%，增速居全国第一。民间投资占全部固定资产投资比例连续 10 年保持在 50% 左右。[④]

---

① 《对自治区十四届人大二次会议第 327 号建议的答复》，内蒙古自治区发展和改革委员会网站，http：//fgw. nmg. gov. cn/ywgz/jyta/202407/t20240722_2545456. html，2024 年 7 月 22 日。

② 《对自治区十四届人大二次会议第 327 号建议的答复》，内蒙古自治区发展和改革委员会网站，http：//fgw. nmg. gov. cn/ywgz/jyta/202407/t20240722_2545456. html，2024 年 7 月 22 日。

③ 《2023 年 12 月月报（上）》，内蒙古自治区统计局网站，https：//tj. nmg. gov. cn/tjyw/jpsj/202402/t20240204_2464459. html，2024 年 2 月 4 日。

④ 《自治区政府新闻办召开推动自治区民营经济高质量发展新闻发布会》，内蒙古自治区人民政府网站，https：//www. nmg. gov. cn/zwgk/xwfb/fbh/zzqzfxwfb/202404/t20240410_2492180. html，2024 年 4 月 10 日。

2021 年、2022 年民间投资增速分别为 14.4%、16.8%①，连续三年民间投资增速维持在 15% 左右，增速稳定，民营企业对内蒙古未来经济预期良好。民间投资结构不断优化。从行业分布看，2023 年民间投资主要投向制造业，制造业占民间投资比重达 46.9%。其中，高技术制造业增势强劲，比上年增长 63.0%，有利于促进内蒙古高技术产业的快速发展和提高产业链供应链韧性。

三是民营企业数量继续增加。2023 年，全区民营经济主体达到 258.4 万户，在各类经营主体中占比达到 94.7%。其中，私营企业 58.9 万户，个体工商户 199.5 万户②，分别是 2013 年的 3.5 倍和 1.8 倍。私营企业与个体工商户之比由 15.1% 提高到 29.5%，量质"双升"的发展格局初步形成。

四是民营经济的社会贡献进一步增强。内蒙古深入实施就业优先战略，2023 年全年城镇新增就业 21.9 万人，新增就业 90% 以上在民营企业；一系列扩内需促消费政策逐步落地显效，民营商贸在消费市场中的比重稳步提升，民营社会消费品零售额占全区比重达到 85.6%；民营企业实现进出口额 1492.3 亿元，增长 41%，占全区进出口总值的 75.9%③，是外贸稳中提质的关键力量。税收总额占全区的 54%，是自治区经济社会发展的重要支撑。全区规模以上民营制造业增加值增速高于整体规模以上工业增加值，培育认定科技领军企业 20 家、高新技术企业 1887 家，民营企业分别占 60%、85.7%，民营企业已经成为区域科技创新的主力军。

五是随着营商环境的持续优化，内蒙古已成为广大民营企业投资兴业的热土。2023 年引进的世界和全国 500 强企业数、落地亿元以上项目数、签约项目开工率均创历史新高，国内到位资金 4778 亿元，较"十四五"初期增加超过 3000 亿元。④

---

① 数据来源于《内蒙古统计年鉴 2023》《内蒙古统计年鉴 2022》。
② 数据来源于内蒙古自治区工商联。
③ 《2023 年 12 月月报（上）》，内蒙古自治区统计局网站，https：//tj.nmg.gov.cn/tjyw/jpsj/202402/t20240204_2464459.html，2024 年 2 月 4 日。
④ 《用更实举措 造更优环境推动内蒙古民营经济发展壮大》，内蒙古自治区发展和改革委员会网站，http：//fgw.nmg.gov.cn/xxgk/ztzl/zxzt/fwmyjjfz/202406/t20240626_2530418.html，2024 年 6 月 26 日。

二 内蒙古民营经济发展存在的问题

虽然自治区民营经济取得了长足的发展，但依然在惠企政策落实、生产要素保障、营商环境改善等方面存在一些短板和不足。

（一）民营企业对各类惠企政策的知晓度不高、获得感不强

政策执行力度不足，部分民营企业负责人表示部分政策没有落到实处，如兑现机制不够完善，兑现时间长，兑现资金存在缺口，使民营企业的信心以及政府的信誉受到影响，政策稳定性不强，有些政策的时效短、可持续性差，如新能源领域补贴政策更新较快，导致企业难以依据政策做出长远的投资规划，不利于民营企业的良性发展。政策宣传解读不够，民营企业对税收等扶持政策了解不足，使财政政策对经济的调控作用减弱。惠企政策制定不够具体明确，存在滞后性，跟不上新业态发展步伐。精准施策不足，"一刀切"政策较为普遍，过渡性政策缺乏。目前，政策环境方面"知晓关""时效关""落地关"仍有待突破。

（二）民营企业要素保障不足

首先，建设用地、能耗指标等投资产业要素严重短缺，导致项目落地难。其次，民营企业依旧面临融资难、融资贵的问题。由于信息不对称、抗风险能力弱、财务信息不透明、信用意识淡薄等，民营企业在金融市场中难以获得融资，民营企业融资难问题主要表现在渠道少、金额小、期限短等方面。对能够获得融资的民营企业来说，金融机构要求借款人支付风险溢价进行风险补偿，意味着民营企业要承担更高的借贷成本。最后，民营企业用工紧张影响了企业正常生产。普遍存在普通员工不好招、技能人才留不住、高级人才招不来问题，尤其是高技术行业领军人才、高层次管理人才明显缺乏。一方面，受传统观念影响，多数大学毕业生在民营企业就业意愿不强，客观上加剧了企业人才紧张；另一方面，出于对工资待遇、发展前景、城镇

生活配套水平等因素的考虑，一些旗县和处在低端产业、产业链末端的中小企业对人才吸引力不强，人员流动频繁，影响企业正常运转。

（三）营商环境有待优化升级

随着改革开放不断深入，市场环境更加公平有序，民营企业能够投资的领域愈加广泛。但从现实角度来看，民营企业在要素获取、市场准入和招投标等方面依然存在隐性壁垒。即在政策层面允许民营企业进入某些行业和领域，在实际操作过程中，部分招投标与政府采购活动设置较高的资质要求和规模业绩要求，将民营企业排除在外。同时，部分国企中标后分项分包给本土民营建筑或劳务企业，导致出现"三角债""税收外流"等问题。

（四）服务民营企业的意识还不够强

部分干部缺乏服务意识，服务民营企业的氛围还不够浓厚，大多还停留在口头上、讲话中、文件里，尊商重商安商亲商的氛围有待进一步优化。服务民营企业的体制机制还不够顺畅，民营经济涉及范围广、政策链条长、工作环节多，相关涉企职能又分散在多个部门，服务协调作用难以发挥，企业办事用时长，体制机制不健全严重制约了民营经济的快速发展。

（五）拖欠民营企业账款问题依然存在

2023 年，自治区工商联开展两次拖欠民营企业账款情况摸底调查，共收集拖欠民营企业账款情况 1229 件，涉及金额超 170 亿元。其中，基础设施工程建设领域拖欠事项占比较大，达 55%；国企、央企拖欠债款情况较严重；部分地区项目审计时间长，存在通过反复审计，拖延结算时间的现象。后期调查中还有个别企业反映，通过工商联集中上报解决拖欠民营企业账款问题，虽然要回了部分欠款，但同时"被踢出了当地市场"。[①]

---

① 资料来源于内蒙古自治区工商联。

三　推动内蒙古民营经济高质量发展的对策

（一）提高涉企政策的科学性、可行性和可操性

健全企业家参与涉企政策制定机制，在制定政策前、中、后三个阶段都要充分征求企业意见，并根据反馈进行动态调整，确保政策的有效性和适用性。完善涉企政策清单化公开制度，全面梳理相关政策，清理不适应现实需要、不符合产业规律、不具备兑现条件的条款，统一政策口径，清单化公开政策目录，出台具体实施细则，提高政策的可操性。探索建立涉企政策信息集中宣传和推送制度，强化政策倡导，将政策起草部门的"官方解读"和专家学者、企业家的"民间解读"结合起来，按照政策级别和产业类型进行分类汇编，确保政策解读的易懂性和专业性。

（二）优化政务服务平台，提升政务服务效能

以"高效办成一件事"为重要抓手，围绕企业全生命周期重要阶段，针对企业信息变更、信用修复、水电气暖网联合报装、企业上市合法合规信息核查等办事需求，优化业务流程、加强业务协同和数据共享，简化办事流程、办事材料，降低企业办事成本。打造涉企政务服务综合体，并建立部门共建共享共管长效工作机制。企业公共服务的内容包括信息、技术、创业、培训、融资等方面，涉及的部门较多，因此，牵头部门应充分发挥统筹协调的作用，强化协作配合，建立联合工作机制和例会制度，共同推动服务平台建设和发展，积极为企业提供线上线下咨询、全程帮办代办、诉求需求快办等多样化的政务服务。扶持专业化中介服务机构，鼓励行业协会商会、中介机构、龙头企业等投资建设企业孵化、科技服务、人才培养等公共服务平台，以政府购买服务的方式改善公共服务供给，完善社会服务体系。

（三）加大对民营企业金融和人才培养支持力度

金融是支持民营经济发展的源头活水。加大首贷、信用贷支持力度，积极开展产业链、供应链金融服务，鼓励金融机构为民营企业主动做好资金接续服务，逐步提升民营企业贷款占比。进一步强化节点平台信用信息的上传下达功能，并丰富融资服务功能，创新优化融资模式，完善中小微企业信用评价体系，切实为信用良好的市场主体提供更加便利优惠的融资信贷服务。广泛动员各地中小微企业和个体工商户在各信用服务融资平台进行实名注册、发布融资需求，协调相关部门为符合产业政策导向、信用状况良好的中小微企业，通过提供贷款贴息、建立风险补偿基金等方式给予政策支持。组织银行、保险、担保、信用服务机构等广泛参与促进中小微企业信用融资工作，不断提升中小微企业信用融资供给的知晓度和获得感。拓展债券、股权等融资渠道，满足民营企业多元化融资需求。强化人才服务，探索建立符合民营企业特点的人才评价办法，鼓励相关部门下放职称评审权限，推动民营企业职称自主评审，构建"企业认可、市场评价、政府支持"的人才评价模式；在民营企业工作人员职务晋升、培养交流等方面给予与其他所有制企业同等的机会；加强与省外劳务输出精准对接，开展技能培训合作和人才交流，保证区内外各类人才和一般劳动力在入园入学、医疗卫生等公共服务上享受同等待遇。

（四）转变服务观念，增强服务意识

把"服务至上"的理念贯穿民营经济工作全过程，持续开展走访服务企业各项活动，与民营企业勤接触、多交流，切实了解并解决民营企业面临的限制过多、办事烦琐、融资困难、拖欠账款等一系列问题。转变职能，从审批变服务。出台和执行政策的相关部门，从目前的审批思维转变为服务意识，当好主动服务的"店小二"，贴心帮助指导企业申报工作。从被动变主动，学习深圳等地经验，从等企业上门申报，变为主动到企业现场办公，及时审定落实兑现。通过多种方式礼遇企业，为民营企业提供暖心服务，不断增强企业家的荣誉感和社会责任感。

（五）建立监督机制，加大责任追究力度

制定出台亲清政商交往负面清单，严格划定边界，进一步规范公职人员行为。依靠纪检监察、审计等渠道，监督发现干部履职不当、落实不力甚至权力寻租等问题，加大责任追究、处理力度。纪检监察机关及时了解减税降费政策执行情况，出台监督方案，把减税降费政策执行情况纳入主体责任检查和巡察的重点内容，以及形式主义、官僚主义整治范畴。另外，可采取由纪委监委及相关部门联合聘请商会、企业代表为惠企政策监督观察员，及时协助收集、反馈、提出意见建议，大力宣传并推动兑现有关惠企政策。每年常态化定期举办惠企政策兑现大会，通报各项惠企政策的落实情况，全面优化敬商、亲商、扶商、惠商的营商环境。

（六）加强法律保障，维护民营企业合法权益

习近平总书记强调，保护企业家人身和财产安全。[①] 重点解决民营企业生存困境，加大清理拖欠民营企业账款力度。继续督促市级拖欠单位和包联县落实主体责任，加快工作进度，尽早完成清欠工作。完善长效机制，坚决防止新增拖欠。创新还款方式，试点探索政府应付账款融资业务。地方政府财政确有困难无法支付欠款的，可在一定额度内，以自身信用担保，为被拖欠账款的民营企业和中小企业提供等额或一定比例贷款，缓解还款压力的同时还能为企业提供支持。集中排查和清理规范各行业部门政务服务事项的前置条件和审批标准，解决民营企业待遇不同等问题。不断完善工商联法律服务体系，把学习贯彻习近平法治思想作为各类培训的必修课，常态化开展法治宣传教育，持续用好"法律三进""万所联万会"等载体，引导民营经济人士提升法治意识，建设法治民企。加大对民营企业工作人员职务侵占、挪用资金、受贿等腐败行为的惩处力度，依法保护民营企业产权及民营经济人身财产安全。

---

① 《习近平：在民营企业座谈会上的讲话》，新华网，http://www.xinhuanet.com/politics/leaders/2018-11/01/c_1123649488.htm，2018 年 11 月 1 日。

社 会 篇

B.9
内蒙古人口发展分析报告

额尔敦乌日图*

摘 要： 人口是国家发展的基础性、全局性、长期性和战略性要素，是经济社会发展的必然需求、着力点和目标。新中国成立以来，内蒙古人口经历了四个发展阶段。目前，内蒙古面临出生率下降、人口流失严重、老年人口增加、城镇和乡村性别比例失衡以及城乡之间高学历人才不平衡等问题，应繁荣区域经济发展，培育和发展康养产业，提高人口素质，健全生育鼓励举措，提高育龄人口生育水平，促进人口高质量发展。

关键词： 人口发展 老龄化 内蒙古

人口发展是经济社会发展的目标，也是影响经济发展的重要因素。人是

---

* 额尔敦乌日图，内蒙古社会科学院经济研究所副所长、正高级研究员，主要研究方向为农村牧区经济、人口学。

经济社会活动的重要参与者，是经济社会发展的前提和归宿①，内蒙古是边疆欠发达地区，在人口数量、分布和结构上拥有独特的特点，影响着内蒙古经济社会发展的各领域。

一 内蒙古人口发展历程及结构特征

（一）内蒙古人口发展历程

新中国成立后，社会安定人民安居乐业，人口数量稳步上升。1949年，内蒙古总人口只有608.1万，其中，城镇人口75.2万，乡村人口（农村牧区人口，下同）532.9万。2023年总人口达到2396.0万，其中，城镇人口1667.15万，乡村人口728.85万。总人口累计增加1787.9万，其中，城镇人口增加1591.95万，乡村人口增加195.95万。与1949年相比，总人口、城镇人口和乡村人口分别增长294.01%、2116.95%和36.77%。内蒙古人口增长主要分为自然增长和机械增长。根据人口增减和发展趋势（见图1），分为以下几个阶段。

第一阶段：1949~1957年，内蒙古经济恢复和稳定发展时期，是人口增长最快阶段。此阶段，内蒙古总人口净增长327.9万，年均增长40.99万，其中，城镇人口增长100.2万，乡村人口增长227.7万，新增乡村人口占新增总人口的69.44%，说明大量人口流入农村牧区，因为当时城镇经济发展较落后，农村牧区人少地广，有利于开垦种地和放牧养畜，能够解决人们基本的温饱问题。这一阶段人口高自然增长和高机械增长并存，大量人口迁入，导致在短短的8年内，内蒙古人口总量增长53.9%。

第二阶段：1958~1981年，人口迁入和迁出交叉，迁入人口较多。

---

① 薛继亮等：《内蒙古人口发展研究：经济发展、城市群与老龄化》，中国社会科学出版社，2022，第1页。

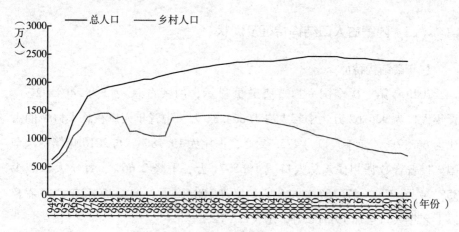

图1　内蒙古总人口和乡村人口变化趋势

数据来源：历年内蒙古统计年鉴。

此阶段，内蒙古总人口净增长966.9万，年均增长40.29万，其中，城镇人口增长269.8万，乡村人口增长697.1万。1981年乡村人口达到历史峰值1457.7万，从1982年开始内蒙古乡村人口数量有所下降，呈现减少态势。

第三阶段：1982～2010年，这一时期内蒙古总人口达到峰值2472.2万，城镇人口快速增长，乡村人口明显减少。这一阶段，内蒙古总人口净增长569.3万，年均增长19.63万，其中，城镇人口增长927.7万，年均增长31.99万，乡村人口减少358.4万，年均减少12.36万。其间，改革开放政策进一步深化，城镇经济发展加快，限制人口流动政策逐步废除，大量农村牧区人口流入城镇或流向沿海经济较发达地区，全区总人口增长速度明显下降，城镇人口增长速度显著提高。

第四阶段：2011～2023年，内蒙古总人口处于数量下降阶段。这一阶段，总人口减少76.2万，年均减少5.86万。同期，城镇人口增长294.25万，年均增长22.63万，乡村人口减少370.45万，年均减少28.5万。人口减少的主要原因是人口向经济发达地区、城镇转移，生育率下降。

121

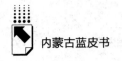

（二）内蒙古人口结构特征及现状

1. 年龄结构特征

2020 年第七次全国人口普查数据显示，内蒙古总人口为 2404.92 万，青年人口为 926.62 万，中年人口为 664.81 万，中青年人口在总人口中的占比为 66.17%，老年人口为 475.72 万，占比为 19.78%。与 2010 年第六次全国人口普查数据相比，总人口减少 65.71 万，下降 2.66%，青年人口减少 355.94 万，下降 27.75%，中年人口增加 108.12 万，增长 19.42%，60 岁及以上老年人口增加 192.08 万，增长 67.72%。

"六普"和"七普"内蒙古不同年龄段人口占比情况（见图 2），2020年青年人口和儿童人口比重为 52.57%，与 2010 年相比下降 13.41 个百分点。2020 年中年人口比重为 27.64%、60 岁及以上老年人口比重为 19.78%，与 2010 年相比分别增加 5.11 个和 8.3 个百分点。上述分析说明，10 年间，内蒙古儿童和青年人口比例明显下降，老年人口和中年人口数量显著增加，随着时间的推移，20 世纪六七十年代出生的中年人口逐步进入老年人口行列，老年人口规模将继续扩大。

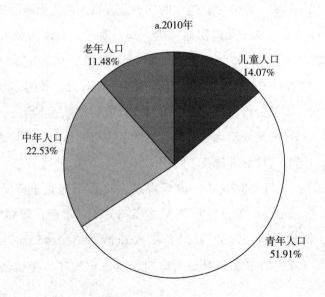

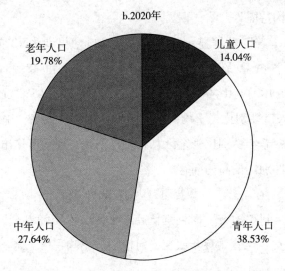

图 2 2010 年和 2020 年内蒙古不同年龄段人口比重

数据来源：内蒙古自治区 2010 年、2020 年人口普查资料。

2021~2023 年，内蒙古总人口继续保持下降态势，2023 年总人口已经向下突破 2400 万大关，下降至 2396 万。0~15 岁人口 331.07 万，比"七普"时减少 6.7 万，16~59 岁人口 1518.54 万，减少 72.88 万，60 岁及以上老年人口 546.38 万，增加 70.66 万。0~15 岁、16~59 岁年龄段的人口趋于下降，60 岁及以上人口保持平稳上升趋势（见表 1）。

表 1 2020~2023 年内蒙古不同年龄段人口数量

单位：万人

项目	2020 年	2021 年	2022 年	2023 年
总人口	2404.92	2400	2401.17	2396.00
0~15 岁	337.77	353	343.13	331.07
16~59 岁	1591.42	1560	1542.99	1518.54
60 岁及以上	475.72	487	515.05	546.38

数据来源：内蒙古 2020 年人口普查资料，2021~2023 年内蒙古自治区常住人口主要数据公报。

2. 性别结构特征

2020年"七普"数据显示，内蒙古总人口中男性为1227.53万、女性为1177.39万，占总人口的比重分别为51.04%和48.96%，性别比为104.26（女性=100）。0~44岁人口性别比为108.24，45岁及以上人口性别比为100。总人口性别比趋于均衡，但青少年性别比偏高，中老年性别比相对均衡，说明中老年性别比为全区总人口性别比实现均衡作出了贡献，同时掩盖了青少年性别比偏高的问题。

从"五普"至"七普"数据看（见表2），"五普"和"六普"总人口中性别比偏高，到"七普"时性别比趋于平衡，说明随着全民素质的提高，人们"重男轻女"生育观逐步改变，对性别的影响程度下降。

表2 "五普""六普""七普"内蒙古人口性别比

单位：万人

项目	男性	女性	性别比（女性=100）
2000年（五普）	1206.16	1126.17	107.10
2010年（六普）	1283.82	1186.80	108.17
2020年（七普）	1227.53	1177.39	104.26

数据来源：历年内蒙古人口普查资料。

按盟市看，12个盟市中（见图3），性别比高于全国平均水平（104.8）的4个，低于全国平均水平的8个，超过自治区平均水平的4个。各盟市中鄂尔多斯性别比最高，达到115.65，通辽市最低，性别比为101.77，说明鄂尔多斯性别比均衡情况较差，通辽最优，接近100。

从各盟市乡村、镇、城市人口性别比看（见表3），乡村人口性别比普遍偏高，最高的阿拉善盟达到171.51，最低的通辽市达到106.23。11个盟市（阿拉善暂无数据）中，10个盟市城市人口性别比低于全区平均水平，只有乌海市超过平均水平，整体而言，城市地区女性多于男性，乡村地区男性多于女性，镇的人口性别比处于乡村和城市之间。

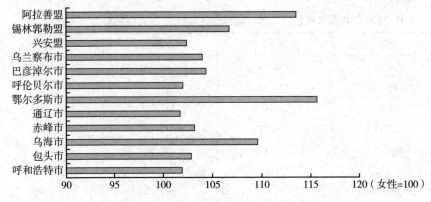

图 3   2020 年内蒙古各盟市人口性别比

数据来源：2020 年内蒙古自治区人口普查年鉴。

表 3   2020 年各盟市按乡村、镇、城市划分人口性别比（女性＝100）

地区	乡村	镇	城市
内蒙古	112.26	101.99	99.63
呼和浩特	112.84	102.01	98.74
包头市	112.38	106.69	100.22
乌海市	164.50	164.72	106.00
赤峰市	107.12	99.05	100.72
通辽市	106.23	97.41	97.65
鄂尔多斯市	147.14	111.09	103.38
呼伦贝尔市	110.90	101.58	97.31
巴彦淖尔市	111.37	100.64	99.00
乌兰察布市	112.26	99.63	97.82
兴安盟	109.16	98.26	95.31
锡林郭勒盟	127.31	100.61	99.83
阿拉善盟	171.51	104.01	

数据来源：2020 年内蒙古自治区人口普查年鉴。

　　一个地区性别比失衡会造成诸多不良影响，其中最直接的影响就是该地区单身青年增多。从"七普"数据中选择 20～34 岁最佳婚龄段人口，按各盟市乡村、镇、城市分布情况进行分析发现，各盟市乡村地区性别比严重失衡（见表 4），说明乡村地区适婚男性较多，男女比例严重失衡，会产生组成家庭困难等一系列社会问题。

表4 2020年各盟市按乡村、镇、城市划分20~34岁人口性别比（女性=100）

地区	乡村	镇	城市
内蒙古	132.55	102.77	100.51
呼和浩特	127.79	94.87	97.21
包头	132.45	111.01	104.14
乌海市	276.43	232.18	112.29
赤峰市	123.44	98.00	100.22
通辽市	121.10	98.62	99.22
鄂尔多斯市	233.06	114.82	104.08
呼伦贝尔市	121.66	106.34	99.96
巴彦淖尔市	135.97	100.68	98.34
乌兰察布市	132.70	95.33	94.70
兴安盟	121.76	97.34	96.58
锡林郭勒盟	159.76	102.41	103.07
阿拉善盟	264.47	107.17	

数据来源：2020年内蒙古自治区人口普查年鉴。

3. 城乡结构特征

20世纪80年代初以来，内蒙古农村牧区人口大量迁入城镇，致使城镇人口持续增加，城镇化率逐年上升，成为全国城镇化率较高的省份。截至2023年，内蒙古城镇人口达到1667.15万，城镇化率达到69.58%，高出全国平均水平（66.16%）3.42个百分点。

1980~1989年内蒙古城镇人口增长迅速，1990年城镇人口下降较快，从1991年开始城镇化率平稳上升（见图4）。2011年内蒙古总人口虽缓慢下降，但城镇人口增势未受到影响，仍然保持上升态势。

内蒙古乡村人口从1949年开始一直保持增长趋势，直到1982年开始下降。随着城镇化的推进，乡村人口将持续减少。

4. 就业结构特征

随着内蒙古总人口数量下降，就业总人数也在减少。2010年就业总人口1398万，2015年下降到1351万，到2022年已经下降到1190万。同期，

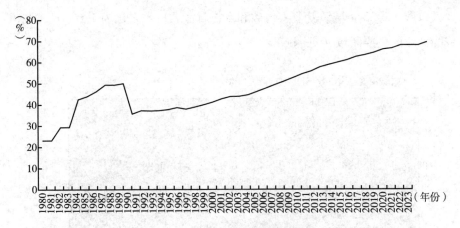

图 4　内蒙古城镇化率变化趋势

数据来源：历年内蒙古统计年鉴。

从事第一、第二产业人数逐年下降，第三产业人数逐年上升，就业结构发生翻天覆地的变化（见图 5）。2020 年后第一、第二产业从业人员占比有所上升，第三产业从业人员占比下降，与三年疫情和国际环境变化密切相关。

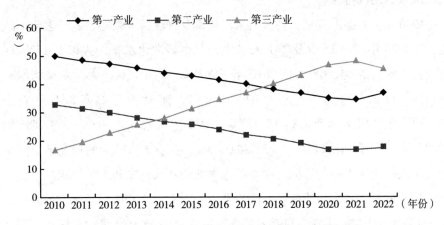

图 5　2010~2022 年内蒙古三次产业就业人口结构变化

数据来源：笔者根据统计数据绘制。

新中国成立以来，内蒙古城镇和乡村就业人口数持续增长，到 2010 年乡村就业人口数达到峰值后开始下降。2013 年城镇就业人口数超过乡村就

业人口数，2022年城镇就业人口数和乡村就业人口数之比为1.63∶1，城镇成为就业的主要区域（见图6）。

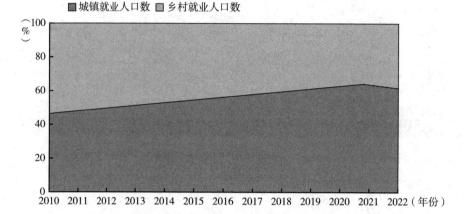

图6　2010~2022年内蒙古城镇与乡村就业人员比例变化

数据来源：笔者根据统计数据绘制。

5. 教育结构特征

随着经济社会的发展，内蒙古人民受教育程度持续提高，人口素质不断提升。2020年，在15岁及以上人口中，中小学文化水平的人口有1539.14万，占总人口的64.00%，比2010年下降7.25个百分点，大学专科和本科学历的人口434.24万，占总人口的18.06%，比2010年提高8.04个百分点，研究生及以上学历人口15.18万，2010年只有4.41万，10年间增加10.77万，分别占总人口的0.63%和0.18%。在总人口减少的情况下，中小学文化人口比例下降的原因是中小学水平的老年人减少和大学扩招。

从内蒙古"七普"情况看，15岁及以上未上过学和中小学学历的人口中62.9%集中在乡村，大学专科和本科学历的人口中88.95%集中在城镇，研究生及以上学历的人口中93.82%集中在城镇（见图7）。高学历人才大量集中在城镇，导致农村牧区出现在现代化建设中缺乏高学历人才的尴尬局面。

从性别看（见表5），2010年全区大学本科学历人口中性别比（女性＝100）为109.70，到2020年性别比为94.23，下降15.47。2010年研究生及

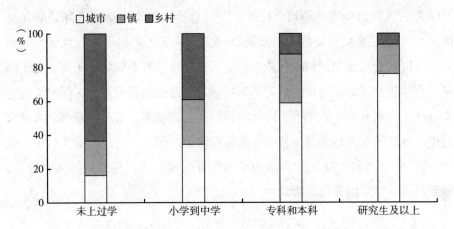

图 7　2020 年内蒙古 15 岁及以上人口按城市、镇、乡村划分学历情况

数据来源：笔者根据 2020 年人口普查数据绘制。

以上学历人口中性别比为 100.65，到 2020 年为 77.48，下降 23.17，无论是大学本科还是研究生及以上学历人口，女性人数明显增多。研究成果公认，女性学历水平对家庭子女教育和家庭稳定发展起到积极作用。

表 5　2010 年和 2020 年大学本科和研究生及以上学历人口性别分布

单位：人

年份	大学本科			研究生及以上		
	男	女	性别比	男	女	性别比
2020	593297	629599	94.23	50347	64984	77.48
2010	458131	417624	109.70	22146	22002	100.65

数据来源：2010 年、2020 年内蒙古自治区人口普查资料。

二　内蒙古人口发展中存在的问题及发展趋势

（一）生育率下降问题

自 1954 年有统计数据以来，内蒙古人口出生率一直保持两位数，直到

2008 年，人口出生率下降到个位数，人口自然增长率也呈现下降趋势（见图 8）。目前，育龄阶段的人口多是 20 世纪 90 年代后出生的独生子女，他们在经济社会迅速发展的年代成长，受教育程度和社会认知水平高，处于经济社会快速变革的年代，担负着未来经济社会建设的重要责任，同时承受着来自社会和家庭的多重压力，因此晚婚的人越来越多，有生育意愿的人越来越少，虽然国家出台多项生育二孩的鼓励政策，但是生育二孩的人口少之又少。另外，20 世纪 90 年代实施的计划生育政策较为严格，出生人口较少，导致当前生育年龄人口总量较少。

图 8　内蒙古人口自然增长率趋势

数据来源：笔者根据统计数据绘制。

由于生育年龄人口总量不多、生育意愿不高和晚婚观念等，在将来一段时间内，内蒙古人口出生率仍会保持低位，出现青年与老年人口结构不合理的现象。

（二）总人口减少问题

新中国成立初期，内蒙古生态环境良好，引来大量区外人口开垦种地，致使人口迅速增长。自有统计数据以来到 1960 年，人口机械增长率基本是两位数。1961 年、1962 年两年，大量外省迁入人口返回，人口机械增长率出现 37.1‰和 21.7‰的负增长，1963~1978 年，人口在内蒙古与外省之间相互迁移频繁，虽然 20 世纪 70 年代初迁入人口较多，但很快就回落了。改革开放后，内蒙古迁出人口持续增加，机械增长率出现负增长（见图 9），主要原因是改革开放后全国工作重点转移到经济发展上，沿海地区和城镇经济快速恢复发展，沿海地区与内陆省份之间、城市与乡村之间经济社会发展出现落差，随着限制人口流动政策的进一步松动，落后地区人口大量流向发达地区。

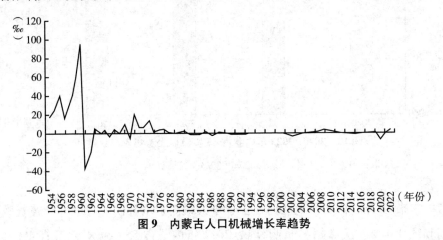

图 9 内蒙古人口机械增长率趋势

数据来源：历年内蒙古统计年鉴。

近年来，随着经济社会发展、居民文化水平提高、生活习惯和社会交流交融加快，青年一代在全国范围内流动无任何障碍，加上内蒙古经济社会发展水平和开放度不如南方和沿海地区等，内蒙古青年一代迁出人口越来越多，人口流出和生育率下降导致未来内蒙古人口将进一步减少。

（三）老龄化问题

从内蒙古历年人口普查数据看，65 岁及以上人口增长一直较缓慢，直到 2010 年第六次全国人口普查时 65 岁及以上老年人口达到 186.81 万，占总人口的比例为 7.56%，超过联合国新制定的老龄化社会标准[①]，说明内蒙古已经进入老龄化社会。2020 年"七普"时 65 岁及以上老年人口数量达到

[①] 按照联合国传统标准，一个地区 60 岁及以上老年人达到总人口的 10%，新标准是 65 岁及以上老人占总人口的 7%，即这个地区进入老龄化社会。

313.89 万，占比为 13.05%，2023 年老年人口为 370.29 万，占总人口的 15.45%，三年增加 56.40 万，增加 2.40 个百分点（见图 10）。

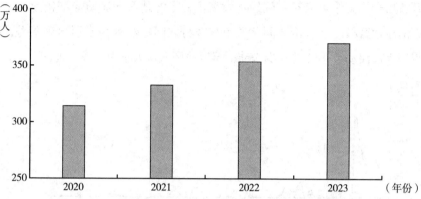

图 10　2020~2023 年内蒙古 65 岁及以上老年人口数量

数据来源：2020 年"七普"数据和 2021~2023 年统计数据。

未来 10 年，内蒙古地区仍处于老年人口高速增长阶段。据人口普查数据和统计年鉴相关数据初步测算①，2023 年内蒙古 55~64 岁人口有 400.5 万，未来 10 年这些人口陆续进入 65 岁及以上老年人口行列，内蒙古老年人口总量将进一步扩大（见图 11）。

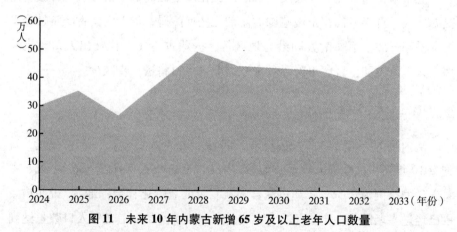

图 11　未来 10 年内蒙古新增 65 岁及以上老年人口数量

数据来源：笔者根据"七普"数据和各年统计年鉴测算绘制。

---

①　计算时假设 55~64 岁年龄段人口数量不变。

目前，内蒙古人口出生率、自然增长率、机械增长率持续走低，人口总量下降，老年人口保持持续上升态势，将来老年人口占比将进一步提高，因此人口老龄化引起的各种问题也将接踵而来。

三 人口发展对策建议

（一）改善营商环境，繁荣经济发展

经济发达和较好的生活条件是人口流动的最重要原因。新中国成立初期内蒙古人少地多，种地放羊就能养活家庭，比起其他地区生活生产条件较好，因此引来大量区外人口。改革开放后，内蒙古经济发展和生活条件逐渐落后于南方和沿海地区，从内蒙古迁到经济较发达的南方和沿海地区的人口越来越多。由此看出，促进经济发展、改善生活条件是吸引、留住人口的最重要办法。

内蒙古地广人稀，自然资源丰富，但经济较为落后，最重要的原因就是营商环境差，经济活动不活跃。改善营商环境，首先，把营造良好的营商环境当作一项长期坚持的任务来抓，不能有丝毫的懈怠。其次，要从思想上解决作风问题，构建亲清政商关系，营造亲民的营商环境，支持中小微企业和个体工商户发展，多从企业商户的角度出发，为其提供便利、解决难题、多办实事，以强烈的责任意识、担当精神和求真务实的作风，实实在在为中小微企业和个体工商户保驾护航。最后，应当坚持依法行政、公平正义、诚实守信、廉洁高效和责任追究的原则，营造有利于市场主体发展的管理环境。

（二）培育康养产业，保证人口高质量发展

康养产业是以康养活动为中心形成的综合性产业，包括为健康、养老、养生产业直接或间接提供文化、信息、人力、物力、财力、智力等物质或非物质服务与支持的产业。康养产业涉及面广、产业链长、业态多元、潜力巨大，服务面不分年龄、不分群体，覆盖全生命周期，培育发展康养产业，符

合党的二十届三中全会提出的"健全覆盖全人群、全生命周期的人口服务体系"和积极应对人口老龄化、完善发展养老事业和养老产业机制的基本要求。

内蒙古应对人口老龄化、少子化、减量化问题，必须大力发展康养产业，提高人口发展与服务的能力。一要发挥自然资源优势。内蒙古夏季气候凉爽，拥有美丽辽阔的大草原，还有上天赐予的"阿尔山""热水"等天然"药品"，要选好位置，建设康养基地，吸引本地和外地人口夏季来内蒙古疗养生息。二要利用地方文化底蕴。全力支持地方特色中蒙医康养产业发展，发挥中蒙医药、蒙医心身互动疗法、蒙医策克（马奶）养生疗法的优势，在人力物力和人才培养方面给予全力支持。三要推动中蒙医疗与旅游业相结合，发展地方特色的健康旅游产业。四要充分发挥康养产业覆盖幼儿、青年、中年、老年等各年龄段人群的服务优势，充分挖掘研究各年龄段人口的需求，为人口高质量发展提供服务。尤其是关注老年群体，发展以老年群体需求为导向的服务和产品，创造适合低龄老年人需求的就业岗位，发挥老年群体人力资源优势，挖掘老年群体巨大的消费市场潜力，延续人口红利。

（三）健全生育鼓励举措，提高育龄人口生育水平

一是扩大现有生育补贴政策的覆盖范围。目前，生育补贴政策只涉及二孩和三孩，没有涉及一孩，应该把鼓励生育范围扩大到一孩，原因是生育一孩的家庭培养子女的成本过高会影响生育二孩、三孩。因此，要扩大生育补贴政策范围，同时整合各种补贴，提高补贴额度。

二是完善育儿支持服务，增加个税抵扣额度。提高基本生育和儿童医疗公共服务水平，完善普惠育幼服务体系和家庭育儿服务体系，坚持用人单位办托、社区托育、家庭托育等多种模式发展。育龄人口普遍工作年限较短、社会地位不高、收入水平有限，上有老下有小，经济压力较大，因此为鼓励生育和降低生育成本，在现有的个税抵扣基础上，再次适当提高抵扣额度，提高相应的收入水平。

　　三是国家和自治区层面要重视区域之间和社会各领域之间性别比例失衡问题，要出台相应政策适度调整区域和各领域的性别比例。男性和女性不仅在生理上有差别，在性格、工作能力、学习能力、反应能力、考试能力等各方面都有差别，在这些差别的长期作用下某些地区或某些行业领域会出现性别比例失衡问题。某些地区或某些行业领域性别比例失衡，会引起异性之间交往减少、培养感情困难、成婚概率下降等问题，从而导致青年晚婚或不婚现象。所以，国家层面应出台政策，缓解区域或行业领域的性别比例失衡问题，创造条件使青年人交流交往、早婚成家，缩短生育周期，提高青年人的生育水平。

参考文献

薛继亮等：《内蒙古人口发展研究：经济发展、城市群与老龄化》，中国社会科学出版社，2022。

杜鹏、罗叶圣：《以人口高质量发展积极应对人口老龄化：内在逻辑与治理进路》，《经济管理改革》2024年第6期。

郭蕾：《如何全面认识我国人口发展新形势》，《健康报》2024年4月22日，第004版。

B.10
内蒙古就业形势分析报告

李　娜*

摘　要： 就业是民生之本，事关人民群众切身利益，事关经济社会健康发展，事关国家长治久安。面对纷繁复杂的国内外环境，自治区党委、政府始终坚持实施就业优先战略，将促进高质量充分就业作为最大的民生工程重点保障。2023 年以来，全区经济的强势复苏为稳定和扩大就业奠定了坚实的基础，就业形势保持总体稳定。同时，就业市场仍面临劳动力成本上升、部分群体就业不充分、就业质量不高、社会保障不完善、结构性失业风险加大等挑战。在全面深化改革进入高质量系统性推进的关键时期，要继续健全就业促进机制，完善就业公共服务体系，建立终身职业技能培训制度，促进创业带动就业，健全劳动保障制度，为中国式现代化提供高质量的人力资源支持。

关键词： 就业形势　高质量充分就业　劳动力市场　劳动保障

就业是最基本的民生，也是最大的民生，事关人民群众切身利益，事关经济社会健康发展，事关国家长治久安。面对纷繁复杂的国内外环境，党中央始终高度重视就业工作，将"促进高质量充分就业"摆在治国理政的突出位置，不断出台促进就业和鼓励创业的惠民政策，积极改善劳动力市场供求关系，既注重就业容量的合理增长，也重视就业质量的有效提升，主动应对各种风险挑战，将提高广大劳动者的获得感、幸福感和安全感作为新时代就业工作的新使命，为以中国式现代化全面推进强国建设、民族复兴伟业提供有力支撑。

---

* 李娜，内蒙古自治区社会科学院经济研究所副研究员，主要研究方向为产业经济学和劳动经济学。

一 内蒙古就业总体形势

2023 年是"十四五"时期承上启下的关键之年，也是内蒙古发展史上具有里程碑意义的一年。国务院出台支持内蒙古高质量发展的指导意见，自治区党委聚焦办好"两件大事"，围绕"闯新路、进中游"的奋斗目标，各项政策持续发力，经济运行稳中有进，就业形势逐渐向好。2024 年上半年，全区经济延续平稳回升态势，地区生产总值为 11683 亿元，按不变价格计算，同比增长 6.2%，增速跑赢"全国线"并位居全国第一。经济的强势复苏为扩大就业市场和稳定就业奠定了坚实的基础。2023 年以来，自治区坚持就业优先导向，深入实施就业扩容提质"五项行动"，坚持树立大就业工作观、新就业服务观，推动就业服务标准化、信息化建设，着力夯实就业服务工作基础和基层基础，构建横向联通、上下联动促进就业工作的政策链、信息链、服务链、工作链，聚力推进落实稳就业政策措施，全力促发展惠民生，全区就业形势保持基本稳定。

（一）城镇就业市场持续回暖

就业稳定的基础是经济的持续增长。随着全区经济延续回升向好态势，就业基本盘也实现稳步复苏。2023 年全区城镇新增就业 21.87 万人，完成年度计划的 109.37%；2024 年上半年，全区城镇新增就业 12.14 万人，完成年度计划的 67.43%，就业增长指标走势渐强。与往年相比，2023 年城镇新增就业指标的总体表现良好，比 2022 年增加 1.38 万人，增长 6.7%；2024 年上半年指标数据虽与 2019 年同期水平（12.87 万人）相比仍有一定差距，但明显好于受疫情影响较为严重的 2020~2022 年同期（见图 1）。

（二）城镇失业再就业人数持续走高

失业率是反映一个国家或地区劳动力资源利用效率的核心指标，其变动深刻反映了劳动力市场供需平衡状态和经济运行情况。失业率升高意味着劳

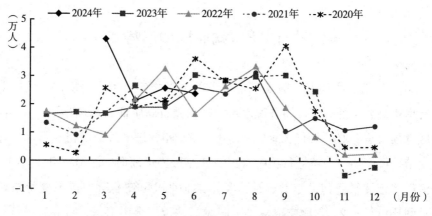

图1 2020~2024年内蒙古各月城镇新增就业人数

数据来源：笔者根据内蒙古自治区人社厅网站公开信息整理。

动力资源尚未得到有效利用与配置，不仅导致社会总需求降低，还会造成经济增长动力减弱。2023年全区城镇调查失业率约6%[①]，处在年度预期目标范围，城镇失业再就业人数为13.13万人，较2022年增加2.37万人，同时保持上涨趋势（见图2）。可见，在经济运行逐步恢复的基础上，失业状况得到改善，在一定程度上也反映了失业人员的就业能力和就业意愿有所提升。

（三）劳动力市场供求关系保持总体平衡

从劳动力市场供求关系变化来看，2023年一季度至四季度，全区劳动力市场求人倍率分别为1.31、1.42、1.33、1.30，用工需求略大于劳动力供给；2024年一、二季度，劳动力市场求人倍率分别为1.17和1.29，与2023年同期相比分别降低0.14和0.13，市场供求人数同比均有所下降。从市场需求看，以服务业为主的第三产业仍是吸纳劳动力的主力军，制造业用人需求占全部用工需求的20%以上；从市场供给看，求职者主要是新成长

[①]《内蒙古自治区2023年度就业补助资金绩效自评报告》，内蒙古自治区人力资源和社会保障厅网站，https://rst.nmg.gov.cn/zfxxgk/fdzdgknr/yusuanjuesuan/202405/t20240509 _ 2505440. html，2024年5月9日。

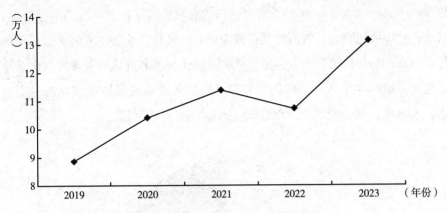

图2　2019~2023年内蒙古城镇失业再就业人数

资料来源：笔者根据内蒙古自治区人社厅网站公开信息整理。

失业青年、失业人员和本地农村牧区富余劳动力，且求职人员中无技术等级或职称的劳动者比重同2022年各季度相比均有所下降。

（四）重点群体就业形势稳定

2023年内蒙古深入实施就业优先政策，多措并举促进重点群体就业，取得了显著成效，并超额完成预定计划，重点群体就业形势保持稳定。

1. 农牧民转移就业

农牧民是内蒙古重点关注的就业群体之一。自治区通过强化重大项目用工需求对接、加大就业帮扶力度、鼓励农牧民参与生态建设等方式，努力拓宽农牧民就业渠道，为农牧民增收致富提供了有力支持。2023年，全区农牧民转移就业人数达到260.05万人，较2022年增加0.71万人；其中转移6个月以上的农牧民占83.7%，比2022年提高1.6个百分点。2024年上半年，农牧区劳动力转移就业已完成258.33万人，达到2023年的99.3%，进一步说明经济运行处于周期性恢复阶段，为广大农牧民创造了大量的非农就业机会，成为就业持续增加的有利因素。

从分布区域来看，就近就地转移就业人数为150.01万人，占转移就业总数的57.69%，跨盟市转移就业和跨省外出转移就业人数分别占总人数的

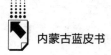

27.49%和14.82%（见图3）。可见，当前农牧民转移就业的流动半径缩小，本地化趋势愈加明显，省内流动已成为农牧民转移就业的主要流向。从分布行业来看，仍是以第三产业为主，其中，居民服务和其他服务业所占比重显著提升，2024年上半年，居民服务和其他服务业农牧民转移就业所占比重达到30.6%，服务业的就业创造效应明显增强（见表1）。

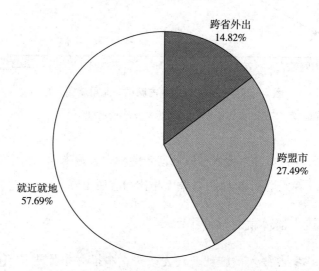

图3 2023年内蒙古自治区农牧民转移就业区域分布

数据来源：根据内蒙古自治区人社厅相关资料整理所得。

表1 2019年至2024年上半年内蒙古农牧民转移就业重点行业分布

单位：%

重点行业分布	2019年	2020年	2021年	2022年	2023年	2024年上半年
采矿业	3.3	3.1	2.0	2.2	1.2	1.3
制造业	8.1	8.7	9.6	9.5	7.3	7.5
建筑业	12.4	12.6	11.0	11.8	10.2	11.6
交通运输业	9.0	9.3	7.6	8.8	3.6	3.8
住宿餐饮业	10.3	7.4	10.3	6.8	5.4	5.7
居民服务和其他服务业	22.1	23.0	22.9	19.0	26.7	30.6

数据来源：根据内蒙古自治区人社厅相关资料及《内蒙古调查年鉴》（2020~2023）整理所得。

2. 高校毕业生就业

内蒙古高度重视高校毕业生就业工作，通过持续完善高校毕业生就业政策，组织实施"青年就业创业推进计划""百万就业见习岗位募集计划"等攻坚行动，开展结对帮扶、校园招聘、访企拓岗、政策宣讲等活动，有效促进高校毕业生实现高质量充分就业。内蒙古 2023 届普通高校毕业生共 16.1 万人，比 2022 年增加 1.3 万人，离校未就业高校毕业生就业率达到 92.5%，较往年有所提升。区内就业的比例由 2022 年的 72.7% 提升至 2023 年的 77.4%，主要集中在呼和浩特市、包头市、鄂尔多斯市和赤峰市等。[①] 民营企业依旧是高校毕业生就业的主渠道，所占比例为 68.1%，同时，通过公务员考录、事业单位招聘、高层次人才引进等多种渠道，释放很多政策性就业岗位，为高校毕业生拓展就业空间，全力助推高校毕业生顺利就业。

3. 就业困难人员就业

2023 年，内蒙古加大就业援助政策宣传力度，不断扩大就业创业扶持政策的知晓度和覆盖范围，居民申请扶持政策的积极性和主动性明显增强，极大地促进了全区就业困难人员的就业工作。据统计，2023 年共有 7.26 万就业困难人员实现再就业，比 2022 年增长 0.38 万人，对稳定重点群体就业发挥了重要作用。

4. 创业带动就业成效显著

内蒙古积极推进创业带动就业，深入实施创业培训"马兰花计划"，对有创业意愿和培训需求的城乡各类劳动者开展创业培训。截至 2024 年 6 月底，全区已开展创业培训 1.29 万人次，累计发放创业担保贷款 5.9 亿元，发放稳岗扩岗专项贷款 4.6 亿元，创业带动就业取得明显成效。如呼和浩特市 2024 年以来共计发放创业担保贷款 5907 万元，组织开展补贴性职业技能培训 2.01 万人次，带动创业就业 360 人，创业能力不断提升，为经济社会发展注入新的活力。

---

① 《内蒙古自治区 2023 届普通高校毕业生就业质量年度报告出炉》，https://www.workercn.cn/c/2024-02-01/8135032.shtml，2024 年 2 月 1 日。

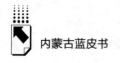
二 内蒙古就业形势面临的问题及挑战

当前，中国式现代化进入高质量发展新阶段，全面深化改革加速推进，经济增速动能转换与经济结构调整升级持续加强，为就业发展带来了更多机遇，同时也面临诸多挑战。受国内外经济环境影响，全区劳动力市场的复苏动力依然不强，部分企业面临市场萎缩、利润挤压等问题，稳岗压力较大；随着新技术、新业态、新经济的快速发展，其在带来新就业增长点的同时对传统就业领域也产生冲击，相关行业的摩擦性失业风险逐渐增大，区域性、结构性失业风险依然存在，高质量充分就业仍面临许多困难。

（一）劳动力供给受人口结构变化影响较大，成本持续增加

劳动力市场的平衡，受供需两方面影响。中国已进入老龄化社会，且少子化趋势加速，劳动年龄人口（16~59岁）面临逐渐减少的挑战。2023年，内蒙古劳动年龄人口为1518.54万人，占总人口的63.38%，与第七次全国人口普查相比，劳动年龄人口减少72.88万人，占比下降2.79个百分点，未来可能会继续处在下行区间，劳动力供需的结构性矛盾将长期存在。

当地区经济发展水平较低时，劳动参与率和经济增长为正相关关系，因此可以预测劳动年龄人口的减少在降低劳动参与率的同时，对经济增长的贡献也将逐渐转负。在这种格局下，劳动力供应不足将导致劳动力成本的上升。工资是劳动力成本的重要组成部分，反映了劳动力市场的供求状况及员工的劳动价值，与劳动者的福利紧密相连。2023年，内蒙古城镇非私营单位就业人员年平均工资为108856元，比2022年增长7.8%（见图4），是2014年的2倍，年均涨幅近8%，而全员劳动生产率年均涨幅约6%，在劳动人员减少的情况下，如果劳动生产率增幅长期低于工资增幅，会对企业经营造成很大负担，尤其是劳动密集型企业，可能会因此而缩减对劳动者的需求，甚至引发结构性通货膨胀，对实现高质量充分就业产生不利影响。

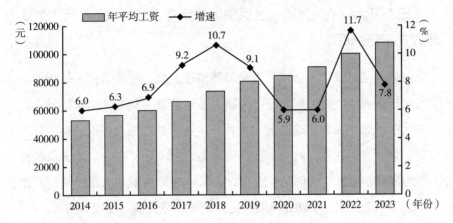

图4 2014~2023年内蒙古城镇非私营单位就业人员年平均工资及增速

资料来源：根据《内蒙古统计年鉴》（2015~2023）相关资料整理。

（二）部分群体就业不充分，就业质量有待提高

自治区针对重点群体就业采取许多积极的措施，基本实现了稳定就业，但面对需求紧缩、消费降级、预期转弱等多重压力，就业市场的竞争也会日益加剧，就业前景也将面临更加复杂的形势。当前，部分高校毕业生和青年就业群体慢就业、缓就业的现象较为普遍，就业观念转变不够，就业意愿更偏向机关、事业单位和国有企业，不愿到中小企业和生产一线工作，对行业、岗位、待遇等方面的预期与市场需求存在较大偏差，就业意愿不强、积极性不高。同时，随着国家生态建设工程的全面落地，农村牧区的土地加速流转，将释放更多的农牧区劳动力，虽然有部分农牧民可通过以工代赈等方式获得工资性收益，但仍存在大量剩余劳动力需要转移，增加了就近就地就业的难度。此外，虽然劳动者的受教育程度普遍提高，但总体的人力资本依然偏低，受教育水平在初中以下的劳动者数量较多，具有专业技能的高素质劳动者占比较低。从2024年上半年内蒙古劳动力市场情况来看，求职人员中无技术等级或职称的劳动者比重有所上升，失业风险仍然存在。不同行业、地区、群体间存在收入分配差距较大的现象，总体的就业质量仍然较低。

（三）灵活就业人员的社会保障尚不完善，相关就业政策与劳动力市场存在不匹配现象

以互联网信息技术为载体的平台经济快速发展，创造了许多新就业形态和大量灵活就业岗位，深刻改变了劳动力市场的就业结构。由于新就业形态存在较大的灵活性和非固定的劳动关系，从业者具有较大的流动性，且收入不稳定、缺少参保载体，对参加社会保险的意愿不强，存在"职工保险缴不起、城乡居保不愿缴"的问题，现行社会保险对灵活就业人员的扩面难度较大，尤其是失业保险、工伤保险的覆盖范围和保障力度存在较大缺口。此外，部分就业政策在制定时往往基于传统的就业模式和劳动关系，对就业市场和就业结构的变化适应性不足。如目前国家实施的政府补贴性职业技能培训政策对象是按法定劳动年龄设定的。部分女性从业者达到 50 周岁后，便无法享受补贴性培训政策。随着经济社会的发展，特别是医疗卫生水平的提高及人口老龄化、少子化加快等实际情况，按法定劳动年龄限定培训补贴，已经不能完全适应当前的就业形势，需要随着市场需求变化进一步调整相关政策。

（四）新技术对劳动的替代效应逐渐加速，结构性失业风险加剧

以人工智能、大数据、云计算、工业互联网等新技术为代表的数字经济，已成为我国经济发展的核心驱动力。这些新技术的发展不仅创造了新经济形态，重塑了生产要素的配置和组合方式，促进生产效率的提高，而且创造了新的就业机会，成为就业的新增长点，对就业需求、结构、数量、质量、劳动关系等方面产生广泛而深远的影响。特别是以人工智能为代表的新技术，在制造业和服务业中替代传统劳动力的趋势愈加明显。短期内人工智能发展对我国制造业总量的影响为负效应，会加剧结构性失业风险。[①] 新技

---

① 崔艳：《人工智能发展对我国制造业就业的影响研究》，《技术经济与管理研究》2024 年第 7 期。

术的发展对劳动者素质和就业能力提出了更高的要求，劳动力市场越来越需要具备高技能、创新能力和学习能力较强的劳动者，导致传统劳动者需求缩减和技术性失业。当前，无人驾驶、大模型计算等人工智能应用场景在全区发展势头迅猛，鄂尔多斯市已引进少部分无人驾驶的出租车、小巴车和中巴车，对传统的运输行业产生一定的冲击。因此，在未来一段时间内，技术进步可能会引起更多负向的就业溢出效应，其后才能重新建立劳动力市场的供需平衡关系，全区大量的转移就业农牧民、低技能劳动者及就业困难人员将面临较为严峻的就业难题，需要从自治区层面加快制定相关政策，防范化解因技术进步带来的就业危机。

三　推动内蒙古实现高质量充分就业的对策建议

党的二十届三中全会提出"完善就业优先政策"，并提出一系列具体的改革措施，包括健全高质量充分就业促进机制、完善就业公共服务体系、健全终身职业技能培训制度等，进一步强调就业在民生中的重要作用。面对复杂多变的国内外形势，就业市场也将面临许多风险和不确定性，稳就业依然是国家统筹发展与安全的重要举措。为支撑高质量发展，需要将就业优先政策融入国民经济发展的各个环节，促进高质量充分就业，不断提高劳动者技能水平，实施全面系统的就业优先政策，加强劳动要素的创新性配置，捕捉新质生产力发展所催生的就业机会，拓宽劳动者的职业发展空间，有力推动我国迈上全面建设社会主义现代化国家新征程。

（一）健全就业促进机制，实施更加积极的就业政策

健全就业促进机制，关键是要发展经济，稳住市场主体，激发市场活力。加快发展先进制造业、绿色农畜产品加工业、生产性服务业、生活性服务业等吸纳就业能力强的新兴产业，努力创造更多的就业机会，在经济持续健康高质量发展过程中不断提升就业容量，助力实现高质量充分就业。为有效抵御外部环境变化对就业造成的不利影响，应主动采取更加积极有力的就

业政策，将稳定和扩大就业置于经济社会发展的核心位置并作为首要目标，将能否促进就业、改善就业结构、提高就业质量等指标加入经济社会发展任务及规划中，加强经济政策和就业政策的协同性，强化财政、金融、投资、产业等政策对就业政策的支持力度，并将促进就业作为其他政策实施效果的重要评价依据。此外，还应提高就业政策实施的精度与准确性，注重就业政策成本与收益的平衡，提升实施就业政策的边际效益，加强就业政策的绩效管理和效果评估，确保就业政策精准落地。

（二）健全就业公共服务体系，为重点群体创造更多就业空间

就业公共服务的诞生，源于劳动力市场信息不对称、就业歧视、人力资本错配等多重问题的叠加。就业公共服务实质上也是一种公共产品，具有非营利性、非竞争性和非排他性的特点，任何组织或个人，不论其经济条件、社会地位如何，都能平等地享有就业公共服务。因而在制定就业公共服务政策时，要坚持公平公正的原则，将城乡所有劳动者作为服务对象，提高大学毕业生、农牧民、脱贫劳动者、城市困难人员等重点人群的就业公共服务水平，加强困难群体就业兜底帮扶，为城乡劳动者构建均等、精准、多元、全覆盖的就业公共服务体系。加强高校、农村牧区、贫困地区职业介绍、就业指导等方面的就业公共服务建设，打造多媒体融合的就业公共服务平台，通过数据集成和智能匹配，实现就业信息的快速流通和精准对接，为劳动者提供更充分、更符合自身发展需要的就业平台和就业机会，以降低求职者和用人单位在劳动力市场上的搜寻成本，提高就业服务的质量和效率。同时，主动搜集劳动者的就业意愿，为其提供定制化的职业发展规划和咨询，从而增强劳动者的市场适应性和竞争力。

（三）建立终身职业技能培训制度，加快培养高素质人才

职业技能培训是全面提升劳动者就业创业能力、缓解结构性就业矛盾、提高劳动者就业质量的重要途径。建立终身职业技能培训制度，需要紧贴市场、企业、个人的发展需求，将技能培训覆盖城乡全体劳动者、贯穿劳动者

职业生涯的全过程，不断提升劳动者的技能水平和职业素养，使其更加符合岗位的需要，提高人岗匹配度，增加就业的稳定性，从而实现高质量充分就业。首先，应进一步加大对职业培训的支持力度，优化教育资源配置，鼓励具备条件的政府、企业创立乡镇夜校、职工大学以及农牧民培训班等多样化的教育机构，为劳动者搭建提升就业能力和专业素质的优质平台，为企业储备更多高素质的专业人才。其次，职业培训机构应紧密贴合市场需求，不断完善就业需求预测体系，并根据劳动者的年龄结构、个人素质及职业需求等差异开展个性化的培训服务，增强职业培训的针对性和实效性，构建求职者与用人单位在劳动力市场形成双向匹配的良性互动机制，推动就业结构与产业结构的同步提升、协同优化，进而促进劳动力市场健康有序发展。最后，持续出台面向中小企业的优惠扶持政策，引导更多资金和资源用于人才培养和创新驱动发展，鼓励企业为员工提供更多学习培训、职业发展、奖励晋升的机会，以激发员工与企业共同成长的积极性，成为企业发展所需的高素质人才。

（四）完善促进创业带动就业的保障制度，增强劳动者创业的积极性和稳定性

创业是就业之源，也是兴业之基。劳动者的创业活动不仅能有效解决自身的就业问题，更能催生就业的倍增效应，创造更多工作岗位，有效扩大整体就业市场的容量。建立完善的创业保障制度，有助于促进新就业形态的蓬勃发展，充分调动劳动者创新创业的积极性和主动性，增加其创业的成功率。首先，完善相关创业培训制度，为创业者提供相应的创业指导和扶持政策，提高其对创业风险的识别能力，促进创业者自我效能的提升。其次，不断优化营商环境，建设公平、开放、有序的全国统一大市场，创建统一的市场准入与退出规则，促进创新要素合理流动，激发创业主体活力。再次，积极拓宽创业的融资渠道，加大对大学生、返乡农牧民、再就业劳动者等重点群体创业的资金扶持力度，通过降低贷款门槛、补贴利息、延长还款期限等方式满足其对创业资金的需求。最后，为激发创业活力，应加快发展市场

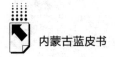

化、专业化、集成化、网络化的众创空间，构建低成本、便利化、全要素、开放式的综合创业服务平台，提供一站式创业服务，形成良好的创业生态圈，助力劳动者积极、有序、高效创业。

（五）健全劳动保障制度，构建和谐劳动关系

劳动保障制度是保证劳动者职业安全、维护其合法权益、保障社会和谐稳定与经济平稳发展的重要前提。一方面，要加强法律法规对劳动者的保护，建立健全反就业歧视的法律体系和制度保障，消除各种显性和隐性的就业歧视政策，加强对女性、低技能劳动者、患病人员等重点人群的就业权益保障，畅通就业人员维权渠道和完善司法救助制度。另一方面，要补齐社会保障制度建设短板，提高灵活就业人员的社会保障水平，增强劳动者抵御风险的能力，维持稳定就业状态，确保改革发展成果由全体人民共享；优化财政支出，加大对社会保障的投入力度，并将财政转移支付向农村牧区倾斜，建立健全统一城乡的社会保障制度。同时，要积极应对新技术应用对就业造成的影响，建立跟踪研判和失业预警机制，对于可能引发规模性失业的新技术，应采取柔性政策缓实施或慢实施，制定并完善失业保险与促进再就业政策的协同机制，防范化解规模性失业风险，确保兜住民生底线。此外，和谐劳动关系能够有效提升劳动者在劳动过程中对工作的满意度，增强就业稳定性，是高质量就业的重要内容。在新发展阶段，实现高质量就业是推动经济高质量发展的内在要求，中国特色劳动关系也更加注重根本利益一致基础上的协商合作和互利共赢。要构建平等和谐的劳动关系，促进劳资双方协同合作，就必须落实到每一家企业和每一位劳动者身上，共同树立和谐共赢理念。从企业层面看，应提高人力资本投资意识，以劳动者价值最大化来保持企业的核心竞争力；与劳动者签订劳动合同，保障其合法权益，并为员工建立长效的工资增长机制，增强员工对企业的认同感和归属感，促进企业和员工共同发展。从劳动者层面看，应树立正确的就业观，设置与自身能力相匹配的就业目标，同时借助企业培训、学习的机会，不断提升自身的劳动素养，努力掌握新技能来满足企业转型创新发展

的需要，将个人的职业规划和企业的成长之路有机融合，最终实现更高质量和更加充分的就业。

参考文献

柏婷：《山西就业形势分析及对策建议》，《经济师》2024 年第 4 期。

都阳、贾朋：《劳动供给与经济增长》，《劳动经济研究》2018 年第 3 期。

李娜：《提升内蒙古农牧业转移人口就业能力的研究》，《财经理论研究》2018 年第 2 期。

李娜：《供给侧结构性改革对内蒙古就业质量的影响研究》，《赤峰学院学报》（自然科学版）2020 年第 8 期。

许清清、王丽云、江霞：《数字经济发展与农民工就业质量：契机与困境——基于 CFPS 2018 数据的多层模型分析》，《宏观质量研究》2024 年第 3 期。

B.11
内蒙古城乡居民收入与消费报告

史主生*

摘　要：　2023 年，面对复杂严峻的外部环境和经济恢复进程中的艰难险阻，在以习近平同志为核心的党中央坚强领导下，内蒙古自治区经济稳进提质、向上向好。城乡居民收入稳步快速增长，农村牧区居民收入增速高于城镇居民，然而居民内部收入差距仍然较大。相比新冠疫情期间，居民消费意愿得到一定恢复。智能电子类产品，包括家用电器和音像器材类、通信器材类消费实现两位数增长，居民餐饮住宿及旅游需求得到集中释放。要千方百计增加内蒙古居民收入，不断提高居民消费水平，持续提高住户部门在国民收入分配中的比重。

关键词：　城乡居民收入　居民消费　内蒙古

中共中央、国务院一直把提高人民收入水平放在十分突出的地位，坚持在经济增长的同时实现居民收入同步增长。2023 年内蒙古自治区以就业促增收，强化就业优先政策，修订《内蒙古自治区就业促进条例》，出台若干稳就业政策措施，实施全力促发展惠民生 35 条举措，全区城镇新增就业 21.9 万人，完成年度计划的 109.4%。2023 年，内蒙古自治区城乡居民人均可支配收入达到 38130 元[①]，位列全国第 9，继续保持在全国前列。同时，内蒙古自治区认真贯彻落实国家关于"把恢复和扩大消费摆在优先位置"的决策部署，聚焦

---

* 史主生，内蒙古自治区社会科学院经济研究所副研究员，主要研究方向为区域经济发展。
① 《内蒙古自治区 2023 年国民经济和社会发展统计公报》，内蒙古自治区统计局网站，2024 年 3 月 21 日。

"消费提振年"，组织开展系列消费促进活动，推动各类促消费政策落实落细，全区社会消费品零售总额实现5374.3亿元，同比增长8.1%，高于全国增速0.9个百分点，消费市场回升势头稳、人气旺、动能足，市场需求持续释放。

一 内蒙古城乡居民收入变化及趋势

（一）城乡居民收入继续稳步增长，城乡收入差距缩小

"十三五"期间，内蒙古自治区居民人均可支配收入快速增长，2019年突破3万元，其中，城镇居民、农村牧区居民人均可支配收入分别突破4万元、1.5万元。"十四五"以来，受新冠疫情及国际国内复杂环境影响，内蒙古自治区居民人均可支配收入增速有所放缓，2022年同比增长5.32%，2023年同比增长6.15%，低于"十三五"期间增长水平。根据内蒙古自治区统计局数据，2023年内蒙古全体居民人均可支配收入38130元，比上年增长6.15%，其中，城镇居民人均可支配收入48676元，比上年增长5.14%；农村牧区居民人均可支配收入21221元，同比增长8.04%，农村牧区居民收入增速明显高于城镇居民（见表1）。

表1 2016~2023年内蒙古自治区居民人均可支配收入及增长情况

单位：元，%

年份	全体居民		城镇居民		农村牧区居民	
	人均可支配收入	同比增长	人均可支配收入	同比增长	人均可支配收入	同比增长
2016	24127	8.14	32975	7.78	11609	7.73
2017	26212	8.64	35670	8.17	12584	8.40
2018	28376	8.26	38305	7.39	13803	9.69
2019	30555	7.68	40782	6.47	15283	10.72
2020	31497	3.06	41353	1.40	16567	8.40
2021	34108	8.29	44377	7.31	18337	10.68
2022	35921	5.32	46295	4.32	19641	7.11
2023	38130	6.15	48676	5.14	21221	8.04

资料来源：历年《内蒙古统计年鉴》。

从经济增速与城乡居民收入增速的关系来看，2023年，内蒙古自治区生产总值达到2.46万亿元，同比增长7.3%；与之对应的是，2023年内蒙古居民人均可支配收入38130元，比2022年增长6.15%，城镇居民人均可支配收入48676元，比2022年增长5.14%，农村牧区居民人均可支配收入21221元，比上一年增长8.04%。这表明，内蒙古居民收入总体上保持与生产总值同步增长的趋势，而且农村牧区居民收入增速高于城镇居民，城乡收入差距持续缩小。城乡居民收入比连续下降，从2016年的2.84一路下降至2023年的2.29（见图1）。

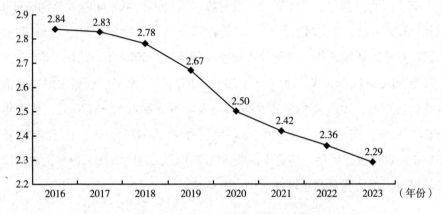

图1　2016~2023年内蒙古自治区城乡居民人均可支配收入比

数据来源：根据历年《内蒙古统计年鉴》数据计算获得。

（二）居民收入结构有所优化

2023年内蒙古全体居民人均可支配收入38130元，其中工资性收入19896元，增长6.8%；经营净收入10171元，增长5.8%；财产净收入1847元，增长3.4%；转移净收入6216元，增长5.6%，各项收入都有所增加。收入结构有所优化，工资性收入占比有所下降，经营净收入占比有所上升（见图2）。按城乡划分来看，各项收入也有一定程度的增长。2023年，内蒙古城镇居民人均可支配收入48676元，其中工资性收入29756元，增长 5.9%；经营净收入 9276 元，增长 4.1%；财产净收入 2637 元，增长 1.2%；转移净收入 7006 元，增长 4.8%。农村牧区居民人均可支配收入 21221 元，其中工资性收入 4086 元，增长 7.7%；经营净收入 11607 元，增长 8.3%；财产净收入 580 元，增长 15.8%；转移净收入 4948 元，增长 6.9%。

图 2　2016~2023 年内蒙古自治区居民人均可支配收入来源结构

从拉动居民可支配收入增长情况来看，2023 年内蒙古居民人均可支配工资性收入、经营净收入、财产净收入、转移净收入分别增加 1262 元、556 元、60 元、331 元，分别占到可支配收入增长量的 57.13%、25.17%、2.72%、14.96%，对可支配收入增长的贡献率依次为 3.51%、1.55%、0.17%、0.92%。这表明工资性收入、经营净收入是拉动居民收入增长的主要动因。2023 年内蒙古自治区强化就业优先政策，全力推动劳动力市场恢复，同时印发《关于做好保障农牧民工工资支付工作的若干措施》，全力维护劳动者合法权益，有力保障了居民工资性收入的快速增长。从减轻税费负担、推动普惠金融发展、支持创新创业等方面，精准打出"组合拳"，有力有效支持小微企业和个体工商户发展，促进城镇居民增加经营净收入；通过系统全力推进国家重要农畜产品生产基地建设，推动农牧民增加经营净收入。

（三）盟市间居民收入差异明显

根据统计整理，2023 年内蒙古自治区共有 7 个地级市入选全国人均收入百强榜，包括包头市、乌海市、鄂尔多斯市、呼和浩特市、阿拉善盟、锡林郭勒盟和呼伦贝尔市，包头市和乌海市居民富百强榜前 30 名。尽管内蒙古自治区 2023 年人均可支配收入排在全国第 9 位，一些盟市居民收入在全国排名靠前，但地区之间居民收入差距仍然较大。12 盟市人均可支配收入从高到低排序依次为：包头市、乌海市、鄂尔多斯市、呼和浩特市、阿拉善盟、锡林郭勒盟、呼伦贝尔市、巴彦淖尔市、通辽市、赤峰市、乌兰察布市、兴安盟。其中，包头市、乌海市、鄂尔多斯市排名前三，且人均可支配收入达到 5 万元以上，赤峰市、乌兰察布市、兴安盟人均可支配收入不足 3 万元，其他 6 个盟市人均可支配收入在 3 万~5 万元（见图 3）。排名第一的包头市居民人均可支配收入超出排名末位的兴安盟 27228 元，基本相当于兴安盟人均可支配收入的两倍。此外，内蒙古自治区人口第一大市赤峰市的人均可支配收入仅 28828 元，排在全区第 10 位。

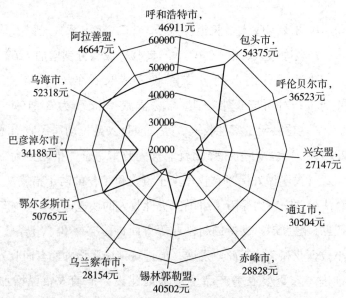

图 3 2023 年内蒙古自治区 12 盟市居民人均可支配收入分布

为定量测评内蒙古各地区居民收入的不均衡程度及变化，对 2016~2023 年 12 盟市人均可支配收入离散系数进行测评。离散系数又称变异系数，是测度数据离散程度的相对统计量，主要用于比较不同样本数据的离散程度。一般而言，离散系数大，说明数据的离散程度也大；离散系数小，说明数据的离散程度也小。也就是说，若盟市间收入指标的离散系数越大收入越不均衡，离散系数越小收入越趋于均衡。根据内蒙古自治区统计局数据，计算得出 2016~2023 年内蒙古 12 盟市人均可支配收入离散系数（见图 4），2016 年离散系数高达 0.2930，2023 年已下降到 0.2553，表明内蒙古 12 盟市人均可支配收入离散系数虽然较大，但近年来一直不断降低，盟市间居民收入差距持续缩小。

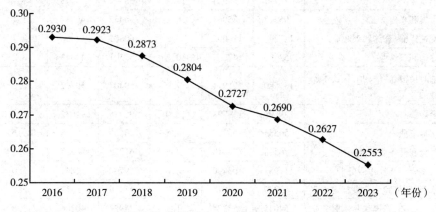

图 4　2016~2023 年内蒙古自治区 12 盟市居民人均可支配收入离散系数

（四）城镇不同行业部门收入差距较大

2023 年，内蒙古城镇非私营单位就业人员年平均工资为 108856 元，比上年增加 7866 元，名义增长 7.8%，扣除价格因素实际增长 7.2%；内蒙古城镇私营单位就业人员年平均工资为 57410 元，比上年增加 5092 元，名义增长 9.7%，扣除价格因素实际增长 9.0%。城镇非私营单位就业人员年平均工资远高于私营单位就业人员，几乎相当于私营单位就业人员的两倍，而

且所有城镇非私营单位行业部门就业人员年平均工资都高于私营单位行业部门（见表2）。

表2　2022~2023年内蒙古城镇单位分行业门类就业人员年平均工资及增速

单位：元，%

行　业	城镇非私营单位			城镇私营单位		
	2023年	2022年	增速	2023年	2022年	增速
农、林、牧、渔业	82918	78029	6.3	56484	50454	12.0
采矿业	186182	160200	16.2	93909	83634	12.3
制造业	110819	103402	7.2	67337	62132	8.4
电力、热力、燃气及水生产和供应业	137753	129448	6.4	66352	60006	10.6
建筑业	78573	69584	12.9	58362	54193	7.7
批发和零售业	95212	85961	10.8	54452	49017	11.1
交通运输、仓储和邮政业	117244	110096	6.5	60605	54080	12.1
住宿和餐饮业	52797	47852	10.3	47591	42043	13.2
信息传输、软件和信息技术服务业	131580	121971	7.9	59407	59292	0.2
金融业	129609	110798	17.0	95985	91032	5.4
房地产业	56585	59279	-4.5	43634	39815	9.6
租赁和商务服务业	76518	73413	4.2	61925	56537	9.5
科学研究和技术服务业	111981	103090	8.6	59700	56841	5.0
水利、环境和公共设施管理业	53989	54915	-1.7	41476	35817	15.8
居民服务、修理和其他服务业	54045	53324	1.4	44927	40286	11.5
教育	110236	105547	4.4	40973	35476	15.5
卫生和社会工作	110565	101008	9.5	62370	47523	31.2
文化、体育和娱乐业	96222	96377	-0.2	41053	39834	3.1
公共管理、社会保障和社会组织	98103	93038	5.4	—	—	—
平　均	108856	100990	7.8	57410	52318	9.7

资料来源：内蒙古自治区统计局。

具体到各行业部门来看，不同部门就业人员收入存在一定差距。以2023年城镇非私营单位为例，采矿业，电力、热力、燃气及水生产和供应业，信息传输、软件和信息技术服务业，金融业属于高收入行业，其就业人员年平均工资基本保持在 13 万元以上（金融业年平均工资近 13 万元），住宿和餐饮业，水利、环境和公共设施管理业，居民服务、修理和其他服务业属于低收入行业，其就业人员年平均工资不足 6 万元。其中，采矿业就业人员收入最高，年平均工资达到 186182 元，住宿和餐饮业就业人员收入最低，年平均工资 52797 元，前者是后者的三倍有余。此外，不少高收入行业就业人员的收入增速远高于低收入行业。如，2023 年采矿业、金融业这两大高收入行业就业人员年平均工资增速分别达到 16.2%、17.0%，居民服务、修理和其他服务业就业人员年平均工资增速仅 1.4%，房地产业及水利、环境和公共设施管理业就业人员年平均工资甚至出现负增长。这些数据表明：城镇私营单位就业人员与非私营单位就业人员间收入差距较大，不同行业部门就业人员间存在较大收入差距且呈现差距进一步拉大的态势。

二 内蒙古城乡居民消费与恢复情况

（一）居民消费需求持续恢复，消费支出稳步增长

2023 年，为深入贯彻落实国家及自治区党委、政府"把恢复和扩大消费摆在优先位置"部署要求，增强消费对全区经济高质量发展的拉动作用，内蒙古自治区 12 个部门联合制定出台《内蒙古自治区 2023 年进一步提振消费信心促进消费持续恢复的政策措施》。内蒙古自治区居民消费需求恢复态势良好，消费支出稳步增长。据统计，2023 年内蒙古全体居民人均生活消费支出 27025 元，两年平均增长 9.2%。[①] 按常住地分，城镇居民人均生活消费支出 32249 元，两年平均增长 8.9%；农村牧区居民人均生活消费支出 18650 元，两年平均增长 9.0%。全体居民恩格尔系数为 27.6%，其中城镇为 27.0%，农村牧区为 29.1%。2024 年，内蒙古自治区发展改革委出台

---

① 两年平均增速是指以 2021 年相应同期数为基数，采用几何平均的方法计算。

《关于恢复和扩大消费的若干措施》，提出稳定大宗消费、扩大服务消费、促进农村牧区消费、拓展新型消费、完善消费设施、优化消费环境等六大措施。2024 年第一季度，内蒙古自治区居民人均消费支出 7138 元（见图 5），相比上年同期增加 641 元，同比名义增长 9.87%。可见，随着扩大消费等相关政策的持续推出，居民消费潜力得到释放，消费空间得到有效拓展，消费支出稳步增长。

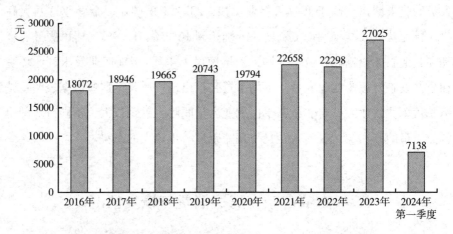

图 5　2016 年至 2024 年第一季度内蒙古自治区居民人均消费支出

2024 年 1~3 月，内蒙古自治区城乡居民消费支出都有大幅增长，且农村牧区居民消费支出增长率高于城镇居民。城镇居民人均消费支出 8401 元，相比上年同期增加 725 元，同比名义增长 9.45%；农村牧区居民人均消费支出 5129 元，相比上年同期增加 485 元，同比名义增长 10.44%（见图 6）。数据表明，新冠疫情之后，内蒙古城乡居民消费支出稳定增长，消费市场快速回暖。

（二）消费市场稳定增长，消费规模持续扩大

2023 年内蒙古自治区全年社会消费品零售总额 5374.3 亿元，比上年增长 8.1%。按经营地分，城镇消费品零售额 4739.6 亿元，增长 8.0%；乡村消费品零售额 634.7 亿元，增长 9.2%。按消费类型分，商品零售额 4707.9

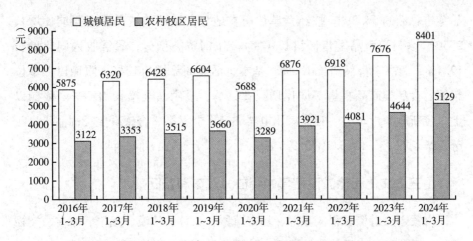

图6 2016年至2024年1~3月内蒙古自治区城乡居民人均消费支出

亿元，增长6.8%；餐饮收入666.4亿元，增长18.4%。分区域看，东部地区社会消费品零售额增长4.6%，中部地区增长10.4%，西部地区增长5.5%，中部地区增长速度远高于东部、西部地区。全年限额以上单位商品零售额中，粮油、食品类零售额比上年增长27.4%，饮料类增长3.8%，烟酒类增长21.3%，服装、鞋帽、针纺织品类增长26.5%，化妆品类增长5.4%，金银珠宝类增长28.5%，日用品类增长34.1%，家用电器和音像器材类增长15.2%，中西药品类增长16.0%，通信器材类增长13.1%，汽车类增长17.2%。

2024年，内蒙古自治区积极组织开展各类促消费活动，消费场景不断融合拓展，进一步加强基础生活类消费的支撑作用，同时通过发展线上销售、加强信息化供应链管理、借助电商平台，在模式赋能、技术赋能和规模效应的推动下，为消费者提供更丰富的信息渠道、更多样的消费方式，直播购物等新兴消费成为亮点，有效开拓了消费市场潜力。一季度，全区社会消费品零售总额1322.2亿元，同比增长2.8%，是近五年一季度中最高水平。分盟市看，乌兰察布市、包头市、呼和浩特市增速位列全区前三，同比分别增长4.4%、4.2%、4.1%。呼和浩特市、包头市、赤峰市总量位列全区前三，分别实现291.8亿元、261.5亿元、163.8亿元，合计占全区社会消费

品零售总额的 54.2%。按经营单位所在地分，城镇消费品零售额同比增长 2.5%，乡村消费品零售额增长 4.8%。按消费类型分，餐饮收入同比增长 12.1%，商品零售额增长 1.6%。基本生活类商品销售较好，限额以上单位粮油、食品类商品零售额同比增长 23.2%，日用品类增长 18.4%。限额以上单位新能源汽车类、智能家用电器和音像器材类、金银珠宝类商品零售额分别增长 58.3%、15.7% 和 9.1%。

（三）文化和旅游消费集中释放，汽车消费旺盛

内蒙古旅游资源得天独厚，拥有草原、森林、沙漠、湖泊、冰雪、文物古迹、民族风情、民族工艺品和土特产品等众多旅游资源。根据 2020~2022 年内蒙古自治区文化和旅游发展统计公报，2020 年全区国内游客人数为 12494.39 万人，国内旅游收入为 2404.06 亿元。2022 年全区国内游客人数为 9249.08 万人，同比下降 29.54%；国内旅游收入为 1053.92 亿元，同比下降 27.84%。疫情过后，内蒙古文旅消费快速恢复，2023 年内蒙古全年接待游客 2.3 亿人次，实现旅游收入 3350 亿元，均创历史新高，是 2022 年的 2.49 倍和 3.18 倍。文化和旅游消费带动内蒙古交通、住宿、餐饮等服务消费快速增长。住宿和餐饮业增加值 368.2 亿元，增长 20.8%。内蒙古自治区人民政府发布《2024 年内蒙古自治区国民经济和社会发展计划》，提出实施促进文旅消费"红火计划"，力争 2024 年接待游客量突破 2.5 亿人次。据携程数据统计，2024 年上半年内蒙古文旅市场较 2023 年同期在线旅游人次增长 28%；内蒙古酒店、民宿在线消费人次增长 27%、金额增长 28%；内蒙古私家团、定制游在线消费人次增长 136%、金额增长 129%；在线旅游收入增长 30%；以内蒙古为目的地的机票消费人次增长 36%、金额增长 30%；内蒙古租车用车在线消费人次增长 77%、金额增长 49%；暑期入境游订单量增长 111%；内蒙古景区门票在线消费人次增长 30%、金额增长 45%。

经过十几年的发展，2023 年我国汽车年产销量首次突破 3000 万辆，创历史新高，汽车零售额实现 4.86 万亿元，占社会消费品零售总额的 10.3%。

截至 2023 年末，内蒙古自治区民用汽车保有量 757.2 万辆（包括三轮汽车和低速货车 7.9 万辆），比上年末增长 6.3%。其中，私人汽车保有量 695.9 万辆，增长 6.0%。民用轿车保有量 418.8 万辆，增长 4.9%；私人轿车保有量 402.3 万辆，增长 4.4%。2024 年，内蒙古自治区出台《关于进一步促进机动车消费的通知》，通过加强金融贷款政策支持，落实税收优惠政策，降低新能源汽车用电成本，支持购买使用新能源巡游出租车，扶持汽车销售企业，便利汽车注册登记服务，维护消费者权益，推动新能源汽车消费。2024 年一季度，内蒙古自治区推广新能源汽车 17281 辆，同比增长 124.5%，限额以上新能源汽车零售额同比增长 58.3%。截至 2024 年 3 月底，新能源汽车累计接入国家监管平台 115673 辆，其中纯电动汽车 59302 辆，插电混动汽车 56371 辆。随着新能源汽车技术不断革新，新功能加速推出，市场竞争加剧，价格越来越亲民，新能源汽车销量也快速提升。

三 稳步提高居民收入水平，提升居民消费能力的对策建议

（一）提高居民收入在国民收入分配中的比重

收入是民生之源，是改善民生、实现发展成果由人民共享最重要最直接的方式。习近平总书记在党的二十大报告中强调：坚持按劳分配为主体、多种分配方式并存，构建初次分配、再分配、第三次分配协调配套的制度体系。努力提高居民收入在国民收入分配中的比重，提高劳动报酬在初次分配中的比重。这一重要部署，对于缩小收入差距、维护人民群众切身利益、提升人民群众福祉、逐步实现共同富裕具有重要的现实意义。在实现现代化过程中，必须实现经济增长和居民收入增长同步，实现劳动生产率的提高和劳动报酬率的提高同步。据统计，2021 年，我国住户部门初次分配总收入占总收入的比重为 61%，比世界平均水平低 5 个百分点左右；劳动者报酬占比为 55.1%，低于世界平均水平 11.4 个百分点。劳动者报酬占 GDP 的比重长期偏低，制约了城乡居民消费潜力的释放。因此，必须不断深化收入分配制

度改革，保持居民收入稳步增长，不断提高住户部门收入在国民收入初次分配和再分配中的比重。

（二）大力支持重点人群就业，促进中低收入群体增收

完善重点群体就业支持政策，提升重点人群创业就业能力，助力这一群体通过劳动增加收入，既有利于经济社会协调发展，也有利于形成经济发展与扩大就业的良性互动。2024年，内蒙古应届高校毕业生预计17.5万人，就业形势依旧严峻复杂。为此，内蒙古自治区必须千方百计拓宽就业渠道，结合国家交给内蒙古的"把内蒙古建设成为我国北方重要生态安全屏障、祖国北疆安全稳定屏障，建设国家重要能源和战略资源基地、农畜产品生产基地，打造我国向北开放重要桥头堡"五大任务，"东数西算"内蒙古国家算力枢纽节点建设等，进一步增加算力产业、数字经济领域的知识型、管理型、技能型就业机会，开发更多有利于高校毕业生发挥所学所长的就业岗位。同时稳定公共部门岗位供给，以"三支一扶"计划、教师特岗计划、大学生志愿服务西部计划、社区网格员等基层服务项目为支点，加大基层就业服务项目实施力度，鼓励毕业生到乡镇（苏木）、村（嘎查）等基层发挥才干。对于农牧民工、脱贫群众，在做好就业政策和就业服务的同时，既要通过设置护林员、护边员等岗位实现"家门口"就业，也要加快农牧业转移劳动力市民化，推动农牧民在第二、第三产业就业，提升收入水平。

（三）全方位优化消费环境，激发消费活力

内蒙古自治区必须全方位优化消费环境，激发消费活力。一是围绕自治区稀土、风电、光伏、肉、乳、粮、羊绒等优势特色产业建设"特、小、优、实"全产业链高质量发展标准体系，以高质量供给满足消费者日益升级的美好生活需求。二是落实诚信建设工程促进经营主体信用提升行动，持续实施小微企业、个体工商户三年成长计划，创新实施"体检式监管、服务型执法"，制定行政处罚自由裁量权基准，优化提升信用修复服务，市场

监管领域营商环境不断改善，推动全区经营主体数量增长、结构优化、活跃度提升，既提供了消费场所，也创造了就业岗位，提升了消费能力。三是围绕让老百姓吃得放心、买得放心、用得放心，以产品质量、食品安全监督抽查、投诉信息分析为线索，针对销售假冒伪劣商品、餐饮服务食品安全违法、预付式消费陷阱等乱象开展消费检查执法活动，大力纠治限定交易、妨碍商品要素自由流通等行为。四是坚持消费者立场，充分发挥消费维权平台作用，全力保障投诉举报渠道畅通，不断提高消费纠纷解决率和消费者满意度，让消费者敢消费、能消费、愿消费，购物无后顾之忧。

（四）适应消费升级趋势，大力促进新型消费

新型消费是指不断适应居民消费升级趋势和方向，利用各类新技术实现供需、产销高效匹配，形成一系列新业态、新模式、新场景和新服务，从而有效满足消费者对更好产品和服务的需求，并促进消费高质量发展的各类消费的总称。2024 年，内蒙古自治区发展改革委出台《关于恢复和扩大消费的若干措施》，从 6 个方面提出 21 项具体措施激发潜能消费。在拓展新型消费方面，提出发展数字消费，推广绿色消费。对此，自治区需要补齐传统网络基础设施短板，同时加快推进 5G 网络、数据中心、物联网等新型数字基础设施建设；加快数字技术开发应用，把数据作为关键生产要素，运用前沿数字技术激发消费新动能；加快推动传统商业的线上线下深度融合，鼓励发展直播电子商务、社交营销等新模式，探索智慧超市、智慧商店、智慧餐厅等数字零售新业态，深挖在线教育、远程医疗、数字文娱等数字服务新价值，构建虚实联动、沉浸体验、场景开放的消费新模式。

参考文献

李培林、陈光金、王春光主编《2024 年中国社会形势分析与预测》，社会科学文献出版社，2023。

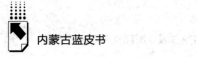

金观平：《大力支持重点群体就业》，《经济日报》2024年6月19日。

李永桃：《内蒙古出台新政激发消费潜能释放》，《内蒙古日报（汉）》2024年1月15日。

《内蒙古自治区2023年国民经济和社会发展统计公报》，内蒙古自治区统计局网站，2024年3月21日。

B.12
内蒙古文化事业文化产业发展报告[*]

照日格图[**]

摘　要： 2023年，内蒙古坚持以习近平新时代中国特色社会主义思想为指导，深入学习贯彻党的二十大精神和习近平文化思想，全面贯彻落实全国宣传思想文化工作会议有关部署要求，坚持以铸牢中华民族共同体意识为主线，聚焦聚力完成好习近平总书记交给内蒙古的五大任务和全方位建设模范自治区两件大事，围绕打响"北疆文化"品牌，努力实现"闯新路、进中游"的目标，大力弘扬蒙古马精神和"三北精神"，推动文化事业繁荣发展、文旅市场加速回暖、文旅产业强劲复苏，文旅经济走出"供需两旺、高开高走"发展态势，交出了一份亮点纷呈、成色十足的内蒙古文化事业文化产业发展答卷。本报告梳理2023年以来内蒙古文化事业文化产业发展现状和存在问题，为促进内蒙古文化事业文化产业高质量发展提出相关对策建议。

关键词： 北疆文化　文化事业　文化产业　内蒙古

　　2023年是全面贯彻落实党的二十大精神的开局之年，是"十四五"规划承上启下的关键年。内蒙古坚持以习近平新时代中国特色社会主义思想为指导，深入学习贯彻习近平文化思想，立足北疆文化特色、资源禀赋优势，坚持以铸牢中华民族共同体意识为主线，坚持顶层设计统筹谋划总体思路，

---

　*　基金项目：内蒙古自治区社会科学院2024年度项目"内蒙古边境地区贯彻铸牢中华民族共同体意识主线研究"（项目编号：YB2422）阶段性成果。

**　照日格图，内蒙古自治区社会科学院内蒙古一带一路研究所副所长、副研究员，主要研究方向为区域国别研究。

坚持文化事业和文化产业工作一盘棋的大格局，坚持守正创新促文旅业高质量发展，向着"闯新路、进中游"的目标扎实迈进，在文化培育、文物保护、非遗创新、产品供给、服务提升、品牌塑造、市场营销、开放合作等方面下功夫，为书写中国式现代化的内蒙古新篇章作出文化贡献。

一 2023年内蒙古文化事业文化产业发展回望

（一）打响"北疆文化"品牌，推进文化自信自强

聚焦新时代新的文化使命，内蒙古深入学习贯彻习近平文化思想和习近平总书记对内蒙古的重要指示精神，以制度为抓手、用机制做保障，守正创新做好文化各项工作，推动内蒙古文化事业文化产业高质量发展。

2023年1月，内蒙古自治区人民政府印发《内蒙古自治区2023年坚持稳中快进稳中优进推动产业高质量发展政策清单》（以下简称《清单》），明确提出支持旅游产业提质提效。《清单》提出，安排专项资金，支持重点旅游休闲城市、品牌旅游景区、度假区、乡村旅游重点项目建设，支持旅游景区固定资产贷款贴息，支持重大文旅活动。《清单》明确安排2亿元旅游发展资金，对创建5A级旅游景区、国家级旅游度假区、国家级滑雪旅游度假地、国家级旅游休闲街区、国家级工业旅游示范基地、国家红色旅游融合发展试点及国家5C、4C级自驾车旅居车营地等项目给予奖励；对自治区重点旅游项目予以支持；对打造具有国际国内影响力的重点文旅品牌活动予以支持。《清单》提出，安排4000万元文旅商品传承创新专项资金，支持"内蒙古礼物"文化旅游商品实体店、文化旅游商品开发、沉浸式演艺等项目，推动文化旅游商品传承创新。安排不低于50亿元资金，加大公共服务基础设施补短板力度，支持卫生健康、教育强国、全民健身、应对人口老龄化和托育、文化保护传承利用及社会服务兜底等重大公共服务工程建设。

2023年7月召开的中国共产党内蒙古自治区第十一届委员会第六次全体会议审议通过《内蒙古自治区党委关于全方位建设模范自治区的决定》

（以下简称《决定》），就全方位建设模范自治区提出了"七个作模范"。《决定》要求，在铸牢中华民族共同体意识上作模范。推进中华民族共有精神家园建设，着眼传承发展中华优秀传统文化、推动中华民族现代文明建设，充分挖掘和生动展现内蒙古大地上的厚重历史文化和丰富人文资源，集红色文化和草原文化、农耕文化、黄河文化、长城文化等于一体，打造以各民族交往交流交融、守望相助，共同弘扬蒙古马精神和"三北精神"，铸牢以中华民族共同体意识为基本内容的"北疆文化"品牌，教育引导各族群众牢固树立正确的国家观、历史观、民族观、文化观、宗教观。

2023 年 12 月召开的中国共产党内蒙古自治区第十一届委员会第七次全体会议暨全区经济工作会议聚焦完成"五大任务"，坚持稳中求进、以进促稳、先立后破，全力抓好事关高质量发展的重点任务，提出了对全区经济发展和民生改善具有支撑性、牵引性、撬动性作用的"六个工程"。同时，内蒙古先后发布包含 23 项主要任务的内蒙古诚信建设工程实施方案以及 44 项诚信建设工程任务清单，并构建党委领导、政府主抓、人大监督、政协协商、各地各部门齐抓共建、全社会广泛参与的诚信工作格局，为推动内蒙古文化事业文化产业高质量发展提供了制度保障。

（二）讲好北疆文化故事，满足人民文化需求

内蒙古深入学习贯彻习近平文化思想，牢牢站稳人民立场，尊重人民主体地位，保障人民文化权益，促进满足人民文化需求和增强人民精神力量相统一，增强人民群众文化获得感、幸福感。

推动公共文化服务高质量发展。2023 年末全区共有艺术表演团体 92 个，其中乌兰牧骑 75 个。[1] 2023 年累计开展文化演出活动 5.35 万余场，其中乌兰牧骑走边关 1.8 万公里，深入基层牧区、军营、厂矿演出。[2] 荣获

---

[1] 内蒙古自治区统计局：《内蒙古自治区 2023 年国民经济和社会发展统计公报》，内蒙古自治区统计局网站，2024 年 3 月 21 日。

[2] 冯雪玉：《打响"北疆文化"品牌，数说 2023 年内蒙古文旅发展》，《内蒙古日报（汉）》2024 年 2 月 26 日，第 2 版。

"荷花奖"等各类国家级文艺奖项47个，6台剧目全国巡演。内蒙古展览馆举办"感党恩跟党走"等11项展览活动、170场社会教育活动，接待参观团体1.1万个，观众95万多人次。① 共有文化馆118座，公共图书馆117座，博物馆165座。② 公共文化场馆接待人次是2022年同期的1.7倍。全区等级图书馆占比达到82%，400家图书馆、文化馆、博物馆，文化服务惠及5262.42万人次，同比增长126.5%。③ 2023年末全区广播节目人口综合覆盖率为99.8%，电视节目人口综合覆盖率为99.8%。自治区和盟市两级出版各类报纸19494万份，各类期刊944万册，图书5775万册。④

加强北疆文化的宣传工作。策划推出"循迹西口""遇见'河套人'""青城印记"等大型全媒体传播活动，300多个产品被全国200多家主流媒体转载，全网点击量4.5亿+。⑤ 开设"弘扬北疆文化　赓续中华文脉"专栏，推出了农耕文化、红色文化等系列专题报道，亮出北疆文化家底。重点打造"铸牢中华民族共同体意识·家园""北国风光""文艺评论""收藏""馆长鉴宝"等专版专题，让北疆文化广为人知。在北京、杭州举办"内蒙古印象"摄影展，实现"破圈"传播，将"北疆文化"品牌推广到全国。围绕北疆文化丰富内涵，全媒体开设"弘扬北疆文化　赓续中华文脉"专栏专题，《北疆故事》《红色印记》《符号探源》等9组100多件融媒产品全网铺排、大声量传播，让根植内蒙古大地的北疆文化在新时代绽放光彩。

深化北疆文化的研究阐释工作。充分发挥内蒙古各高校和哲学社会科学研究机构的作用，设立北疆文化研究所、北疆文化发展研究中心、北疆文化遗产研究中心等，推出《北疆文化研究》等专刊专栏，打造一批优秀的学

---

① 冯雪玉:《打响"北疆文化"品牌，数说2023年内蒙古文旅发展》，《内蒙古日报（汉）》2024年2月26日，第2版。
② 内蒙古自治区统计局:《内蒙古自治区2023年国民经济和社会发展统计公报》，内蒙古自治区统计局网站，2024年3月21日。
③ 冯雪玉:《打响"北疆文化"品牌，数说2023年内蒙古文旅发展》，《内蒙古日报（汉）》2024年2月26日，第2版。
④ 内蒙古自治区统计局:《内蒙古自治区2023年国民经济和社会发展统计公报》，内蒙古自治区统计局网站，2024年3月21日。
⑤ 《2023年度内蒙古日报社社会责任报告》，内蒙古新闻网，2024年5月25日。

术平台和理论阵地。举办"北疆文化研究与构建"、"中华文明及其视域下的北疆历史文化学术工作坊"、"北疆文化"发掘与弘扬高层论坛及学术调研会、"新时代北疆文化传承与创新"论坛、"北疆文化理论传播的有效触达"座谈研讨会等,为自治区北疆文化建设建言献策,提供理论依据和智库支撑。

(三)打造"北疆文化"品牌,推动文化产业振兴繁荣

内蒙古围绕打响"北疆文化"品牌,加快推进"旅游四地"建设,推动文化事业繁荣发展,促进文旅产业加速升级,实现"供需两旺、高开高走"。

文旅市场活力涌现。2023年,内蒙古假日市场持续火爆,日均接待量达288万人次,日均旅游收入超20亿元。165万人次参与呼和浩特跨年夜活动,500万游客参加乌兰察布之夜活动,"相约草原""遇见那达慕"等6800余项主题活动圈粉中外游客。全区各地累计开展千余项冰雪旅游活动,3000多个亲子团体验"向西一步去滑雪 游龙御马迎新春"系列活动,各大滑雪场线上门票销售额突破同期的8倍。全区457家A级景区接待游客9223.18万人次,同比增长156.5%,营业收入59.98亿元,同比增长241%。全年累计接待国内游客2.3亿人次,是2022年的2.49倍;实现国内旅游收入3354.68亿元,是2022年的3.18倍。①

文化产品业态持续壮大。2023年,内蒙古累计建成高等级自驾车营地、度假区、露营地279个,创建国家级文旅产业融合发展示范区、旅游休闲街区等国家级旅游品牌17个,5C、4C级自驾车旅居车营地总量位居全国第一,国家级滑雪旅游度假地总量位居全国第二。认定自治区级非遗传承教育实践基地、旅游体验基地、特色村镇街区98个。认定自治区重点培育文化产业和旅游产业融合发展示范区10个、自治区级夜间文化和旅游消费集聚

---

① 冯雪玉:《打响"北疆文化"品牌,数说2023年内蒙古文旅发展》,《内蒙古日报(汉)》2024年2月26日,第2版。

区 8 个，建成"我和草原有个约定"文创实体店 20 个。①

文化产业持续振兴繁荣发展。2023 年，内蒙古 147 个规模以上文化及相关产业企业实现营业收入 136.6 亿元，同比增长 17.4%。分领域看，文化核心领域实现营业收入 106.4 亿元，同比增长 30.6%，拉动全部规模以上文化企业营业收入增长 21.4 个百分点。全区规模以上文化企业利润总额 9.3 亿元，同比增长 16.1 倍。规模以上文化企业营业收入利润率为 6.8%。全区文化批发和零售业实现营业收入 53.4 亿元，同比增长 19.8%。从拉动情况看，文化批发和零售业小类中，首饰、工艺品及收藏品批发，珠宝首饰零售，图书、报刊零售等 3 个行业拉动增长明显，分别拉动全区文化及相关产业整体营业收入增长 3.1 个、1.8 个和 1.7 个百分点，文化批发和零售业增势强劲。2023 年，文化服务业实现营业收入 65.7 亿元，同比增长 38.1%，增速快于全区全部规模以上服务业 30.1 个百分点。全区文化旅游市场加速复苏，文娱行业消费潜力持续释放，在 9 个文化行业大类中，文化娱乐休闲服务实现营业收入 13.4 亿元，比上年同期增长 1.9 倍。从行业小类看，名胜风景区管理营业收入 5.0 亿元，同比增长 2.5 倍，拉动全区文化及相关产业整体营业收入增长 3.0 个百分点；电影放映营业收入 4.5 亿元，同比增长 80.2%，拉动全区文化及相关产业整体营业收入增长 1.7 个百分点，文化服务业支撑作用不断增强，文化娱乐休闲行业快速恢复。②

（四）弘扬北疆文化，赓续中华文脉

内蒙古扎实推进文物保护利用，运用丰富的文物考古成果讲好各民族交往交流交融的故事，不断激活文化遗产基因，让文化遗产绽放时代光芒。

考古发掘研究成果丰硕。"内蒙古巴林左旗辽上京皇城南部建筑遗址"发掘项目入选 2023 年度"中国考古新发现"。"内蒙古清水河县后城咀新石

---

① 冯雪玉：《打响"北疆文化"品牌，数说 2023 年内蒙古文旅发展》，《内蒙古日报（汉）》2024 年 2 月 26 日，第 2 版。
② 冯雪玉、初卓耕：《内蒙古文化产业持续振兴繁荣发展》，《内蒙古日报（汉）》2024 年 2 月 22 日，第 1 版。

器时代石城址"发掘项目入围 2023 年度"中国考古新发现"。实施文物保护工程 42 项，开展主动性考古发掘项目 11 项、抢救性考古发掘项目 14 项。①

重点文物保护工作稳步推进。2023 年 12 月 27 日，内蒙古自治区人民政府公布第六批自治区文物保护单位，共计 87 处，其中包括古遗址 31 处、古墓葬 5 处、古建筑 17 处、石窟寺石刻 13 处、近现代重要史迹及代表性建筑 21 处。② 此次新增的 87 处内蒙古自治区文物保护单位，历史年代上起新石器时代及夏商时期，下至明清时期和近现代，呈现诸多亮点。涉及红色资源保护利用、西辽河流域文明研究、"中华文明探源"与"考古中国"等方面，折射北疆文化魅力，镌刻内蒙古历史印迹，具有较高的历史、艺术、科学、社会、文化价值。第六批"内蒙古自治区文物保护单位"公布后，内蒙古自治区文物保护单位增至 578 处。

文物展览陈列提质增效。内蒙古博物院《交融汇聚——公元八至十九世纪内蒙古历史文化陈列》、内蒙古展览馆《"中华颂——我们心中的模样"综合展》、内蒙古自然博物馆《绿色内蒙古》、包头博物馆《塞上风光无限好——走西口历史文化展》、呼伦贝尔博物院《奋斗百年 启航未来——近现代的呼伦贝尔》展览、赤峰博物馆《金枝连朔漠——下嫁赤峰的清公主历史文物展》、林西博物馆《塞北烽火 红色林西》展览、锡林郭勒博物馆《永远做草原上的红色文艺轻骑兵——锡林郭勒乌兰牧骑专题展》、阿拉善博物馆《大漠史刻 东西互鉴——阿拉善岩画专题展》9 个展览入选内蒙古自治区 2023 年"弘扬中华优秀传统文化、培育社会主义核心价值观"主题展览推介项目。其中，内蒙古博物院《交融汇聚——公元八至十九世纪内蒙古历史文化陈列》展览成功入选国家 2023 年"弘扬中华优秀传统文化、培育社会主义核心价值观"主题展览重点推介项目，鄂尔多斯市博物院

---

① 冯雪玉：《打响"北疆文化"品牌，数说 2023 年内蒙古文旅发展》，《内蒙古日报（汉）》2024 年 2 月 26 日，第 2 版。
② 《新增 87 处！内蒙古自治区公布第六批自治区文物保护单位》，内蒙古自治区文化和旅游厅网站，2024 年 1 月 3 日。

《黄河从草原上流过——鄂尔多斯历史文化陈列》入选第二十一届（2023 年度）全国博物馆十大陈列展览精品。

切实做好非遗传承保护工作。内蒙古自治区扎实做好非遗的系统性保护，推动中华优秀传统文化创造性转化、创新性发展。目前，内蒙古有人类非遗代表作 2 项、国家级非遗代表性项目 98 项 106 处、自治区级非遗代表性项目 545 项 908 处。① 设立自治区级文化生态保护区 13 个、传统工艺工作站 12 个、非遗就业工坊 17 个，以及非遗曲艺书场 5 个、"非遗在社区"试点 10 个、非遗旅游体验基地 19 个、非遗保护传承基地 6 个，自治区级非遗研究基地 8 个。② 内蒙古非物质文化遗产像一颗颗"石榴籽"一样，紧紧抱定中华民族文化根，推出"非遗+旅游""非遗+产业""非遗进校园""非遗+乡村振兴""线上直播展现非遗魅力""12 条非遗特色精品旅游线路"等一系列举措，让国内外游客接受非遗文化的熏陶。

二 内蒙古文化事业文化产业发展中存在的问题

当前，内蒙古文化事业的发展已取得很多成绩，但与其他省份相比，还有很大的发展空间。综合来看，内蒙古文化事业发展中存在的问题包括以下几个方面。

（一）文化事业文化产业发展不平衡不充分问题依然突出

2023 年内蒙古文化事业文化产业蓬勃发展，展现出较强韧性，但由于自然禀赋、经济条件、历史传统等因素，内蒙古文化事业文化产业发展尚不均衡。主要表现在经济发达盟市优于经济欠发达盟市，城市及近郊地区优于乡村及偏远地区和边境地区，存在城乡之间、地区之间发展不平衡问题。文

---

① 阿勒得尔图、王慧：《十二条旅游线路尽显内蒙古非遗风采》，《中国文化报》2023 年 5 月 13 日，第 4 版。
② 阿勒得尔图、王慧：《十二条旅游线路尽显内蒙古非遗风采》，《中国文化报》2023 年 5 月 13 日，第 4 版。

化事业和文化产业发展中结构性矛盾依然存在。从文化事业来看，虽然建成覆盖城乡、便捷高效、保基本、促公平的现代公共文化服务体系，但发展不平衡不充分问题仍然突出，存在资源分配不均衡、供需脱节、效能不高、内容供给不足等问题。从文化产业来看，由于经济社会发展水平等因素制约，不同区域在文化生产能力、文化创造活力、经济价值转化力等方面存在较大差距，高质量产品的整体供给水平仍有待提高。为契合人们追求美好生活需要，满足人民群众日益增长的多元化、个性化、差异化需求，有效促进消费、拉动内需，要持续推进产业链、供应链升级。从文化基础设施来看，由于社会历史原因，内蒙古文化事业发展缺乏市场竞争意识，同时也存在陈旧设施难以匹配新鲜需求的情况，部分公共文化资源存在闲置和浪费，新打造的载体缺乏特色，旧有的载体改造利用不够等。从发展业态来看，传统文化产业和新兴文化产业发展各有短板。创意设计、工艺美术、演艺业、娱乐业、动漫业、文化会展业、文化装备制造业等传统文化产业刚刚起步，实力不强、原创精品供给不足、演艺团体改革有待深化。

（二）构建文化"双循环"新发展格局须持续用力

文化事业文化产业是典型的综合性服务产业，涉及面广、带动性强、开放度高，具有一业兴、百业旺的乘数效应，是促进经济社会高质量发展的重要引擎，在新发展格局中扮演着重要角色。内蒙古内联八省份、外接俄蒙，历史上就是"草原丝绸之路""万里茶道"的重要枢纽和通道，如今是中蒙俄经济走廊的重要节点、国家西部陆海新通道的重要门户，区位优势、文化优势和发展条件、开放条件得天独厚，做好文化这篇大文章，内蒙古发展前景可期、前途无量。在"双循环"新发展格局下，内蒙古文化事业文化产业发展迎来了新机遇和新挑战。从国内大循环来看，内蒙古文化事业文化产业在供需循环、产业内循环、产业间循环、区域间循环方面仍显不足，国内产业链现代化水平和竞争力不强，挖掘内需潜力，激活国内消费市场，推动产业内不同细分类别以及相关产业间的融合发展还有待加强。从国际循环来看，立足国内，以国内大循环为主，促进国内国际双循环还有差距。有效利用国外要素资源与

国际市场空间，培育对外文化贸易基地，培育对外文化贸易新业态、新模式，扩大新兴文化服务出口规模，推动对外文化贸易高质量发展方面相对滞后。

（三）数字技术对文化事业文化产业的驱动作用尚未充分彰显

文化数字化是当前我国文化事业文化产业发展的重要特征之一。国家统计局发布的数据显示，2023年全国文化新业态特征较为明显的16个行业小类实现营业收入52395亿元，比2022年增长15.3%，快于全部规模以上文化企业7.1个百分点。文化新业态行业对全部规模以上文化企业营业收入增长的贡献率达70.9%。其中，可穿戴智能文化设备制造、数字出版、多媒体游戏动漫和数字出版软件开发、互联网搜索服务、娱乐用智能无人飞行器制造、互联网其他信息服务6个行业小类营业收入增速较快，分别为24.0%、21.6%、19.4%、19.3%、17.9%和16.5%。① 2023年10月，由中国人民大学数字人文研究院、中国人民大学信息资源管理学院、中国社会科学评价研究院与界面新闻和界面商学院联合发布的《文化新业态：与数字化共舞——2023中国文化数字化创新指数（CDI）研究报告》，对全国31个省（区、市）的文化数字化创新能力进行综合评估。报告显示，各地文化数字化创新程度存在明显差别。其中，内蒙古的文化数字化创新指数为72.8，在全国31个省（区、市）中排第18位；IT城镇单位就业人员为4.6万人，在全国31个省（区、市）中排第23位；科研技术城镇单位就业人员为5.9万人，在全国31个省（区、市）中排第26位；文化娱乐城镇单位就业人员为3.1万人，在全国31个省（区、市）中排第21位。② 这表明内蒙古文化数字化进程仍处于早期探索阶段，面临很多挑战和机遇。

（四）文化和旅游领域诚信建设有待加强

文化和旅游领域诚信建设是推动文化事业高质量发展的重要保障。相关

---

① 《国家统计局解读2023年全国规模以上文化及相关产业企业数据》，国家统计局网站，2024年1月30日。
② 《文化新业态：与数字化共舞——2023中国文化数字化创新指数（CDI）研究报告》，2023年10月，第14页。

数据显示，2022 年至 2024 年 5 月，内蒙古共处理旅游投诉案件 9548 件，其中涉旅行社 8433 件、涉导游 369 件、其他旅游案件 746 件。[①] 针对旅游虚假宣传、向旅游者兜售物品、不履行旅游合同等行为，出动 73632 人次进行执法检查，共检查旅行社 25730 家次、旅行社服务网点 770 家次、旅游经营项目 1435 次、导游员（旅行社负责人）122 人次，大力开展旅游市场整治，依法整治一些旅行社提供不具有接待服务能力的交通、住宿、餐饮、景区等旅游产品行为；一些导游员在工作中诱导购物，向旅游者兜售物品、擅自增加旅游项目行为；一些旅行社虚假宣传，未按行程单约定入住相应标准酒店行为，依法给予行政处罚。2024 年 1～4 月，内蒙古出动综合执法人员 13997 人次，检查旅游经营单位 5202 家次，比 2023 年同期增长 13%，办结案件 17 件，其中责令停业整顿 2 家，吊销许可证 1 家，有效维护了旅游市场秩序和游客的合法权益。[②] 诚信建设是一项系统工程，需要久久为功。相关数据表明，内蒙古文化旅游领域诚信建设依然存在短板和不足，还需要上下联动、形成合力，对虚假宣传、导游不合规操作、诱导购物消费、欺客宰客等市场失信行为保持高压态势，坚持零容忍、全覆盖，坚决依法惩戒、严厉打击，让旅游领域失信行为无所遁形。

三 推动内蒙古文化事业文化产业高质量发展的对策建议

文化事业和文化产业"双轮驱动"、全面发展是我们党推进文化建设的重要内容，是建设社会主义文化强国的重大任务。[③] 建设社会主义文化强国，是全面建设社会主义现代化国家、实现中华民族伟大复兴的重要基础和前提。党的二十大提出到 2035 年建成文化强国、国家文化软实力显著增强

---

① 《自治区政府新闻办召开"诚信内蒙古建设"第二场主题新闻发布会》，内蒙古自治区文化和旅游厅网站，2024 年 5 月 14 日。
② 《自治区政府新闻办召开"诚信内蒙古建设"第二场主题新闻发布会》，内蒙古自治区文化和旅游厅网站，2024 年 5 月 14 日。
③ 范周：《推进文化事业和文化产业全面发展》，《红旗文摘》2022 年第 9 期。

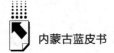

的目标任务，作出推进文化自信自强、铸就社会主义文化新辉煌的重大部署。内蒙古要认真学习贯彻习近平文化思想，全面贯彻落实党的二十大精神，采取针对性、实效性举措，在推动文化事业和文化产业高质量发展上取得积极进展。

（一）赓续中华文脉，推动中华优秀传统文化品牌化发展

中华优秀传统文化源远流长、博大精深，凝聚了中华民族的智慧，是文化品牌的灵魂与不竭动力源泉。打造"北疆文化"这一具有内蒙古特质的地域性文化品牌，就是要传承发展中华优秀传统文化，推动中华优秀传统文化的创造性转化和创新性发展，为推进内蒙古现代化建设注入强大精神力量。推动北疆文化品牌建设，就要牢牢把握以铸牢中华民族共同体意识为主线，牢固树立正确的国家观、历史观、民族观、文化观、宗教观，充分挖掘北疆文化底蕴，把北疆文化建设纳入内蒙古文化建设的各方面全过程，努力守好中华民族共有精神家园。要大力弘扬北疆文化，以"北疆文化"品牌为龙头，做好"我和草原有个约定""我从草原来""内蒙古守艺"文化品牌，培育好"我在草原有匹马"消费品牌、"我在草原有个家"民俗品牌，打响"舞动北疆""唱响北疆""阅读北疆""亮丽内蒙古"品牌。要培育北疆文化发展新业态。坚持市场导向和政策支持并行，强化科技对北疆文化的支撑作用，重点发展"北疆文化+"新业态、新产品、新模式。通过突破产业边界，促进数字技术、互联网技术等高科技在北疆文化创作、生产、传播、消费等各环节的应用，推动演艺、出版、工艺美术、文化会展、主题场馆公园等传统行业转型升级，加强数字创意产业发展，加快文化与旅游、体育、教育等领域的深度融合，满足群众精神文化生活需求。创建国家级旅游度假区，打造5A级旅游景区、国家文化产业和旅游产业融合发展示范区、国家全域旅游示范区等品牌，形成有吸引力的产品体系。培育好"中国之路""最美331旅游线路""G7"等特色自驾旅游线路，打响"千车万人"自驾IP，吸引更多游客到内蒙古体验大草原、大森林、大湖泊、大沙漠的辽阔之美。

（二）坚持以人民为中心，推动公共文化服务高质量发展

推动公共文化服务，是保障人民文化权益、改善人民生活品质、补齐文化发展短板的重要途径。习近平总书记在党的二十大报告中强调："健全基本公共服务体系，提高公共服务水平，增强均衡性和可及性，扎实推进共同富裕。"① 推动内蒙古公共文化服务高质量发展，必须坚持正确的政治方向、舆论导向、价值取向。坚持马克思主义在意识形态领域的指导地位，坚持党的文化领导权不动摇，深入学习贯彻习近平文化思想，切实把我们党的领导优势转化为铸就社会主义文化新辉煌的强大动力。推动内蒙古公共文化服务高质量发展，必须要精准供给，普惠性、多样化、品质化发展。精准供给方面，要建立公共文化需求与供给对接机制，建立更多公众沟通渠道，让人民群众更多参与公共文化服务决策，使基层文化机构更准确把握人民精神文化需求新变化，开展个性化、差异化的"订单式""菜单式"服务，增强供给的精准性、有效性，更好满足人民群众多样化、高品质的精神文化需求。普惠性方面，要坚持问题导向和目标导向，注重均衡和均等，因地制宜，加强公共文化服务体系建设，加强文化基础设施建设，消除城乡和区域差距，更好保障人民基本文化权利，让更多人参与文化创造，更多人享受文化滋养。多样化方面，针对人们求知求美求乐等多方面的精神文化需求，针对不同个体、不同群体、不同区域个性化、差异化、多样化、多层次的精神文化需求，提升文化供给能力，使文化产品多样化。品质化方面，以北疆文化建设为抓手，打造高品质、高质量、接地气，能够浸润心灵、引领时代的精品力作、经典名作和传世佳作，传递真善美，传播正能量，让人们享有更加充实、更为丰富、更高质量的精神文化生活。

（三）加强顶层设计，推动文化和旅游强区建设

加强顶层设计，关键在于落实，根本在于体现最广大人民群众的根本利

① 习近平：《高举中国特色社会主义伟大旗帜 为全面建设社会主义现代化国家而团结奋斗——在中国共产党第二十次全国代表大会上的报告》，人民网，2022 年 10 月 26 日。

益。2023 年 12 月召开的自治区党委十一届七次全会暨全区经济工作会议强调，要聚焦完成"五大任务"，坚持稳中求进、以进促稳、先立后破，全力抓好事关高质量发展的重点任务。尤其要实施好对全区经济发展和民生改善具有支撑性、牵引性、撬动性作用的"六个工程"。"六个工程"即政策落地工程、防沙治沙和风电光伏一体化工程、温暖工程、诚信建设工程、科技"突围"工程、自贸区创建工程。因此，内蒙古各级党委、政府要把文化建设和旅游发展摆在突出位置，把文化建设和旅游发展融入"六个工程"的各方面全过程，加强顶层设计，抓好整体规划，形成强大合力和整体效应。要抓好政策落地工程，建立健全文化和旅游政策体系，强化支持保障，强化改革保障，优化发展环境，以更精准、更有效地扶持助推文化建设和旅游发展。发挥好同时享有东北全面振兴、西部大开发、黄河流域生态保护和高质量发展、"三北"工程攻坚战四大国家战略支持政策的区位优势，在文化建设和旅游发展方面下功夫，创造更多文旅深度融合的看点、亮点、卖点，让游客来得更多、留得更久。要建立党政统筹的文化和旅游融合发展工作机制，各地区要将文化建设和旅游发展摆上更加突出位置，把方向、谋大局、定政策、促改革，结合实际制定本地区文化和旅游融合发展规划。各级文化和旅游、文物部门要建立健全文化和旅游发展部门协同机制，加强上下联动和部门协同，健全规划实施机制，明确规划实施责任，推动形成"党政统筹、部门联动、产业协同、社会参与"的规划落实责任体系，推动文化和旅游强区建设。

（四）坚守中华文化立场，不断增强中华文化传播力影响力

服务好国家向北开放重要"桥头堡"建设，打造中国向北开放文化和旅游交流样板区。深度融入共建"一带一路"，全面参与中蒙俄经济走廊建设，提升满洲里边境旅游试验区的建设水平，推动创建珠恩嘎达布其、阿尔山边境旅游试验区和中蒙二连浩特—扎门乌德跨境旅游合作区，持续推进边境旅游试验区、跨境旅游合作区建设。以打造"万里茶道"国际旅游品牌为纽带，依托"万里茶道"国际旅游联盟平台，高质量推进"万里茶道"

文化和旅游发展，组织开展中俄蒙"三湖之约"跨境自驾旅游，开发跨境旅游自驾线路，开展中俄蒙青少年交流互访活动、"万里茶道"国际旅游自驾车穿越活动。支持依托满洲里、二连浩特口岸开通中蒙、中俄跨境旅游专列，开行伊尔库茨克—乌兰巴托—呼和浩特等"万里茶道"高铁旅游专列，积极发展跨境旅游。积极服务国家向北开放重要桥头堡建设，持续优化额尔古纳河旅游，培育边境观光、餐饮品尝、产品展销等特色旅游业态，丰富边境旅游产品业态。着力打造和输出一批体现中华优秀文化的艺术精品，创新开展国际文化艺术交流与合作。以庆祝中蒙建交75周年、中俄建交75周年为契机，推出"百万人互游计划"海外升级版，深化中俄、中蒙、中哈文化旅游交流合作。高水平办好中蒙博览会、内蒙古文博会、中国·满洲里中俄蒙国际冰雪节、"感知中国"·内蒙古文化周等活动，开展文化交流文明互鉴，实现各美其美、美美与共。加快构建中国话语和中国叙事体系，讲好中国故事、传播好中国声音，展现可信、可爱、可敬的中国形象；加强国际传播能力建设，全面提升国际传播效能，形成同我国综合国力和国际地位相匹配的国际话语权。

参考文献

内蒙古自治区统计局：《内蒙古自治区2023年国民经济和社会发展统计公报》，内蒙古自治区统计局网站，2024年3月21日。

冯雪玉：《打响"北疆文化"品牌，数说2023年内蒙古文旅发展》，《内蒙古日报（汉）》2024年2月26日，第2版。

《2023年度内蒙古日报社社会责任报告》，内蒙古新闻网，2024年5月25日。

冯雪玉、初卓耕：《内蒙古文化产业持续振兴繁荣发展》，《内蒙古日报（汉）》2024年2月22日，第1版。

阿勒得尔图、王慧：《十二条旅游线路尽显内蒙古非遗风采》，《中国文化报》2023年5月13日，第4版。

《国家统计局解读2023年全国规模以上文化及相关产业企业数据》，国家统计局网站，2024年1月30日。

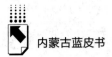

中国人民大学数字人文学院、中国人民大学信息资源管理学院、中国社会科学评价研究院等：《文化新业态：与数字化共舞——2023 中国文化数字化创新指数（CDI）研究报告》，2023 年 10 月。

《自治区政府新闻办召开"诚信内蒙古建设"第二场主题新闻发布会》，内蒙古自治区文化和旅游厅网站，2024 年 5 月 14 日。

范周：《推进文化事业和文化产业全面发展》，《红旗文摘》2022 年第 9 期。

B.13
内蒙古科技事业发展报告*

李 莹 郭晓芩**

摘 要： 本报告通过资料搜集、调研走访，梳理"科技兴蒙"行动实施以来内蒙古科技事业取得的成绩：内蒙古科技政策日益完善，为科技创新提供全面支持；科技创新平台蓬勃发展，成为推动科技创新的重要载体；科技成果转化速度加快，科技对经济发展的支撑作用彰显；企业科技主体地位不断加强，科技中介服务体系加快发展。同时本报告利用宏观统计数据，选取有代表性的指标，对五个自治区科技事业发展情况进行对比分析，研究显示：内蒙古在科技资金投入力度、基础研究投入力度、科技人力资本储备、科技成果转化等方面还有很大的提升空间。最后通过分析国外及国内经济较发达地区推进科技事业发展的经验，提出加快内蒙古科技事业发展的相关建议：扩大研发投资规模，重视基础研究，壮大创新人才队伍，加快科技成果转化。

关键词： 科技事业 科技创新平台 创新机制 内蒙古

党的十八大以来，科技自立自强成为我国发展的重要战略支撑，科技创新成为构建新发展格局的着力点和突破口。2023 年 7 月，习近平总书记在江苏考察时强调"中国式现代化关键在科技现代化"，2023 年 9 月，习近平

* 基金项目：内蒙古自治区社会科学院 2024 年度课题（决策咨询专项）"推动科技'突围'工程的体制机制研究"（项目编号：2024SKJ005）的中期成果。
** 李莹，内蒙古社会科学院经济研究所副所长，研究员，主要研究方向为城市与区域发展、科技创新；郭晓芩，内蒙古社会科学院经济研究所研究实习员，主要研究方向为科技金融。

总书记在黑龙江考察时指出要"整合科技创新资源，引领发展战略性新兴产业和未来产业，加快形成新质生产力"。2023年12月，中央经济工作会议强调要"以科技创新推动产业创新，特别是以颠覆性技术和前沿技术催生新产业、新模式、新动能，发展新质生产力"。2024年1月，习近平总书记在中共中央政治局第十一次集体学习时进一步指出，"科技创新能够催生新产业、新模式、新动能，是发展新质生产力的核心要素"。科技创新是推进经济社会高质量发展的关键，因此越是欠发达地区越要重视科技创新。"科技兴蒙"行动实施以来，内蒙古坚持把科技创新作为发展的新要素、新动能，依托科技创新推动生产力跃迁，加快形成新质生产力，实现高质量发展。内蒙古坚持把科技创新摆在推动经济发展的核心位置，依托科技创新加快现代化产业体系构建，推动传统产业转型升级、战略性新兴产业发展和未来产业培育，引领产业全面振兴。本报告系统总结近年来内蒙古科技事业取得的成绩，通过与其他民族地区比较，分析存在的差距，并在此基础上，提出内蒙古在中国式现代化建设的新征程上，促进科技事业发展的对策和建议。

一 内蒙古科技事业取得的成绩

（一）科技政策日益完善，为科技创新提供全面支持

科技创新政策是塑造创新环境、激发创新活力的基本条件。自"科技兴蒙"行动纳入国家区域创新发展战略布局以来，内蒙古出台一系列科技政策，统筹推进科技创新工作，充分发挥政策体系的环境营造和激励作用。政策类型既包括整体层面的总体框架、战略部署，又包括支持企业创新、科技成果转化、人才发展等专项文件。其中，《关于加快推进"科技兴蒙"行动支持科技创新若干政策措施》《关于进一步提升科技创新能力的实施意见》是全面且系统的政策文件，从不同时间节点部署了科技创新政策体系建设。内蒙古还制定《内蒙古自治区"十四五"科技创新规划》《内蒙古高

质量发展科技赋能实施方案（2023—2025 年）》等一系列专项规划，为内蒙古未来的科技创新工作指明了方向。此外，内蒙古出台《内蒙古自治区企业研究开发投入财政后补助办法》，对符合条件企业的研发投入给予后补助资金支持。通过《内蒙古自治区高新技术企业奖补实施细则》等文件，进一步规范高新技术企业奖励措施，推动高新技术企业规模和质量同步提升。通过《关于完善科技成果评价机制的实施意见（试行）》，创新科技成果评价方式，推动产出高质量科技成果。通过《关于实施"英才兴蒙"工程若干政策的意见》，就内蒙古引育人才提出新的举措。这些政策的实施，在指导各类科技活动，优化科技创新环境，激发企业创新活力，促进科技与经济紧密结合，推进重大创新平台建设，激活人才，最大限度为科研机构和人员松绑等方面发挥了根本性的保障作用。在科技创新政策的推动下，内蒙古促进创新链、产业链、人才链、政策链、资金链的深度融合，推动自身高质量发展。2020 年内蒙古全区财政科技支出为 32.4 亿元，2023 年内蒙古全区财政科技支出实现大幅增长，达到 78.2 亿元，增长率高达 81.9%，[1] 显示出内蒙古在科技投入方面的快速增长趋势，推动科技创新的坚定决心。

（二）科技创新平台蓬勃发展，成为推动科技创新的重要载体

科技创新平台已成为我国科技发展的创新资源和重要载体，是保障科技快速发展和经济社会进步的重要支撑系统和硬件基础，是实施创新驱动发展战略的关键前提和物质保障。科技创新平台通常由政府、高等院校、科研院所和企业等主体运营，是一种汇聚各类科技创新资源的开放共享平台。[2] 科技创新平台作为科技创新体系的重要组成部分，是开展科技研发的重要载体和保障，是集聚创新资源、会聚创新人才、培育高科技企业、壮大高新技术产业的加速器，在建设创新型内蒙古的过程中发挥了重要作用。为了推动科

---

[1] 《2024 年全区科技工作会议在呼召开 孙俊青作科技工作报告》，https：//kjt. nmg. gov. cn/kjdt/gzdt/kjtgz/202402/t20240220_ 2469597. html，2024 年 2 月 20 日。

[2] 王智淑、郭凡、王艺晓：《科技创新平台驱动经济高质量发展的机理与政策优化》，《科学管理研究》2024 年第 2 期。

技创新平台建设，内蒙古加强顶层设计，制定明确的科技创新平台建设规划，《内蒙古自治区"十四五"科技创新规划》提出，到2025年内蒙古拟建设国家级重点实验室4家、技术创新中心2家，建设自治区级重点实验室165家、技术创新中心20家、临床医学研究中心10家、科技资源共享服务平台1家。相关部门要明确平台的目标、功能和发展方向，确保与国家科技创新战略和地区经济社会发展需求相匹配。目前，在内蒙古无论是国家级科技创新平台还是省级、地市级科技创新平台，无论是政府公共服务类平台还是高校、企业科技创新平台都蓬勃发展，国家乳业技术创新中心投入实体化运营，巴彦淖尔国家农高区、鄂尔多斯国家可持续发展议程创新示范区加快建设，大青山实验室、鄂尔多斯实验室启动建设，自治区政府正在加快创建呼包鄂国家自主创新示范区、怀柔实验室内蒙古基地、国家稀土新材料技术创新中心、国家草业技术创新中心，新建动物疫苗、生物育种、大豆产业、BDO产业4家自治区技术创新中心等。根据内蒙古自治区科技厅提供的资料，内蒙古拥有各类技术创新与转化平台600余家，其中高能级平台主要集中在呼包鄂城市群。

（三）科技成果转化速度加快，科技对经济发展的支撑作用彰显

科技成果转化是科技促进经济社会发展、科技创造财富的关键环节，促进科技成果转化，提高科技成果转化率，一直是科技创新的重要内容。"科技兴蒙"行动实施以来，内蒙古加快制度创新，优化成果转化机制，通过实施以知识价值为导向的分配政策，深化职务科技成果赋权改革，赋予科研人员科技成果的所有权或长期使用权，激发高校院所和科研人员转化科技成果的活力。内蒙古出台《内蒙古自治区科学技术奖励办法》、修订《内蒙古自治区促进科技成果转化条例》，改革报奖机制，增设技术发明奖，提高奖项设置的合理性，增加奖金额度，向青年科技人才倾斜，突出科技成果实际应用的综合评价。同时启动内蒙古科技大市场，采取市场化运营方式，推进成果转化，提供精准对接和规范服务，通过实施科技成果转移转化促进行动等，推动科技服务业的发展，为科技成果的转化提供专业化服务和平台支

持。通过不懈的努力，内蒙古在能源领域、新材料领域、环境保护领域都取得一系列科技成果，这些科技成果的应用不仅推动了内蒙古经济的发展，还促进了社会进步和民生改善。2023年全区共登记科技成果2119项，较2022年增长84.58%。其中，转化产生经济效益的成果452项，占应用科技类成果的36.07%。科技成果以生物制药产业、草业、现代煤化工产业为主，共285项，占自治区16条重点产业链成果的66.74%。①

（四）企业科技主体地位不断加强，科技中介服务体系加快发展

二十届中央全面深化改革委员会第一次会议审议通过《关于强化企业科技创新主体地位的意见》等重要文件，强调"确立企业在科技创新中的主导地位是推进科技体系改革、实现科技自力更生和高水平自立的关键步骤"。企业作为经济活动的中心参与者和技术创新的主要驱动者，具有强烈的创新动力和紧迫感。它们对市场的需求反应迅速，对消费趋势的把握也最为及时。加强企业在科技创新中的主导地位，可以使科技创新更紧密地与市场需求相结合，更贴近实际应用，更接近产业发展，进而将科技创新迅速转化为经济利益。确立企业在创新中的主导地位，相当于激活科技创新的活力源泉，为企业提供从科技实力到企业竞争力、产业竞争力乃至整体经济实力转化的畅通路径。为了强化企业作为科技创新的主体地位，内蒙古自治区出台一系列政策文件，旨在通过财政补助、税收优惠等方式，鼓励企业加大研发投入，对认定的高新技术企业和科技领军企业给予一次性奖励和研发经费补助。并且设立专门的科技创新基金，用于支持企业的科技创新项目。推动建设一批国家级和自治区级科技创新平台，如国家乳业技术创新中心、巴彦淖尔国家农高区等，这些平台聚集了众多企业和研究机构，共同开展技术研发和成果转化，增强企业自主创新能力。内蒙古自治区政府简化科技项目的审批流程，加强知识产权保护，营造公平竞争的市场环境，改善企业的创新环境。2023

---

① 《创新驱动"攻"势强劲 我区科技成果登记数量再创新高》，https://kjt.nmg.gov.cn/kjdt/gzdt/kjtgz/202401/t20240129_2459876.html，2024年1月9日。

年前三季度，全区入库科技型中小企业 1428 家，较 2022 年同期增长 30%。梯次培育上市后备科技型企业，自治区共有上市公司 32 家，其中，高新技术企业（19 家）占比 59.38%；上市后备企业 62 家，其中，高新技术企业（40 家）占比 64.52%。截至 6 月底，全区规上工业企业研发费用（非 R&D）83.25 亿元，同比增长 21.8%，其中，国有控股企业研发费用 26.65 亿元，同比增长 11.5%，高新技术企业研发费用 60.35 亿元，同比增长 23.9%。[①]

二 内蒙古科技事业与其他自治区比较分析

为了更全面了解内蒙古科技事业的发展情况，将内蒙古自治区的科技事业发展情况与广西壮族自治区、西藏自治区、宁夏回族自治区、新疆维吾尔自治区进行对比分析，可知内蒙古在科技资金投入力度、基础研究投入力度、科技人力资本储备、科技成果转化等方面还有很大的提升空间。

（一）科技资金投入力度不足

研究与试验发展经费投入强度（以下简称 R&D 经费投入强度）是指一个国家或地区研究与试验发展经费占 GDP 的比重，是衡量某国或地区科技资金投入情况的重要指标。如果一国或地区 R&D 经费投入强度不足 1%，说明该国或该地区研发活动处于初级阶段，科技资金投入不足，缺乏创新能力；R&D 经费投入强度在 1%~2% 说明该国研发活动处于中级阶段，科技资金投入达到一定的规模，具有一定的创新能力；R&D 大于 2% 则说明该国科技资金投入较多，创新能力较强。将 2010 年以来全国与内蒙古自治区、广西壮族自治区、西藏自治区、新疆维吾尔自治区、宁夏回族自治区五个自治区的 R&D 经费投入强度以每 5 年为一个数据区间，整理在表中并据此绘制折线图（见表 1、图 1）。

---

① 《自治区科技厅"四个支持"强化企业创新主体地位》，https://kjt.nmg.gov.cn/kjdt/gzdt/kjtgz/202310/t20231009_ 2390562.html，2023 年 10 月 9 日。

表1　2010～2022年全国与五个自治区R&D经费投入强度

单位：%

指标 名称	地区	2010年	2015年	2020年	2022年
R&D经费 投入强度	全国	1.71	2.06	2.41	2.54
	内蒙古自治区	0.55	0.76	0.93	0.90
	广西壮族自治区	0.66	0.72	0.78	0.83
	西藏自治区	0.29	0.30	0.23	0.33
	宁夏回族自治区	0.68	0.99	1.52	1.57
	新疆维吾尔自治区	0.49	0.56	0.45	0.51

资料来源：《中国科技统计年鉴2011》《中国科技统计年鉴2016》《中国科技统计年鉴2021》《中国科技统计年鉴2023》。

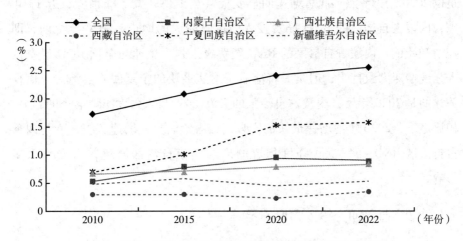

图1　2010～2022年全国与五个自治区R&D经费投入强度

资料来源：《中国科技统计年鉴2011》《中国科技统计年鉴2016》《中国科技统计年鉴2021》《中国科技统计年鉴2023》。

从表1可以看出，2010年以来，我国R&D经费投入强度从1%～2%的区间提升到2%以上，实现从创新能力中级到创新能力较强的转变，这说明我国2010年以来科技资金投入力度不断增大。五个自治区中，只有宁夏回族自治区的R&D经费投入强度突破1%，包括内蒙古自治区在内的其他地区R&D经费投入强度仍然处于不足1%的水平，科技资金投入不足，创新

能力较弱。内蒙古自治区的 R&D 经费投入强度基础较差，2010 年仅为 0.55%，仅高于新疆维吾尔自治区和西藏自治区，但 2015 年就超越广西壮族自治区，成为仅次于宁夏回族自治区的第二位，2022 年达到 0.9%，即将突破 1%，比 2010 年的 0.55% 提升 0.35 个百分点，说明内蒙古自治区科技资金投入增长较快。

从图 1 可以看出，五个自治区的 R&D 经费投入强度都低于全国水平，其中，内蒙古自治区的投入强度由开始的第三位逐渐上升并稳定在第二位，仅次于宁夏回族自治区并常年保持在全国水平的 1/3 以上，但与宁夏回族自治区相比，指标之间的差距在近 15 年间是逐渐加大的。2010 年以来，全国与五个自治区的 R&D 经费投入强度总体来看均处于上升态势，走向也基本是以 2020 年为节点，此后增速明显变缓甚至出现轻微下降趋势。近 15 年来，内蒙古自治区的 R&D 经费投入强度有较大的增长。2020 年之前，即疫情开始前，内蒙古自治区的 R&D 经费投入强度增速与全国 R&D 经费投入强度增速大致持平，但是一直落后于增速最快的宁夏回族自治区。值得关注的是 2020 年后，内蒙古自治区的 R&D 经费投入强度出现下降的趋势，相比之下，2020 年前增速最快的宁夏回族自治区只是增速放缓，而与内蒙古自治区 R&D 经费投入强度相近的广西壮族自治区增速并未受到太多影响。

（二）基础研究投入力度不足

R&D 经费可以分为 R&D 经费内部支出和 R&D 经费外部支出，前者指调查地区用于内部开展 R&D 活动的实际支出，后者指调查地区委托其他地区或与其他地区合作进行 R&D 活动而拨给对方的经费。R&D 经费内部支出反映的是国家或地区为了提升自主创新能力而进行的科技资金投入，主要用于基础研究、应用研究、试验发展三个方面，通常后两个领域贡献更为直接，这使得更多国家与地区在后两个领域投入更大，而忽视对基础研究的投入。基础研究可以通过增加知识积累、提升人力资本以及增加科技设备等方式促进技术进步。对基础研究投入不足容易导致一国或一个地区技术创新后劲缺乏，技术引进吸收能力低下，不利于技术进步的跨越式发展；而对基础研究投入过多会挤占对应用研究投入的资源，提高技术进步的成本。为了比较内蒙古自治区与其他地区在培养自主创新能力过程中资金投入结构的差异，将 2010~2022 年全国与五个自治区的 R&D 经费内部支出以 5 年为一个数据区间整理在表中，计算基础研究、应用研究、试验发展三个领域分别占全部 R&D 经费内部支出的比例（见表 2）。

表 2　2010~2022 年全国与五个自治区 R&D 经费内部支出

单位：亿元，%

年份	地区	R&D 经费内部支出	基础研究	应用研究	试验发展
2010	全国	7062.58	4.59	12.66	82.75
	内蒙古自治区	63.72 (0.90)	1.76	9.46	88.78
	广西壮族自治区	62.87	5.73	15.21	79.07
	西藏自治区	1.46	13.70	36.30	50.00
	宁夏回族自治区	11.51	8.60	8.95	82.45
	新疆维吾尔自治区	26.65	5.37	23.64	70.99
2015	全国	14169.89	5.05	10.79	84.16
	内蒙古自治区	136.06 (0.96)	1.91	6.06	92.03
	广西壮族自治区	105.91	10.23	12.44	77.33
	西藏自治区	3.12	40.06	43.27	16.67
	宁夏回族自治区	25.48	7.14	9.73	83.12
	新疆维吾尔自治区	52.00	6.88	20.56	72.58
2020	全国	24393.11	6.01	11.30	82.68
	内蒙古自治区	161.07 (0.66)	2.13	10.64	87.24
	广西壮族自治区	173.23	6.79	10.13	83.08
	西藏自治区	4.37	19.45	25.40	55.15
	宁夏回族自治区	59.64	5.52	9.62	84.88
	新疆维吾尔自治区	61.57	13.58	13.16	73.27

续表

年份	地区	R&D 经费内部支出	基础研究	应用研究	试验发展
2022	全国	30782.88	6.57	11.31	82.11
	内蒙古自治区	209.51（0.68）	3.86	8.00	88.14
	广西壮族自治区	217.94	7.86	10.26	81.88
	西藏自治区	6.96	43.10	13.36	43.53
	宁夏回族自治区	79.38	5.32	7.67	87.00
	新疆维吾尔自治区	90.98	10.87	18.94	70.20

注：括号内为内蒙古占全国的比重。下同。

资料来源：《中国科技统计年鉴2011》《中国科技统计年鉴2016》《中国科技统计年鉴2021》《中国科技统计年鉴2023》。

从表2可以看出，2010~2022年全国R&D经费内部支出不断上升且增速较快，说明我国在这一段时间为提升自主创新能力不断加大资金投入。内蒙古自治区在培育自主创新能力方面的资金投入一直处于上升趋势且增速较快，虽然只占全国这方面投入的不到1%，但是在五个自治区中属于投入力度较大且增速较快的地区。综合来看，内蒙古自治区在科技方面的资金投入力度不如宁夏回族自治区且差距不断拉大，但是内蒙古自治区更注重自主创新能力的培养。

从R&D经费内部支出结构来看，不论是全国还是五个自治区在基础研究方面的资金投入多是最低的，在试验发展方面的资金投入相对最多。这表明基础研究投入不足是我国科技投入存在的主要问题之一，这不利于我国创新能力的后续提升。2010年以来，内蒙古自治区在基础研究方面投入占R&D经费内部支出的比重常年不足5%。2019年底随着"科技兴蒙"行动的提出，内蒙古科技创新工作开始有国家层面的支持指导，对基础研究领域开始重视，但是基础研究资金投入不足的问题与其他地区相比仍然较严重，尤其是与西藏自治区相比，内蒙古自治区在基础研究方面的资金投入占比远不及西藏自治区。

（三）科技人力资本储备不足

人才是科技创新的关键和基础，因此要在构建人才自主培养体系、强化拔尖创新人才培养方面进行改革和创新。R&D 人员全时当量指全时人员数加非全时人员按工作量折算成全时人员的总和，在国际上常被用作衡量科技人力投入的指标。将全国及五个自治区的 R&D 人员全时当量，以及内蒙古 R&D 人员全时当量占全国 R&D 人员全时当量的比重统计在表中。同样，科技人力投入也可分为对基础研究、应用研究和试验发展的投入，将三个领域 R&D 人员全时当量占全部 R&D 人员全时当量的比重一同计算整理在表中（见表3）。

表 3 2010~2022 年全国与五个自治区 R&D 人员全时当量

单位：人年，%

年份	地区	R&D 人员全时当量	基础研究	应用研究	试验发展
2010	全国	2553829	173683	335587	2044599
	内蒙古自治区	24765 (0.97)	1885	4074	18807
	广西壮族自治区	33987	5129	10031	18829
	西藏自治区	1259	330	645	283
	宁夏回族自治区	6378	1076	1128	4175
	新疆维吾尔自治区	14382	1581	3926	8875
2015	全国	3758848	253155	430449	3075291
	内蒙古自治区	38248 (0.10)	1712	3885	32652
	广西壮族自治区	38269	6910	9468	21892
	西藏自治区	1130	451	578	101
	宁夏回族自治区	9247	1189	1477	6583
	新疆维吾尔自治区	16949	3034	4586	9328
2020	全国	5234508	426772	643130	4164620
	内蒙古自治区	27914 (0.53)	2062	5143	20708
	广西壮族自治区	45821	8404	9385	28031
	西藏自治区	1579	481	501	597
	宁夏回族自治区	12169	1311	1450	9409
	新疆维吾尔自治区	14109	3573	3730	6806

年份	地区	R&D 人员全时当量	基础研究	应用研究	试验发展
2022	全国	6353570	509114	741040	5103431
	内蒙古自治区	37724（0.59）	3855	5018	28851
	广西壮族自治区	70398	11860	12996	45541
	西藏自治区	1871	791	253	827
	宁夏回族自治区	16282	1730	1780	12773
	新疆维吾尔自治区	21838	5012	5453	11372

资料来源：《中国科技统计年鉴 2011》《中国科技统计年鉴 2016》《中国科技统计年鉴 2021》《中国科技统计年鉴 2023》。

从表 3 可以看出，全国 R&D 人员全时当量不断提升，说明我国历来很重视对科研人才的投入，内蒙古自治区 R&D 人员全时当量起伏较大，一直徘徊在全国 R&D 人员全时当量 1% 上下的水平，科技人力投入较低。从全国 R&D 人员全时当量结构来看，与 R&D 经费内部支出的结构一致，也是集中在试验发展，基础研究占比较少，这样的科技投入结构决定了我国在未来可能会面临创新能力后劲不足的困境。除了西藏自治区的科技人力投入重点从应用研究逐步向基础研究转移以外，其他自治区虽然对基础研究的重视程度有所提升，但基本维持了重试验发展轻基础研究的投入结构。

与其他地区相比，内蒙古自治区的 R&D 人员全时当量总体来看属于上升趋势，且一直维持在较高水平，仅次于广西壮族自治区。但是 R&D 人员全时当量的起伏最大，比起稳步上升的广西壮族自治区、宁夏回族自治区，内蒙古自治区的科技人力投入不够稳定。

内蒙古自治区在基础研究方面的 R&D 人员全时当量占全部 R&D 人员全时当量的比重总体趋势是上升的，2015 年有所下降。2022 年内蒙古自治区在基础研究方面的人力投入占比高于全国水平，在投入力度和增长速度方面都有待加强。

（四）推动成果转化的科技创新平台还有提升空间

众创空间和科技企业孵化器是推动成果转化的科技创新平台，这类平台是以关键技术研发为核心使命，通过产学研协同发展推动科技成果转化与产业化，为区域产业发展提供源头技术供给，为科技型中小企业孵化、培育，以及产业向中高端迈进提供创新服务。鉴于众创空间数这一指标是从 2017 年开始统计的，按照前文的数据选取方法，只能依靠 2020 年、2022 年两年数据进行分析，为了更准确分析指标的变化形势，本报告将 2017~2022 年六年间两个指标的全部数据整理在表中，并计算内蒙古自治区各项指标占全国的比例（见表 4）。

表 4　2017~2022 年全国与五个自治区的科技企业孵化器数量、众创空间数量

单位：个，%

指标名称	地区	2017 年	2018 年	2019 年	2020 年	2021 年	2022 年
科技企业孵化器数量	全国	4063	4849	5206	5971	6227	6659
	内蒙古自治区	40 (0.98)	51 (1.05)	50 (0.96)	51 (0.85)	51 (0.82)	49 (0.74)
	广西壮族自治区	74	89	106	118	120	115
	西藏自治区	1	1	1	4	3	4
	宁夏回族自治区	17	18	15	23	21	25
	新疆维吾尔自治区	33	34	38	38	36	37
众创空间数	全国	5739	6959	8000	8507	9026	9409
	内蒙古自治区	134 (2.33)	182 (2.62)	148 (1.85)	144 (1.69)	167 (1.85)	154 (1.64)
	广西壮族自治区	73	121	136	121	117	126
	西藏自治区	0	20	2	22	31	33
	宁夏回族自治区	17	32	6	6	55	52
	新疆维吾尔自治区	87	100	96	62	78	83

资料来源：《中国科技统计年鉴 2018》《中国科技统计年鉴 2019》《中国科技统计年鉴 2020》《中国科技统计年鉴 2021》《中国科技统计年鉴 2022》《中国科技统计年鉴 2023》。

从表4可以看出，2017年以来，在统科技企业孵化器数量和众创空间数总体而言都有所增加，这说明我国的科技服务不断优化。在统科技企业孵化器数量和众创空间数上，内蒙古之前一直维持在占全国1%或者2%左右的水平，但2020年以来内蒙古这两个指标占全国的比例均有所下降。在统科技企业孵化器数量这一指标上，内蒙古自治区总体处于上升趋势，但2018年明显增加后，开始停滞，2022年出现小幅度下降。内蒙古自治区在统科技企业孵化器的数量和增速均远不如广西壮族自治区，但是在数量上高于其他自治区，变化趋势与其他地区差异不大。在众创空间数上，内蒙古自治区总体处于上升态势但是波动较为明显，仅2018年和2021年出现较快增长。与其他自治区相比，内蒙古自治区的众创空间数一直居于首位，但是不如广西壮族自治区的增长幅度大。

三 加快内蒙古科技事业发展的建议

我国已经进入高质量发展的关键阶段，科技事业发展对于高质量发展至关重要，通过学习发达省份在科技创新方面的经验，建议采取以下措施加快内蒙古科技事业发展。

（一）扩大研发投资规模

建立财政科技投入稳定增长机制，扩大研发投资规模，促进创新实力提升。研发投资作为创新活动的核心资源，对于增强创新能力至关重要。稳步扩大财政科技投入规模，调整有关科技投入的政策，并引导资金向关键技术和前沿科技领域流动；优化投资结构，通过税收优惠激励企业基础研究投资，在充分发挥财政资金对科技创新激励作用的同时，不断鼓励更多的社会资金投入创新活动，拓宽科技投入渠道，构建多元化且稳定的投资体系。

（二）重视基础研究

关键核心技术、原创性和颠覆性科技创新成果是新质生产力发展的新动能，发达省份非常注重基础核心领域和科技创新的前瞻性，不断加强关键共性技术突破的基础研究。根据国际科技发展趋势和国内实际情况，调整和明确科技核心领域，以抓住科技革命的机遇，在有限目标上的聚焦，有助于资源的高效配置和国际竞争主动权的把握。广东省高度重视基础研究，将其视为科技创新的源头活水，通过增加资金等要素投入，构建体现国家使命、具有地方特色的"科技王牌军"，通过重大创新平台、高端人才和重大项目的集聚，在芯片设计与制造、工业软件、人工智能等关键核心技术领域实现重大突破。北京市实施基础研究领先行动，以重大原始创新和支撑关键核心技术突破为目标，加强基础研究的前瞻性、战略性、系统性布局，聚焦国家战略需求，优化高校基础学科建设布局，重点支持新兴学科、冷门学科和薄弱学科发展，推动学科交叉融合和跨学科研究。江苏省制定基础研究三年行动方案，以加强基础研究和原始创新，构建动力系统，并构建基础研究多元投入保障机制，鼓励地方、企业和社会力量增加对基础研究的投入，形成支持基础研究的合力。浙江省研究制定基础研究十年行动方案，明确在智能制造、信息技术、能源环境、生命健康和材料科学等领域，开展前沿基础研究和关键技术攻关。

（三）壮大创新人才队伍

加强创新人才的培养与引进，为科技创新注入持续动力。人才是推动科技创新不断前行的核心。一是积极推进"人才飞地"建设。以多主体共建的形式在高端人才聚集地和科技领先居高点建设"人才飞地"，政府牵头，企业入驻，打造协同创新共同体，实现高端人才共用、科技成果共享。针对"飞地人才"设立创新专项资金，对于成果突出的人才给予奖励，并允许他们参与自治区人才选拔评选工作。二是加快建立国家技术转移人才培养体系。将技术转移人才纳入技术带头人的人才计划中，建立科技成果转化类紧缺人才开放目录，输送人才到国家技术转移人才培养基地培训。加快建立专业化、梯度化、本土化的技术转移人才培养培训和实训基地。三是培养一批

既懂科技创新，又懂平台建设运营的高层次专业管理人才。科技创新的专业性很强，无论是基层管理部门，还是平台建设机构都需要既懂科技创新，又懂平台建设运营的高层次专业管理人才，只有管理人才层次足够高才能形成崇尚科技创新、尊重科技创新的良好氛围。四是全方位培养本土人才。推进产教融合和职业教育改革，构建多元化的人才培养体系。增加本土科技人才、管理人才外出培训机会，鼓励区内科研人员与区外专家共同组建团队。鼓励高校院所与企业联合培养符合社会实践需求的研究生，单独给予企业招生指标，从而推动人才向企业集聚。实施海外高层次人才引进计划和国家特殊支持计划。健全人才评价激励机制，完善人才服务保障体系，积极引进高端人才，大力培养选拔本地人才，加大对科技人员创业的扶持力度。通过股权激励、成果转化奖励等方式，激发科研人员的创新动力和创造力。

（四）加快科技成果转化

建立促进自治区科技成果转化的工作机制，统筹协调相关部门，发挥科技服务机构作用，推进科技成果研发、引进和应用。实施产学研深度合作促进计划，建立科技成果入库制度和转化报告制度，加强信息资源共享，探索联动支持机制。完善科技成果评价机制，引导第三方机构面向市场需求开展评价。加强面向产业发展的成果转化，发布符合产业升级方向的科技成果包，以高新技术产业开发区等为载体，资助推动产业发展的成果转化。提升高校、科研院所科技成果转化动力，明确资金使用及成果转化激励办法。建立独立运行的专业转化机构，降低企业科技成果转化风险和成本。推动成立区域成果转化引导基金，对中小型企业去除财政科技成果转化基金收益率要求。对企业购买自治区外先进技术成果并实现自治区内转化和产业化的，自治区给予补助。

参考文献

陈宇学：《教育、科技、人才协同推动高质量发展问题研究》，《理论学刊》2023 年第 6 期。

韩凤芹、陈亚平、马羽彤：《高水平科技自立自强下国家创新平台高质量发展策略》，《经济纵横》2023 年第 2 期。

束露露、李盼盼：《当前我国深化科技体制创新存在的问题及对策建议》，《企业科技与发展》2021 年第 8 期。

解晓晴、张镒、刘祎等：《创新平台赋能对新创企业跨界搜索的影响：即兴能力和环境不确定性的作用》，《经济与管理研究》2023 年第 5 期。

B.14
内蒙古社会保障事业发展报告

霍 燕*

摘　要： 2023年以来，内蒙古社会保障事业取得明显成效，表现为社会保障制度不断完善、社保覆盖范围不断扩大、社保待遇水平稳步提高、各项社保待遇按时足额发放、社保基金收支基本平衡、数字化转型进一步加速，社会保险、社会救助、社会福利、社会优抚方面迈上新台阶。同时我们也要看到，内蒙古作为欠发达边疆民族地区，面对人口老龄化、新型城镇化、就业方式多样化带来的一系列新情况新问题。未来内蒙古社会保障事业应持续有效扩大覆盖范围，促进社会保障事业高质量发展；逐步提高制度统筹层次，促进社会保障体系公平；确保基金安全平稳运行，实现社保基金可持续发展；加快社保制度整合衔接，提高社会保障整体效率。

关键词： 社会保障　高质量发展　内蒙古

　　党的二十届三中全会提出，要进一步健全社会保障体系。社会保障是保障和改善民生、维护社会公平、增进人民福祉的基本制度保障，是促进经济社会发展、实现广大人民群众共享改革发展成果的重要制度安排，发挥着民生保障安全网、收入分配调节器、经济运行减震器的作用，是治国安邦的大问题。① 近年来，内蒙古建立健全"覆盖全民、统筹城乡、公平统一、安全规范、可持续"的多层次社会保障体系，社会保障"安全网"更牢固更有力，社会保障体系更公平更可持续，形成社会保障全民共建共享的发展局面。

---

　　* 霍燕，内蒙古自治区社会科学院公共管理研究所副研究员，主要研究方向为养老服务。
　　① 习近平：《2021年2月26日在十九届中央政治局第二十八次集体学习时的讲话》。

一 内蒙古社会保障事业总体发展状况

（一）社会保障制度不断完善

2023 年，内蒙古全面落实企业职工基本养老保险全国统筹，实现缴费比例、缴费基数、计发基数、待遇项目、待遇调整、基金收支管理、经办服务管理"七统一"；年金制度覆盖范围逐步扩大，启动个人养老金先行工作，构建多层次、多支柱养老保险体系取得积极成效；开展集体经济补助城乡居民养老保险工作，开辟了改善筹资结构、提高待遇水平的新路径；完成全区城乡居民养老保险基础养老金、退休人员养老金和工伤保险待遇调标工作。[①] 2024 年 6 月，内蒙古自治区人民政府印发《关于建设多层次多支柱养老保险体系的意见》（内政发〔2024〕18 号），在全国率先推动建立多层次多支柱养老保险体系，更好满足人民群众多样化养老保障需求。2023 年，工伤、失业保险基金实现自治区级统收统支，城乡居民养老保险基金在全国率先实现盟市级管理。延续实施阶段性降低失业、工伤保险费率和失业保险稳岗返还等政策，为企业减少成本 42 亿元。[②] 2024 年，内蒙古延续实施新一轮失业保险援企稳岗政策，各级人力资源和社会保障部门进一步优化经办服务，通过"免申即享"模式精准发放稳岗返还资金，积极推动政策早发力、企业早受益。截至 2024 年 6 月底，全区首批稳岗返还资金发放到位，共为 3013 家企业发放稳岗返还资金 1.27 亿元，惠及职工 30.4 万人。[③]

---

① 《回眸 2023｜内蒙古人社部门保障和改善民生成效更加明显》，人民网，http：//nm. people. com. cn/n2/2024/0113/c196689-40713090. html，2024 年 1 月 13 日。

② 《回眸 2023｜内蒙古人社部门保障和改善民生成效更加明显》，人民网，http：//nm. people. com. cn/n2/2024/0113/c196689-40713090. html，2024 年 1 月 13 日。

③ 《内蒙古 2024 年首批 1. 27 亿元失业保险稳岗返还资金发放到位》，内蒙古自治区人力资源和社会保障厅网站，https：//rst. nmg. gov. cn/xwzx/xwdt/202407/t20240705_ 2538318. html，2024 年 7 月 5 日。

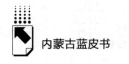

（二）社会保障覆盖范围不断扩大

党的十八大以来，内蒙古深入推进全民参保计划，持续扩大社会保障覆盖面。对比2012~2023年部分年份的相关数据发现，内蒙古参加基本养老、工伤和失业保险人数分别从2012年的1228.3万人、248.9万人、232.8万人增长到2023年的1747.7万人、361.8万人、329.3万人，增幅分别达到42.29%、45.36%和41.45%（见图1）。截至2024年6月底，全区建立2085个快速发卡网点，覆盖所有旗县（市、区），30分钟内完成现场制卡，实现"立等可取、即办即拿、就近办理、全区通办"；全区社会保障卡持卡人数达到2278.46万人，覆盖94.89%的常住人口，其中签发1545.25万张电子社保卡。[①]

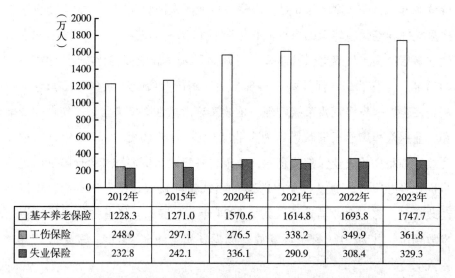

	2012年	2015年	2020年	2021年	2022年	2023年
□ 基本养老保险	1228.3	1271.0	1570.6	1614.8	1693.8	1747.7
▨ 工伤保险	248.9	297.1	276.5	338.2	349.9	361.8
■ 失业保险	232.8	242.1	336.1	290.9	308.4	329.3

图1 2012~2023年部分年份内蒙古基本养老保险、工伤保险、失业保险参保人数

数据来源：内蒙古自治区统计局，内蒙古自治区人力资源和社会保障厅相关统计资料。

---

① 《覆盖94.89%人口 内蒙古社保卡持卡人数达2278.46万人》，https：//finance.sina.com.cn/roll/2024-07-10/doc-inccrscx9297385.shtml，2024年7月10日。

（三）社会保险待遇水平稳步提高

充分发挥社会保险保基本民生作用，稳步提高养老金水平。按照国家部署连续调整企业和机关事业单位退休人员基本养老金，截至 2023 年底，企业退休人员平均养老金从"十三五"末（2020 年末）的 2715 元稳步提高到 2023 年末的 3084 元，增加 369 元，增幅为 13.59%；机关事业单位退休人员平均养老金从"十三五"末的 5360 元稳步提高到 2023 年末的 5918 元，增加 558 元，增幅为 10.41%。坚持"尽力而为、量力而行"原则，城乡居民平均养老金从"十三五"末的每人每月 196 元稳步提高到 2023 年末的每人每月 222 元，增加 26 元，增幅为 13.27%。[①] 2024 年，全区城乡居民基本养老保险基础养老金最低标准提高到 150 元/月[②]，即在原每人每月 140 元的基础上增加 10 元。

（四）各项社保待遇按时足额发放

内蒙古自治区人社厅持续压实各地"保发放"责任，会同自治区财政厅、税务局印发《加强机关事业单位养老保险基金运行管理工作意见》，从增加基金储备等 7 个方面提出 22 条具体举措，确保各地退休人员基本养老金按时足额发放。2024 年 1~6 月，全区 290.6 万企业离退休人员、62.5 万机关事业单位退休人员的养老金和 286.4 万城乡居民、1.96 万工伤保险享受待遇人员的各项待遇按时足额发放，共计发放金额 824.48 亿元。[③]

（五）社会保障基金收支基本平衡

全力均衡基金收支、缓解支付压力，建立基金支出计划申报和预警报告制度，加强对全区各险种基金收支情况的月调度、季分析，保障基金平稳运行。2023 年，养老、工伤、失业三项社会保险基金总收入 1815.01 亿元，

---

① 内蒙古自治区人力资源和社会保障厅相关统计资料。
② 内蒙古自治区民政厅相关统计资料。
③ 内蒙古自治区人力资源和社会保障厅相关统计资料。

较 2021 年同期（1432.92 亿元）增加 382.09 亿元；总支出 1645.02 亿元，较 2021 年同期（1478.71 亿元）增加 166.31 亿元（见表 1）。截至 2024 年 6 月底，养老、工伤、失业三项社会保险基金累计结余分别为 629.93 亿元、35.15 亿元和 127.98 亿元。[①]

表 1 2021~2023 年内蒙古养老、工伤、失业三项社会保险基金收支情况

单位：亿元

社会保险类别		2021 年	2022 年	2023 年
基本养老保险	企业职工基本养老保险基金收入	875.6	1053.5	1223.0
	企业职工基本养老保险基金支出	942.0	1019.1	1091.4
	机关事业单位基本养老保险基金收入	433.5	413.8	446.4
	机关事业单位基本养老保险基金支出	437.6	434.7	437.7
	城乡居民基本养老保险基金收入	88.7	84.6	94.2
	城乡居民基本养老保险基金支出	64.1	67.7	74.0
工伤保险	工伤保险基金收入	11.6	13.4	17.6
	工伤保险基金支出	15.1	13.2	20.6
失业保险	失业保险基金收入	23.52	26.99	33.81
	失业保险基金支出	19.91	37.29	21.32

资料来源：内蒙古自治区人力资源和社会保障厅相关统计资料。

为保证社保基金的稳定和安全，财政投入机制起到重要的支撑作用。2023 年，自治区本级财政共筹集各类财政社会保障资金 657.2 亿元；2024 年，自治区本级预算安排 121.6 亿元，并积极争取中央转移支付资金 508.6 亿元[②]，为退休人员基本养老金按时足额发放提供了可靠保障。

（六）数字化转型进一步加速

内蒙古充分挖掘数据资源，改革重塑服务模式，加速社保经办服务数字

---

① 内蒙古自治区人力资源和社会保障厅相关统计资料。

② 《财政答卷：牢记嘱托 奋楫扬帆 以财政事业发展进步助推内蒙古高质量发展》，内蒙古自治区财政厅网站，https://czt.nmg.gov.cn/czdt/czxw/202406/t20240611_2520990.html，2024 年 6 月 11 日。

化转型，推动经办服务从"快办"向"智办"升级。构建"国家社保公共服务平台+社保中心微信公众号+内蒙古人社 App+自助服务终端"线上服务矩阵，推动待遇资格认证、参保缴费等 147 项社保业务实现"线上办"，50项服务事项实现"掌上办"，127 项服务事项实现"一窗办"，线上经办服务占比达到 68%，进一步优化了群众办事体验。[①] 积极拓展社会保障卡多领域应用，先后印发《社会保障卡居民服务"一件事"工作方案》《加快推进社会保障卡居民服务"一卡通"工作实施方案》，92 项惠民惠农财政补贴、社保待遇、就业补贴等已实现社会保障卡"一卡通发"，95 项人社业务实现"一卡通办"，看病就医、药店购药、跨省异地就医实现"一卡通用"。[②]

二　内蒙古社会保障事业各领域发展状况

一般来讲，社会保障主要由社会保险、社会救助、社会福利和社会优抚四个部分组成。其中，社会保险是社会保障体系的核心部分。

（一）社会保险

1. 养老保险

第一，构建多层次、多支柱的养老保险体系。第一支柱的基本养老保险覆盖范围不断扩大。截至 2024 年 6 月底，全区基本养老保险参保人数达到1763.2 万人，较 2023 年末增加 15.6 万人，参保覆盖率达到 94.64%。[③] 截至 2023 年底，全区为 50.3 万名困难群体代缴城乡居民养老保险费，充分发挥"保基本"的功能。第二支柱的企业年金和职业年金制度覆盖范围进一步扩大。截至 2023 年底，全区有 1836 家企业建立企业年金，共覆盖职工

---

① 内蒙古自治区人力资源和社会保障厅相关统计资料。
② 《我区加快推进社会保障卡"一卡通"建设》，内蒙古自治区人力资源和社会保障厅网站，https://rst.nmg.gov.cn/xwzx/xwdt/202407/t20240710_2540486.html，2024 年 7 月 10 日。
③ 内蒙古自治区人力资源和社会保障厅相关统计资料。

33.3 万人。① 第三支柱的个人养老金制度正在推进中。我国于 2022 年 11 月开始在 36 个城市（地区）开展个人养老金试点，呼和浩特市列入试点名单。截至 2024 年 6 月底，全区开立个人养老金账户人数达到 52.92 万人。②

第二，推进基本养老服务体系建设。截至 2023 年底，全区现有各类养老机构 692 家，养老机构床位总数达到 8.4 万张，医养结合型养老机构数量达到 174 家，公办养老机构护理型床位数达到 1.5 万张。截至 2024 年 6 月底，全区共建成 1685 个居家社区养老服务机构（含设施）、建设家庭养老床位 1 万余张，聚焦老年人差异化需求提供"六助一护"服务；建成 1450 个长者餐厅（含助餐点），居家社区养老服务覆盖率达 97.6%，城市"一刻钟养老服务圈"基本建成。加快构建县、乡、村三级养老服务网络，旗县级特困人员供养服务设施全覆盖，苏木乡镇区域养老服务中心 459 个，建成村级养老服务站（含幸福院）5773 个，农村牧区养老服务更加便利可及。开展高品质养老机构培育行动，全区现有四级、五级养老机构 29 家，"兜底有保障、普惠可持续、高端有选择"的养老服务多元供给格局逐步形成。③ 内蒙古已实行高龄津贴普惠制，老年人意外伤害保险实现全覆盖。2023 年，共有 55.04 万名 80 周岁及以上老年人享受高龄津贴，34.7 万名 70~79 周岁低保老年人享受经济困难老年人发放养老服务补贴政策，4.05 万名经认定生活不能自理的经济困难老年人享受护理补贴政策。"十四五"以来，全区累计完成高龄、失能、残疾等特殊困难老年人家庭适老化改造 6 万户，同时对特殊困难老年人定期提供探访关爱服务。

第三，探索建立长期护理保险制度。建立长期护理保险制度，是国家为应对人口老龄化、健全社会保障体系作出的重要部署。呼和浩特市、乌海市、满洲里市长期护理保险试点工作有序推进，累计为 19276 名失能群众支付护理费用 2.45 亿元。④

---

① 内蒙古自治区人力资源和社会保障厅相关统计资料。
② 内蒙古自治区人力资源和社会保障厅相关统计资料。
③ 内蒙古自治区民政厅相关统计资料。
④ 内蒙古自治区民政厅相关统计资料。

2. 医疗保险

2023 年，全区参加基本医疗保险人数 2158.7 万人，较 2022 年下降 0.5%。其中，参加职工基本医疗保险人数 606.6 万人，增长 3.4%；参加城乡居民基本医疗保险人数 1552.1 万人，下降 2.0%。[①] 2023 年，全区 233.85 万低收入人口实现应保尽保，资助 183.72 万人参保，三重制度综合保障惠及 396 万人次，减负 53.62 亿元。推进职工医保门诊共济保障改革，将 2 万余家定点医药机构纳入门诊保障范围，8028 万人次享受待遇，超 930 万人次使用家庭共济。持续推进药耗集采，全区累计开展带量采购药品 990 种、医用耗材 65 类，平均降幅 60% 以上，累计节约医药费用 117.16 亿元。持续健全药品供应保障机制，将国家谈判药品全部纳入"双通道"管理，139 种药品通过门诊特殊用药实现单行支付，国谈药惠及 292.1 万人次，为患者减负 17.89 亿元。守好群众"救命钱"，持续巩固监督检查防线，处理 8709 家，追回资金 1.81 亿元，公开曝光 2243 家。持续推动医保支付方式改革，全区实施 DRG/DIP 的住院医疗机构达 1352 家，基本实现统筹地区、医疗机构、住院病种、医保基金全覆盖。不断优化医疗服务价格结构，调整 236 项医疗服务项目价格，开展口腔种植医疗服务收费和耗材价格专项治理，单颗牙种植费用下降 50%。持续提升医保服务便捷性，建成 1.4 万个基层医保服务站（点），"15 分钟便民服务圈"基本形成。实现自治区内医保关系转移接续"免申转""无感办"。全区 1.9 万家定点医药机构纳入跨省异地就医联网直接结算范围，实现无责外伤和急诊免备案跨省直接结算。[②]

3. 工伤保险

2023 年，全区参加工伤保险人数 361.8 万人，较 2022 年增加 11.9 万

---

① 《内蒙古自治区 2023 年国民经济和社会发展统计公报》，内蒙古自治区人民政府网站，https://www.nmg.gov.cn/tjsj/sjfb/tjsj/tjgb/202403/t20240321_2483646.html，2024 年 3 月 21 日。

② 《全区医疗保障工作会议在呼和浩特召开》，内蒙古自治区医疗保障局网站，https://ylbzj.nmg.gov.cn/xwzx/dtxx/202401/t20240126_2447769.html，2024 年 1 月 26 日。

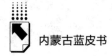
人。① 为落实国家工伤保险跨省异地就医直接结算工作要求，内蒙古自治区人力资源和社会保障厅、内蒙古自治区财政厅和内蒙古自治区卫生健康委联合印发《工伤保险跨省异地就医直接结算试点工作实施方案》，2024年4月1日开始，依托全国工伤保险异地就医结算信息系统，选择部分盟市启动为期1年的工伤保险跨省异地就医直接结算试点工作，支持试点盟市工伤职工持社保卡或电子社保卡直接结算跨省异地就医住院费用，进而更好保障工伤职工权益，不断提升工伤保险经办服务便捷度和工伤职工幸福感、获得感。②

4.失业保险

2023年，全区参加失业保险人数329.3万人，较2022年增长6.8%；年末全区累计领取失业保险金人数7.3万人。③ 2024年6月，内蒙古发布《内蒙古自治区失业保险实施办法》，扩大失业保险参保范围，提高失业保险金标准，强化失业保险基金管理。

5.生育保险

2022年，全区参加生育保险人数343.26万人，较2021年减少0.6%。④为加快建立积极生育支持政策体系，促进人口长期均衡发展，2023年，按照贯彻落实《中共中央　国务院关于优化生育政策促进人口长期均衡发展的决定》《国家医疗保障局办公室关于做好支持三孩政策生育保险工作的通知》要求，内蒙古自治区医疗保障局印发《关于调整自治区本级生育保险医疗待遇的通知》，不断完善和落实积极生育支持政策，对自治区本级生育保险医疗待遇进行相关调整。

---

① 《内蒙古自治区2023年国民经济和社会发展统计公报》，内蒙古自治区人民政府网站，https：//www.nmg.gov.cn/tjsj/sjfb/tjsj/tjgb/202403/t20240321_2483646.html，2024年3月21日。

② 内蒙古自治区人力资源和社会保障厅、内蒙古自治区财政厅、内蒙古自治区卫生健康委员会：《工伤保险跨省异地就医直接结算试点工作实施方案》，2024年3月。

③ 《内蒙古自治区2023年国民经济和社会发展统计公报》，内蒙古自治区人民政府网站，https：//www.nmg.gov.cn/tjsj/sjfb/tjsj/tjgb/202403/t20240321_2483646.html，2024年3月21日。

④ 内蒙古自治区统计局编《内蒙古统计年鉴2023》，中国统计出版社，2023。

（二）社会救助

内蒙古积极推进分层分类社会救助体系建设，切实兜住兜准兜好民生底线。2023年，全区精准保障城乡低保对象154.3万人，保障城乡特困人员9.7万人[1]，累计支出城乡低保金、特困人员救助供养金79.5亿元[2]，有力保障城乡困难群体的基本生活。2023年，全区实施临时救助15.9万人次，支出2.6亿元，加大对临时遇困人员救助力度。深入开展"救急解难纾解民困"专项行动，加强取暖、受灾与临时救助之间的衔接，2023年，全区实施取暖救助惠及困难群众8万余人，支出4127.6万元，保障受灾困难群众温暖过冬。[3]加强低收入人口动态监测和常态化救助帮扶，对197.52万低收入人口开展动态监测，其中对纳入监测的169.33万困难群众实施常态化救助帮扶。[4]内蒙古通过"惠民生、解民忧、暖民心"困难群众关爱帮扶8项行动，累计保障各类困难群体16.4万人次，探访特殊人群16.9万人次，为失能、空巢、独居、计划生育特殊家庭等老年人提供实物救助19.6万人次。[5]

1.城乡低保对象

近年来，内蒙古持续推动社会救助提标扩围，持续加大兜底保障力度，2023年全区城市和农村牧区低保平均标准分别达到840元/月和670元/月，较2022年分别提高27元和60元，同比增幅分别为3.3%和9.8%，全区城

① 内蒙古自治区民政厅相关统计资料。
② 《自治区政府新闻办召开"回眸2023"系列主题新闻发布会（第9场-内蒙古自治区民政厅专场）》，内蒙古自治区人民政府网站，https://www.nmg.gov.cn/zwgk/xwfb/fbh/zxfb_fbh/202401/t20240111_2440079.html，2024年1月11日。
③ 《自治区政府新闻办召开"回眸2023"系列主题新闻发布会（第9场-内蒙古自治区民政厅专场）》，内蒙古自治区人民政府网站，https://www.nmg.gov.cn/zwgk/xwfb/fbh/zxfb_fbh/202401/t20240111_2440079.html，2023年1月11日。
④ 内蒙古自治区民政厅相关统计资料。
⑤ 《内蒙古亮社会救助兜底保障成绩单》，中国新闻网，https://www.chinanews.com.cn/gn/2023/06-26/10031632.shtml，2023年6月26日。

乡低保标准同比平均增幅为6.6%。① 截至2024年6月底，全区共保障城乡低保对象159.31万人，其中城市23.89万人，农村牧区135.42万人。②

2.城乡特困人员

2023年，全区城市和农村牧区特困人员基本生活供养平均标准分别达到1380元/月和1020元/月，较2022年分别提高22元和81元，同比增幅分别为1.6%和8.6%，全区城乡特困人员基本生活标准同比平均增幅为5.1%。2023年部分丧失和完全丧失生活自理能力特困人员照料护理平均标准分别达到495元/月和1266元/月。③ 截至2024年6月底，全区城乡特困人员10.02万人，其中城市1.28万人，农村牧区8.74万人。④

供养标准为：2023年城市特困人员基本生活供养平均标准不低于每人每年16560元，较2022年增加264元，供养标准最高的为阿拉善盟（每人每年25152元）；农村特困人员基本生活供养平均标准不低于每人每年12240元，较2022年增加972元，供养标准最高的还是阿拉善盟（每人每年25152元）。全区完全丧失生活自理能力特困人员照料护理平均标准不低于每人每年15192元，照料护理标准最高的为乌海市（每人每年16200元）；部分丧失生活自理能力特困人员照料护理平均标准不低于每人每年5940元，照料护理标准最高的为锡林郭勒盟（每人每年6816元）。

3.流浪乞讨救助

积极开展"寒冬送温暖"专项救助行动，2024年以来全区共救助5079人次，其中站内救助2599人次，站外救助2480人次。在全区开展第12个全国救助管理机构"开放日"宣传活动，共举办相关活动40场，参与活动志愿者、爱心人士等300余人，发放宣传册、救助引导卡等资料60000余

---

① 《2023年内蒙古自治区社会救助标准再度提高》，乌兰察布新闻网，http：//www.wlcbnews.com/p/75196.html，2023年5月17日。

② 内蒙古自治区民政厅相关统计资料。

③ 《2023年内蒙古自治区社会救助标准再度提高》，乌兰察布新闻网，http：//www.wlcbnews.com/p/75196.html，2023年5月17日。

④ 内蒙古自治区民政厅相关统计资料。

份。2024 年 6 月，呼和浩特市救助站、兴安盟救助站、巴彦淖尔市救助站获批全国救助管理区域中心试点。[①]

（三）社会福利

1. 孤儿集中和分散供养

2023 年，全区共建成 67 个旗县（市、区）未成年人救助保护机构，建成 848 个苏木乡镇（街道）未成年人保护工作站，覆盖率均达到 83%。在苏木乡镇一级配齐 1295 名儿童督导员，在嘎查村一级选优配强 14483 名儿童主任，推动留守儿童和困境儿童关爱服务进街道、入社区。[②] 2023 年，全区孤儿集中和分散供养指导保障标准分别提高到每人每月 1660 元和 1400元，增幅分别为 8.4% 和 8.7%。[③] 加强孤儿和事实无人抚养儿童信息共享、核查比对、协同保障工作机制建设，截至 2024 年 6 月底，全区共保障孤儿和事实无人抚养儿童 6916 名，7160 名留守儿童纳入关爱帮扶范围。[④]

2. 残疾人福利

内蒙古自治区民政厅与公安厅、人社厅等五部门联合印发《关于贯彻落实〈残疾人两项补贴相关数据共享备忘录〉的通知》，建立部门间常态化数据共享机制，推动补贴发放更加精准。截至 2024 年 6 月底，为全区 34.6万困难残疾人发放生活补贴 2.07 亿元，为 31.3 万重度残疾人发放护理补贴2.08 亿元。自治区民政厅与卫健委、残联联合印发《关于贯彻落实〈精神障碍社区康复服务资源共享与转介管理办法〉的通知》，推动精神障碍社区康复服务资源共享与转介管理，进一步提升精神障碍社区康复服务质量。截

[①] 内蒙古自治区民政厅相关统计资料。

[②] 《自治区政府新闻办召开"回眸 2023"系列主题新闻发布会（第 9 场-内蒙古自治区民政厅专场）》，内蒙古自治区人民政府网站 https：//www.nmg.gov.cn/zwgk/xwfb/fbh/zxfb_fbh/202401/t20240111_2440079.html，2024 年 1 月 11 日。

[③] 《自治区政府新闻办召开"回眸 2023"系列主题新闻发布会（第 9 场-内蒙古自治区民政厅专场）》，内蒙古自治区人民政府网站 https：//www.nmg.gov.cn/zwgk/xwfb/fbh/zxfb_fbh/202401/t20240111_2440079.html，2024 年 1 月 11 日。

[④] 内蒙古自治区民政厅相关统计资料。

至 2023 年底，全区有 68 个旗县（市、区）开展精神障碍社区康复服务，占旗县（市、区）总数的 66%；全区康复登记对象 1.51 万人，其中接受精神障碍社区康复服务 6790 人，占登记康复对象总数的 44.9%。[①]

3. 社会工作和志愿服务

2023 年，公益慈善事业健康发展，"幸福家园"工程等 30 余个慈善项目取得丰硕成果，全年福彩筹集公益金 12.1 亿元，为全区社会福利和慈善事业发展提供坚实资金保障。2023 年，全区开展志愿服务活动 1.1 万余场次，吸引服务群众 290 万余人次。[②]

（四）社会优抚

社会优抚是针对军人及其家属所建立的社会保障制度，是指国家和社会对军人及其家属所提供的各种优待、抚恤、养老、就业安置。2023 年，国家下达内蒙古退役军人接收计划 900 余人，各级坚持"阳光安置"政策，积极协调组织、编制、人社等部门落实岗位编制，年度转业军官和政府安排工作退役士兵（含退出消防员）全部按时完成安置任务，全区转业军官安置到行政（含参公）单位比例达 98%，政府安排工作退役士兵安置到事业单位比例达 88%，做到了部队、单位、个人"三满意"。

为进一步彰显军人职业荣誉尊崇，彰显国家和军队对军人家庭特殊付出的关心激励，从 2021 年 8 月开始，军队为符合条件的军人发放父母赡养金和配偶荣誉金。其中，军人父母或岳父母年龄达到 60 周岁以上（只要有一方年龄达到 60 周岁即可），为其发放父母赡养金，标准为 600 元/月；为现役军人配偶发放配偶荣誉金，标准为 500 元/月。同时，为现役军人两地分居发放补助，标准为 1000 元/月。[③]

---

① 内蒙古自治区民政厅相关统计资料。
② 《2023 年，内蒙古民政绘就民生幸福新画卷！》，内蒙古新闻网，https://inews.nmgnews.com.cn/system/2024/01/11/013532720.shtml，2024 年 1 月 11 日。
③ 参考《对自治区十四届人大二次会议第 017 号建议的答复》，http://tyjrswt.nmg.gov.cn/zfxxgk/fdzdgknr/rdyazxtabl/202405/t20240510_2505862.html，2024 年 5 月 10 日。

2023 年 8 月，内蒙古自治区退役军人事务厅、财政厅、卫健委、医保局 4 部门联合修订印发《内蒙古自治区优抚对象医疗保障实施办法》①，按照待遇与贡献匹配、普惠与优待叠加原则，明确优抚对象"保险+救助+补助+优待"的医疗保障模式，健全完善内蒙古优抚对象医疗保障政策体系。为扎实做好军人军属、退役军人和其他优抚对象优待工作，2024 年内蒙古退役军人事务厅出台《内蒙古自治区军人军属、退役军人和其他优抚对象优待工作实施办法》及优待目录清单，明确 9 类 125 条优待项目，在全社会营造"尊崇军人职业、尊重退役军人"的良好社会氛围。

三 推动内蒙古社会保障事业高质量发展面临的挑战

近年来，内蒙古社会保障事业取得一定成效。但同时也要看到，内蒙古作为欠发达边疆民族地区，面临人口老龄化、新型城镇化、就业方式多样化，特别是新就业形态快速发展，带来的一系列新情况新问题。

（一）人口流出和老龄化带来挑战，社会保险参保扩面难度较大

一是内蒙古常住人口呈现流出态势和老龄化程度持续加深给社会保险带来挑战。2023 年末全区常住人口为 2396.0 万人，与 2010 年相比，减少 76.2 万人，减少 3.08%（见图 2）。人口老龄化程度持续加深，截至 2023 年末，全区 60 岁及以上老年人口达到 546.38 万人，占全区常住人口的比重为 22.80%。其中，65 岁及以上人口为 370.29 万人，占 15.45%。与 2020 年第七次全国人口普查数据相比，60 岁及以上人口增加 70.66 万人，比重上升 3.02 个百分点；65 岁及以上人口增加 56.40 万人，比重上升 2.40 个百分点（见表 2）。按照国际标准，内蒙古已经进入中度老龄化社会。为满

---

① 《内蒙古自治区优抚对象医疗保障实施办法》的适用对象为具有内蒙古户籍，并在内蒙古自治区行政区域内享受定期抚恤补助的在乡复员军人、参战退役军人、参试退役军人、带病回乡退役军人、烈士遗属、因公牺牲军人遗属、病故军人遗属。

足老龄化背景下老年人的养老需求，内蒙古多层次多支柱养老保障体系需要进一步完善。二是养老保险参保扩面空间较窄。据调查，内蒙古以快递员、外卖配送员、网约车司机等为代表的新业态就业人员规模保守计算为300万人[①]，新就业形态的出现导致已有的社会保障制度面临新挑战。以养老保险为例，未参保人员主要是灵活就业人员和新业态从业人员等，这部分人员流动性强、收入不稳定，存在"职工保险缴不起、城乡居保不愿缴"的问题，参保意愿低，扩面难度大。[②] 因此，如何面对和适应新经济形态，并促进新就业形态群体的权益保障与公平，是社会保障领域值得思考的问题。

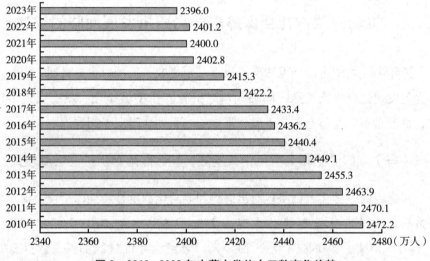

图2　2010~2023年内蒙古常住人口数变化趋势

数据来源：2010~2022年数据来自《内蒙古统计年鉴2023》，2023年数据来自《2023年内蒙古自治区常住人口主要数据公报》。

---

① 内蒙古自治区人力资源和社会保障厅相关统计资料。
② 内蒙古自治区人力资源和社会保障厅相关统计资料。

表2 2020~2023年内蒙古老年人口规模及占比

单位：万人，%

类目	2020 年	2021 年	2022 年	2023 年
60 岁及以上人口数	475.72	487.00	515.05	546.38
60 岁及以上人口占比	19.78	20.29	21.45	22.80
65 岁及以上人口数	313.89	332.00	352.95	370.29
65 岁及以上人口占比	13.05	13.83	14.70	15.45

数据来源：《内蒙古自治区第七次全国人口普查公报（第四号）》，《2021 年内蒙古自治区常住人口主要数据公报》，2022 年、2023 年内蒙古自治区国民经济和社会发展统计公报。

（二）社会保障制度发展的不平衡不充分问题较突出

目前，我国已建成世界上规模最大、功能完备的社会保障体系。但是，在城乡之间、区域之间、社会群体之间存在较大差距。首先，我国社会保障体系仍然采用的是城乡二元机制，导致城乡社保差距较大。以内蒙古城乡低保平均标准为例，2023 年全区城市和农村牧区低保平均标准分别为 840 元/月和 670 元/月，城市低保平均标准是农村牧区低保平均标准的 1.25 倍。而随着城乡一体化进程的不断深入，城乡生活成本差距逐步缩小，使得现行的农村牧区低保标准相对较低。再以内蒙古城乡养老保险标准为例，农村牧区养老金水平过低，与农村牧区老龄化程度不相匹配。2023 年，全区企业退休人员养老金为每人每月平均 3084 元，机关事业单位退休人员养老金为每人每月平均 5918 元，城乡居民养老金每人每月平均 222 元，而当前自治区乡村老龄化程度是城镇地区的 1.63 倍，是自治区平均水平的 1.35 倍[1]，农牧民领取的养老保险金标准过低。其次，区域之间发展不平衡。由于各盟市的经济发展状况不同，各地的社保缴费基数可能存在差异，享受待遇就有所不同。内蒙古自治区社会科学院的一项调查报告显示，内蒙古东、中、西部

---

[1] 高云义：《内蒙古人口老龄化对消费的影响及应对措施》，《北方经济》2024 年第 1 期。

地区①的社会保障满意度水平不同，中部 82.17 分、东部 81.51 分、西部 80.30 分。最后是各社会群体之间的不平衡。比如，城镇职工医疗保险和城镇居民医疗保险、城镇职工养老保险和城镇居民养老保险存在差距。再如，部分群体社会保障仍有不足，一些人还没有纳入社会保障范围，一些重要的制度还需要进一步健全完善，还有不少地方需要改进。

（三）社保基金运行和监管仍面临风险，可持续性有待进一步提升

虽然内蒙古社保基金运行基本平稳，社保基金安全管理持续强化，然而防范社保基金运行和安全监管中潜在的风险仍是今后的重大政治责任。就基金运行而言，以全区企业职工养老保险为例，截至 2024 年 6 月底，全区企业职工养老保险参保人数 786.73 万人，其中离退休人数 290.61 万人，实际缴费人数 391.22 万人，赡养比为 1.35∶1，赡养负担越来越重，基金累计结余快速下降，企业职工养老保险累计结余 336.48 亿元，仅能支付 3.69 个月。② 再以全区机关事业单位养老保险为例，制度统筹层次较低，依旧停留在旗县级统筹，基金抗风险能力不高，截至 2024 年 6 月底，全区有 81 个统筹区机关事业单位养老保险基金结余可支付月数不足 1 个月③，基金储备不足，个别财政困难地区支付压力较大。通过立法明确有关政府管理部门的行政管理权责分配与监督程序，以确保社保基金的监管在法治轨道上运行。

（四）社会保障体系系统性不强，制度间衔接不顺畅影响效能发挥

中国现行社会保障制度体系在长期的改革探索过程中形成，采取"分散立法"体制，因此缺乏统一的框架和逻辑，制度统一性和稳定性不足。④ 据调查，内蒙古实现企业职工养老保险全国统筹后，在执行层面衔接难度

---

① 东部地区包括呼伦贝尔市、兴安盟、通辽市、锡林郭勒盟、赤峰市；中部地区包括呼和浩特市、包头市、乌兰察布市、鄂尔多斯市；西部地区包括巴彦淖尔市、乌海市、阿拉善盟。
② 内蒙古自治区人力资源和社会保障厅相关统计资料。
③ 内蒙古自治区人力资源和社会保障厅相关统计资料。
④ 金锦萍：《论法典化背景下我国社会保障法的体系和基本原则》，《法治研究》2023 年第 3 期。

大，部分群体如死亡参保人员遗属待遇衔接问题、特殊工种退休问题等信访矛盾较为突出。机关事业单位养老保险方面，由于制度改革，部分政策不明确，导致被采取刑事强制措施以及被追究刑事责任退休人员的养老保险待遇确定办法如待遇计发基数口径、待遇计发标准和待遇发放主体尚未明确。社会保障制度系统性不强使得各制度之间的衔接不畅，碎片化的制度导致实践中的政策效能未能有效发挥。

四 内蒙古社会保障事业高质量可持续发展的对策建议

（一）持续有效扩大覆盖范围，促进社会保障事业高质量发展

一是积极应对人口老龄化，加快发展多层次多支柱养老保险体系。推动基本养老保险制度实现由"制度全覆盖"走向"法定人群全覆盖"再到"覆盖全民"的终极目标，健全灵活就业人员、农民工、新就业形态人员养老保险制度，满足不同行业不同群体的养老保障需求。扩大年金制度覆盖范围。内蒙古自治区所属国有企业、国有控股企业原则上均要建立企业年金，发挥国有企业引领示范作用。鼓励私营单位为职工建立企业年金。全面实施个人养老金制度。在全区各地推广建立个人养老金制度，适当放宽准入门槛，增强制度的普惠性。在领取个人养老金方面实行免税，提升个人养老金参与率和缴费率，引导和督促金融机构持续优化个人养老金产品及服务，努力提高投资收益率。二是构建工伤保险全覆盖制度体系，加快推进新就业形态劳动者参加职业伤害保险。三是加大失业保险扩围力度，推动中小微企业、个体户、农民工等重点就业群体参加失业保险。四是加快发展商业保险，提高社会成员个人抵抗风险的能力和储备，让企业和个人积极参与到社会保障中，减轻政府负担。

（二）逐步提高制度统筹层次，促进社会保障体系公平

党的二十大报告指出"完善基本养老保险全国统筹制度，推动失业保

险、工伤保险省级统筹"。目前，内蒙古企业职工养老保险实现全国统筹，失业保险和工伤保险实现自治区级统筹。积极深化社会保险制度改革，探索提高机关事业单位和城乡居民基本养老保险制度统筹层次，以促进社会保障体系公平。更加注重社会保障制度的公平性，确立国民基本保障权益平等的原则，建立城乡一体化、均等化的社会保障制度，通过提升统筹层次消除各地社会保障分割统筹现象，以控制和缩小城乡之间、区域之间、群体之间的社会保障待遇差距，鼓励和支持同类社会保障制度整合。在考虑当前经济社会发展水平和政府财政支付能力的前提下，进一步提升社会保险待遇水平，健全基本养老保险、基本医疗保险筹资和待遇合理调整机制。

（三）确保基金安全平稳运行，实现社保基金可持续发展

社保基金安全是社保制度健康运行的前提基础。要完善落实社保基金筹资和待遇合理调整机制，确保各项社保待遇按时足额发放。完善养老保险"多缴多得、长缴多得"激励机制，转变"个人少缴些、国家多补些"的错误观念，提高社会保障的参保质量。扩大失业、工伤保险覆盖面。同时，加强社会保险基金的有效管理和监管。首先，以法治为保障，健全风险防控体系，明确基金运行与监管过程中有关主体的责任与权利，完善社会保障法律法规体系。其次，强化基金安全，健全监管体系，完善政策、经办、信息、监督"四位一体"的风险防控机制。[①] 最后，提高社保基金管理人员的整体素质，对管理人员进行系统性培训，提高其业务素质。针对管理人员要加强监督，实行信息透明化，提高社保基金管理的透明度，避免出现管理人员违规违法的行为。

（四）加快社保制度整合衔接，提高社会保障整体效率

建立完善多层次社会保障体系，并推动健康有序实施，必须制定科学的

---

① 中共人力资源和社会保障部党组：《推动社会保障事业高质量可持续发展》，求是网，http://www.qstheory.cn/qshyjx/2023-03/02/c_1129409048.htm，2023年3月2日。

顶层设计，以强有力的法律基础作后盾、以完善的制度框架为保障。未来，内蒙古社会保障制度应在现有基础上进一步整合优化制度体系，从顶层设计的角度统筹规划各项制度，将目前碎片化的制度在法治化的框架下加以统筹，在人民群众有各种需求时为其提供更充分的保障，大大提高社会保障整体效率，从而提高社会保障内在质量。

参考文献

闫琼：《完善中国多层次社会保障体系研究》，《经济研究导刊》2024年第5期。

王琦、冯乐安主编《甘肃社会发展分析与预测（2024）》，社会科学文献出版社，2023。

李培林、陈光金、王春光主编《2024年中国社会形势分析与预测》，社会科学文献出版社，2023。

B.15
内蒙古教育事业发展报告

王哈图　红英*

摘　要： 2023年，内蒙古教育事业在多方面取得显著进展。党对教育工作的全面领导持续加强，立德树人根本任务得以深入落实，在思政教育、国家通用语言文字推广等方面成果斐然。各级各类教育提质增效，基础教育通过新改扩建学校增加学位供给，学前教育、义务教育和高中阶段教育的各项指标保持良好。高等教育在学科专业优化、人才培养和科研创新方面不断突破。职业教育通过产教融合为区域经济发展输送大量技能人才。同时，在教育治理方面，"双减"工作深入推进，智慧教育平台建设取得成效，教师队伍不断壮大，学生资助政策全面落实，政务服务更加便捷高效。内蒙古教育事业正朝着高质量发展的方向稳步迈进，为地区发展提供了有力支撑。

关键词： 教育事业　教育治理　内蒙古

2023年，全区教育系统深入贯彻落实习近平总书记关于教育的重要论述和对内蒙古重要指示精神，落实内蒙古的五大任务和全方位建设模范自治区两件大事，在自治区党委和政府的领导下，在教育部的指导下，坚持以人民为中心发展教育，全面贯彻党的教育方针，落实立德树人根本任务，把铸牢中华民族共同体意识主线贯穿办学治校全过程、各领域，加快建设高质量教育体系，教育事业发展取得了新进展新成效。

---

* 王哈图，内蒙古自治区社会科学院公共管理研究所副研究员，主要研究方向为公共服务；红英，呼和浩特市蒙古族学校中级教师，主要研究方向为教育治理。

一　内蒙古教育事业发展基本情况

根据内蒙古自治区教育厅公布的《2023/2024 学年初内蒙古自治区教育事业统计简报》，截至 2023 年底，内蒙古各级各类学校（机构）总计 6905 所，各级各类教育在校生 3852674 人，专任教师达到 317666 人。与上一年相比，在校生人数减少 23286 人，专任教师人数增长 4991 人，但学校数量减少 358 所，主要原因是一些幼儿园因生源流失而关闭（见表 1）。

表1　2022~2023 年内蒙古各级各类学校数

单位：所，%

指标名称	2023 年	2022 年	增减值	增减幅度
普通高等学校	54	54	0	0
中等职业学校	170	174	−4	−2.30
普通高中	318	311	7	−2.25
普通初中	715	721	−6	−0.83
小学	1635	1651	−16	−0.97
幼儿园	3958	4299	−341	−7.93

注：未包括特殊教育、成人教育、研究生培养机构等。
数据来源：内蒙古自治区教育厅《2023/2024 学年初内蒙古自治区教育事业统计简报》。

学前教育普惠资源进一步增加。全区幼儿园总计 3958 所，比上年减少 341 所，下降 7.93%。其中，普惠性幼儿园覆盖率 90.30%，比上年增加 2.24 个百分点，占幼儿园总数的比例为 78.80%，比上年增加 3.23 个百分点。学前教育在园幼儿数为 554096 人，比上年减少 53340 人，下降 8.78%。全区学前教育毛入园率达 95.25%，比 2022 年提高 0.29 个百分点。全区学前教育专任教师共计 51817 人，比上年减少 0.78%，专任教师中专科以上学历比例达 97.09%。学前教育普惠资源进一步增加，"入园难、入园贵"问题有效缓解，学前教育教师队伍质量不断提升。

义务教育优质均衡进一步发展。全国义务教育阶段学校总计 2350 所，

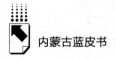

在校生人数达2071534人，专任教师177060人。九年义务教育巩固率高达98.76%，比2022年提高0.46个百分点。其中，小学共计1635所，比上年减少16所，下降0.97%；在校生1408425人，比上年增加25086人，增长1.81%；小学阶段教育专任教师112055人，师生比为1∶12.57，全国平均师生比为1∶16.19；专任教师学历合格率为100%，专任教师中专科以上学历比例为99.63%。全区普通初中共计715所，比上年减少6所，下降0.83%；在校生663109人，比上年减少4827人，下降0.72%；初中阶段教育专任教师65005人；师生比为1∶10.20，全国平均师生比为1∶12.72；专任教师学历合格率为99.98%，专任教师中本科以上学历比例为94.65%。2023年全区义务教育阶段在校生中进城务工人员随迁子女总规模达到282201人。其中，在小学就读196401人，在初中就读85800人。义务教育得到优质均衡发展。

特殊教育体系进一步完善。全国特殊教育学校总计54所，比上年增加2所，增长3.85%。全区招收各种形式的特殊教育学生2267人，比上年增加205人；在校生6309人，比上年增加202人，增长3.31%。

高中阶段普及水平进一步提高。全区高中阶段毛入学率为93.52%，比2022年降低1.72个百分点。全区共有普通高中318所，比上年增加7所，增长2.25%；在校生428434人，比上年增加2748人，增长0.65%；普通高中教育专任教师42117人；师生比为1∶10.17，全国平均师生比为1∶12.72；专任教师学历合格率为99.06%，专任教师中研究生学历比例为19.99%。中等职业学校共有170所，比上年减少4所；在校生186579人，比上年减少519人，下降0.28%；中等职业教育专任教师14620人；师生比1∶12.76，全国平均师生比为1∶18.65；专任教师学历合格率为96.17%，专任教师中研究生学历比例为9.43%；"双师型"专任教师占专业（技能）课程专任教师比例高达48.24%。

高等教育在学规模进一步扩大。全区高等教育毛入学率59%，比上年下降0.71个百分点，进入普及化深入发展的阶段。普通高等学校共计54所，与上年一致，其中普通本科学校17所（含独立学院1所），高职（专科）学校 37 所。另有成人高等学校 1 所，培养研究生的科研机构 12 所。本科在校生 293820 人，比上年增加 5225 人，增长 1.81%；高职（专科）在校生 246242 人，比上年增加 328 人，增长 0.13%；成人本专科在校生 25560 人，比上年减少 659 人，下降 2.51%。普通高等学校专任教师 29791 人，其中普通本科学校 17588 人，高职（专科）学校 12203 人。

民办教育结构进一步优化。2023 年内蒙古各级各类民办学校共有 2382 所，占全区各级各类学校总数的比例为 34.5%。在校生 393623 人，占各级各类在校生总数的比例为 10.22%。其中，民办幼儿园 2169 所，占幼儿园总数的比例为 54.8%；在园幼儿 223804 人，占学前教育在园幼儿的比例为 40.39%。民办义务教育阶段学校 81 所，占义务教育阶段学校总数的比例为 3.45%；在校生 69531 人。民办普通高中 64 所，占普通高中总数的比例为 20.13%；在校生 13619 人，占普通高中在校生的比例为 3.18%。民办中等职业学校 58 所，占中等职业学校总数的比例为 34.12%；在校生 27565 人，占中等职业教育在校生的比例为 14.77%。民办高校 10 所，占高校总数的比例为 18.52%。民办教育作为中国教育事业发展进程中的重要组成部分，发挥了重要的作用。

二 内蒙古教育事业实践与探索

（一）坚持和加强党对教育工作的全面领导，牢牢把握立德树人根本任务

一是抓组织强党建，持续聚力夯基固本。全区教育系统始终将党的领导贯彻到教育工作各方面各环节，积极推进中小学校党组织领导的校长负责制，深入开展学习贯彻习近平新时代中国特色社会主义思想主题教育，全面创建"北疆教育心向党"党建品牌。深入开展"感党恩、听党话、跟党走"群众教育实践活动，启动时代新人铸魂工程。统筹推进大中小学思政课一体化，组织全区大中小学生同上开学第一课，进一步汇聚广大师生"感党恩、

听党话、跟党走"的磅礴力量。二是学校铸牢中华民族共同体意识教育卓有成效。充分发挥课程育人主渠道作用，编发幼儿园绘本、小学石榴籽读本、"铸牢中华民族共同体意识"教学大纲，开发"三易旗府为航天"等虚拟仿真课程，构建"石榴红""北疆绿""航天蓝"特色思政课程，在全国率先开设高校铸牢中华民族共同体意识必修课。建立 12 个盟市红色研学地图、110 个红色地标、61 个中华优秀传统文化传承基地，逐步构建起各学段有序衔接的一体化教育体系。发挥校园文化润育功能，挖掘红色校史故事 72 个，打造书香校园，实施中华经典诵读工程，推进高校"一站式"学生社区建设。加强科研支撑，对马克思主义理论、民族学等学科予以立项支持，构建有利于铸牢中华民族共同体意识的学科体系。

（二）提升教育治理能力，回应人民群众关切

一是大力推进"双减"工作。压减义务教育阶段学科类校外培训机构，持续开展学科类隐形变异培训防范治理。规范非学科类校外培训。为解决家长"看护难"问题，指导各校全面提供暑期托管服务，人民群众对教育的获得感、满意度持续提升。二是教育数字化转型效果显著。积极推进国家智慧教育平台整区试点建设，全区中小学校全部完成平台注册，截至 2023 年底，注册学生数 298.42 万人，教师数 41.61 万人，国家中小学智慧教育平台浏览量达 9.91 亿次。① 越来越多的教师借助智慧教育平台设置课堂教学、拓展特色课程。三是教师队伍建设有新进展。建立从业禁止和准入查询制度，完善师德师风违规案例通报机制。义务教育"县管校聘"、高校教师人员总量管理改革稳步推进，专任教师学历结构显著优化。

（三）不断完善教育领域基本公共服务体系

一是持续扩充基础教育资源。2023 年全区新建改扩建 204 所幼儿园、

---

① 《回眸 2023｜内蒙古中小学校全部完成国家智慧教育平台注册》，北疆新闻网，http：//www.imline.cn/article/edWeFnunci2sh1cGluZzEwMDAwMQOOOOOOOOOO.html，2024 年 1 月 10 日。

676 所中小学、13 所特殊教育学校已全部开工,规划年内竣工 649 所,现已竣工 665 所,新增学位 7.06 万个。[①] 2023 年累计下达中央和自治区学前教育专项资金 12.81 亿元,进一步增加和优化普惠性资源供给;下达义务教育薄弱环节改善与能力提升专项资金 10.55 亿元,着力提升义务教育学校办学水平。[②] "入园贵""入园难""上好学难"的矛盾得到有效缓解。二是推进义务教育优质均衡发展。内蒙古自治区党委教育工作领导小组秘书组印发《关于构建优质均衡的基本公共教育服务体系的指导意见》,明确构建优质均衡的基本公共教育服务体系的总体目标和主要任务。同时,制定《构建优质均衡的基本公共教育服务体系主要任务分工》,确保各项政策措施落到实处。2023 年 10 个旗县(市、区)通过县域义务教育优质均衡发展省级督导评估,9 个旗县(市、区)通过国家学前教育普及普惠县验收,标志着内蒙古在义务教育优质均衡发展方面迈出了新步伐。三是推进城乡义务教育一体化发展。自治区财政已下达 2023 年城乡义务教育补助经费 40.93 亿元,比上年增加 2.42 亿元。这些经费主要用于提高义务教育学校公用经费保障水平、保障义务教育阶段学生相关费用免补政策实施、农村牧区学校校舍安全保障以及继续落实好"特岗计划"和乡村教师生活补助政策等。在经费分配上,注重向农村牧区和城乡结合部倾斜,确保农村牧区学校能够获得更多的教育资源支持。同时,通过实施一系列项目,如义务教育薄弱环节改善与能力提升工程等,进一步改善农村牧区学校的办学条件。四是全面推行"公办园入园"和"义务教育入学"一网通办。为解决家长在提交入园入学材料中多处跑、跑多次、材料多、程序繁等问题,切实保障公办园入园、义务教育入学阳光便捷,内蒙古自治区教育厅联合公安厅、人社厅、自然资源厅、住建厅、市场监管局、政务服务局等 7 部门印发《内蒙古自治区入园入学办理一件事指导意见》,

---

① 《我区教育领域基本公共服务体系持续完善》,呼和浩特市人民政府网站,http://www.huhhot.gov.cn/2022_zwdt/zwyw/202401/t20240111_1645713.html,2024 年 1 月 11 日。

② 若谷:《我区教育领域基本公共服务体系持续完善》,《呼和浩特日报(汉)》2024 年 1 月 11 日。

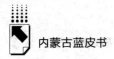
明确自 2023 年秋季学期起全面推行"公办园入园"和"义务教育入学"一网通办。

（四）产教融合助推构建现代职业教育体系

内蒙古不断引导全区高校和职业院校主动聚焦国家战略和区域经济社会发展需求，持续推进产教融合、校企合作，实现教育链、人才链与产业链、创新链的有效衔接。① 内蒙古自治区教育厅联合工信厅印发《内蒙古自治区本科高校现代产业学院建设实施方案》，引导高校主动面向区域、行业、产业办学，依托国家级和自治区级一流专业，聚焦自治区重点产业集群，建设政校企多主体共建共管的现代产业学院。目前，已布局建设校级现代产业学院 58 个、自治区级现代产业学院 16 个，并遴选推荐第二批国家级现代产业学院 3 个，举办"订单班""冠名班"448 个，为本土企业输送技能型人才4.15 万人。首次承办全国职业院校技能大赛，获一等奖 8 项，数量接近历年总和，二等奖 17 项，三等奖 53 项，创历史新高。②

（五）提升高校社会服务水平

聚焦自治区产业发展需求，持续优化学科专业结构布局，做大做强生物、草业、乳业、冶金、新能源等优势特色学科专业，建成 97 个自治区级产业学院，推进高校 11 个集成攻关大平台建设，③ 努力创新人才培养模式。2023 年，全区研究生招生规模达到 14199 人，较上一年增长 4.82%。④ 国家级一流本科课程由 27 门增加到 81 门。新增本科专业 38 个，新能源、新材

① 《习近平对职业教育工作作出重要指示强调 加快构建现代职业教育体系 培养更多高素质技术技能人才能工巧匠大国工匠 李克强作出批示》，http：//www. moe. gov. cn/jyb_xwfb/s6052/moe_838/202104/t20210413_526123. html，2021 年 4 月 13 日。
② 《内蒙古：推动各级各类教育发展提质增效》，新华网，http：//www. nmg. xinhuanet. com/20240110/a0c0f52c98dc406b966c8fb41c11bad3/c. html，2024 年 1 月 10 日。
③ 刘志贤：《内蒙古加快建设高质量教育体系》，《内蒙古日报（汉）》2024 年 1 月 11 日。
④ 《内蒙古：推动各级各类教育发展提质增效》，中工网，https：//baijiahao. baidu. com/s？id=1787759014301441368&wfr=spider&for=pc，2024 年 1 月 11 日。

料等领域的 20 个本科专业在内蒙古首次布点。[①] 加强国际交流合作,主动融入"一带一路"和中蒙俄经济走廊建设,成功举办中蒙高等教育展,与蒙古国教育科学部签署合作协议,高等教育支撑引领区域经济社会发展能力明显提升。

(六)调整优化高校学科专业设置

内蒙古强化学科专业建设统筹和管理,指导高校做好学科专业设置工作。在学科建设方面,自治区教育厅、财政厅、发展改革委联合公布了第二轮自治区"一流学科"建设高校及建设学科名单,对 2 个一流拔尖学科、19 个一流拔尖培育学科、14 个一流建设学科进行立项,分层次给予建设支持。自治区 C 档以上学科数量达到 59 个,比第四轮增加 31%。内蒙古民族大学研究生教育成果"服务需求 四措并举:地方高校硕士专业学位研究生实践能力培养路径探索实践"获得高等教育(研究生)国家级教学成果二等奖。

在专业建设方面,自治区教育厅编制印发《2023—2025 年急需紧缺/限制申报专业建议目录》,引导高校主动服务自治区两件大事,提升专业设置的对接度、匹配度。2023 年 12 所高校新增本科专业 38 个[②],内蒙古师范大学数字人文专业获批新增目录外专业,成为全国首个设置该本科专业的高校。内蒙古科技大学新能源材料与器件、内蒙古工业大学功能材料、内蒙古农业大学农业智能装备工程等 20 个专业在内蒙古首次布点,弥补了自治区在新能源、新材料、现代装备制造等重点产业链相关领域专业布点的空白。

(七)促进高校毕业生高质量充分就业

就业是最大的民生,也是自治区党委、政府高度重视和关心的领域,做好高校毕业生就业工作是重中之重的工作任务。内蒙古自治区印发《2023 年

---

① 刘志贤:《内蒙古加快建设高质量教育体系》,《内蒙古日报(汉)》2024 年 1 月 11 日。

② 《内蒙古高校本科专业新增 38 个、撤销 21 个》,搜狐网,https://www.sohu.com/a/667190994_121123866,2023 年 4 月 15 日。

高校毕业生等青年就业创业推进计划实施方案》，集中力量挖掘就业岗位资源、做实做细就业服务、做好困难托底帮扶，推动高校毕业生等青年高质量充分就业。该计划包括中小微企业吸纳毕业生就业政策落实行动、公共部门稳岗扩岗行动、高校毕业生等青年创业服务支持行动等10项重点任务。[①]

（八）加强教师队伍建设

2023年，全区共招聘中小学、幼儿园教师近万名，其中乡村教师1000余名，为教师队伍注入新鲜血液，一定程度上缓解了部分地区教师数量不足的问题。6700余名教师、校长参与交流轮岗，有助于均衡各地师资力量，让优质教育资源得到更广泛的覆盖，也为教师提供更多的学习和交流机会，促进教师的专业成长。城市、乡村义务教育阶段本科以上学历专任教师占比得到提升，普通高中研究生以上学历专任教师占比达到19.09%，高校博士学位教师占比达到21.57%，教师队伍的整体学历结构不断优化。

三　内蒙古教育事业面临的挑战

（一）教育资源不均衡

内蒙古自治区教育事业整体取得显著成就，但城乡、区域之间教育资源存在显著差距。在城乡方面，城市地区教育资源相对丰富，学校的软硬件设施完备，师资力量较强，教学质量较高。而农村牧区学校在基础设施建设、教学设备配备、师资队伍等方面都存在不足。例如，一些偏远农村牧区学校教室破旧、教学器材缺乏，难以满足正常的教学需求。师资方面，优秀教师往往更倾向于留在城市工作，导致农村牧区教师队伍整体素质和教学水平相对较低，影响教学质量。2023年底，全区高中专任教师中研究生毕业教师比例，城区为24.18%，乡村仅10.82%（见表2）。

---

① 李丹青：《做实做细就业服务 做好困难托底帮扶》，《工人日报》2023年4月8日。

表 2　2023 年专任教师分城区、县镇、乡村学历合格率

单位：%

各级教育	类目	城区	县镇	乡村
小学	学历合格率	100.00	100.00	99.99
	专科毕业及以上教师比例	99.87	99.57	99.22
初中	学历合格率	100.00	99.98	99.98
	本科毕业及以上教师比例	96.69	93.40	92.39
高中	学历合格率	99.30	98.87	97.00
	研究生毕业教师比例	24.18	15.57	10.82

数据来源：内蒙古自治区教育厅《2023/2024 学年初内蒙古自治区教育事业统计简报》。

经济发达地区如呼和浩特、鄂尔多斯等地的教育资源更为丰富，而一些经济相对落后的地区教育投入有限。造成这种差距的原因，一是经济发展不平衡，导致对教育的投入差异较大；二是地区间交通、信息等基础设施建设水平不同，影响了教育资源的均衡配置；三是城乡和区域间的生活条件、工作环境等差异，使得优秀教师和人才更倾向于流向发达地区。

（二）师资队伍建设有待加强

随着教育事业的不断发展，学生数量逐渐增加，对教师的需求也不断增大。尤其是在一些新兴学科和特殊教育领域，如人工智能、心理健康教育等领域，专业教师的缺口较大。例如，一些学校为了满足教学需求，不得不让其他学科的教师兼任这些课程，影响教学效果。

部分教师的教育教学理念和方法相对滞后，难以适应新时代教育发展的要求。此外，教师培训体系还不够完善，培训内容和方式不能很好地满足教师专业发展的需求。

（三）教育经费投入存在问题

投入总量不足。尽管内蒙古教育经费投入持续增长，但总量上仍难以满足教育事业快速发展的需求。特别是在一些偏远地区和贫困地区，教育经费

227

的投入仍然相对匮乏。

投入结构不合理。教育经费投入在不同地区、不同学校、不同教育阶段之间存在较大的差异。一些优质学校和教育阶段可能获得了更多的经费支持，而一些薄弱学校和教育阶段则面临经费短缺的问题。

使用效率不高。部分教育经费在使用过程中存在浪费和效益不高的问题。这可能是由于经费管理制度不完善、监督机制不健全等。

（四）教育与产业对接不够紧密

高校学科专业设置与产业需求不匹配。一些高校的学科专业设置未能紧密结合内蒙古的产业发展需求，导致毕业生的就业竞争力不强。例如，内蒙古的优势产业如畜牧业、能源产业等，需要大量的相关专业人才，但高校在这些领域的专业设置和人才培养规模还不能满足产业发展的需求。

产教融合深度不够。学校与企业之间的合作还不够深入，缺乏有效的合作机制和平台。企业参与学校人才培养的积极性不高，学校的教学内容和实践环节与企业的实际需求存在脱节现象，导致学生毕业后难以快速适应工作岗位。

（五）人才流失与引进

内蒙古优秀教师和学生的流失情况较为突出。一些优秀教师为了寻求更好的发展机会和生活条件，流向经济发达地区或大城市。同时，部分优秀学生也选择到外地接受更高质量的教育。人才引进方面存在困难，主要是由于地区经济发展水平相对较低，工作待遇和发展空间有限，难以吸引高层次的教育人才。此外，内蒙古的自然环境、文化生活等方面与发达地区存在差距，也在一定程度上影响了人才引进。

四　内蒙古教育事业发展思路

完成全面落实立德树人、构建高质量教育发展新格局等任务，内蒙古应促进教育资源均衡配置、提高教育服务能力、深化教育领域改革,并通过加强党对教育工作的全面领导、加强高素质专业化干部队伍建设,推动教育事业科学发展,办好人民满意的教育,为内蒙古经济社会发展提供更有力的人才支撑和智力保障。

(一)立德树人方面,在各个学科的教学中融入德育元素

例如,在语文教学中,通过对经典文学作品的解读,引导学生领悟其中的人文精神、道德观念;历史学科在讲述历史事件和人物时,挖掘其中蕴含的爱国主义、民族精神等价值观。专门开发和设置以立德树人为核心的特色德育课程。比如,开设文明礼仪课程、传统文化课程、心理健康课程等,从不同角度对学生进行道德教育、行为规范教育和心理健康教育。

(二)促进教育资源均衡配置

通过完善教育政策和机制,结合各盟市的实际情况,增加对农村牧区的教育资金投入,推动公共教育资源均衡发展,加强校际交流合作,努力实现学校分布、教学设备、师资配置均衡化,实现内蒙古优质教育资源的公平分配。构建全面、系统的教育改革政策,政府、学校、家庭和社会各界共同合作,鼓励社会各界参与支持,积极倡导公益教育活动,与社会资源深度合作,进一步促进教育公平和提高优质教育的普及率,构建多元化的教育生态系统。

(三)优化结构促进各类教育协调发展

学前教育以普惠为主线,大力发展公办园,积极扶持普惠性民办幼儿园发展,提高学前教育的普及程度和质量,为幼儿提供优质的学前教育服务。推进义务教育优质均衡发展,改善农村牧区学校办学条件,加强城镇学校学位扩容,提升义务教育质量。持续推动普通高中特色化、多样化发展,为学生全面发展提供个性化教育。推动高校优化学科专业布局结构,提高专业设置与社会需求的契合度。加强一流学科建设,提高人才自主培养质量,加强

教育对外合作交流，提升高等教育的影响力和竞争力。职业教育应按照"专业嵌入产业链，育人融入发展盘"的思路，持续调整专业设置和布局，深化产教协同发展。推进产教融合，加强校企合作，推广现代学徒制，规范开展证书制度试点，提升职业教育的适应性和服务能力。

（四）强化教育基础保障

持续投入资金改善学校基础设施，加强教学楼、宿舍楼、食堂、实验室、图书馆等教学和生活设施的建设和维修。同时，加强信息化建设，提升学校教育信息化水平。根据区域特点和教育需求，合理布局学校和教育资源，确保教育资源均衡配置。特别是在农村牧区和边远地区，加大投入力度，缩小城乡教育差距。加强教育管理和监督，提高教育教学质量和水平。建立健全教育质量监测和评估体系，定期对学校和教育机构进行评估和检查，确保教育服务质量稳步提升。

（五）进一步提升教师队伍综合素质

进一步加强教师人才队伍建设，修订和完善基层教师培养机制，加强中小学教师科学素质提升培训，推进教师队伍建设的数字化转型。按照各盟市的优点和弱点，分析盟市及各级各类学校的教师专业素质，进一步明确教师队伍发展定位，细化教师培养目标，推动教师队伍建设。对基层教师进行政策帮扶，实施相应的人才工程，优化基层教师队伍结构。同时，通过邀请知名学者、聘任退休专家等形式，多层次多渠道招揽人才，不断充实教育教学人才队伍。

B.16
内蒙古医疗卫生事业发展报告

王桂兰*

摘　要： 本报告聚焦内蒙古地区公共卫生服务体系、医疗服务机构和基层卫生服务机构的发展状况。2023年内蒙古地区医疗卫生事业相关数据表明，全区公共卫生服务体系、医疗服务体系和基层医疗机构处于良好发展状态。各个体系内的各类机构数量整体上呈增长趋势，人员数量稳步增加，并且其资质结构逐渐改善；公共卫生体系和基层卫生服务机构财政拨款持续提升；在持续得到稳固的资源支持下，医院和基层医疗机构的门诊和住院服务量整体呈现增加的态势。

关键词： 医疗卫生资源　医疗服务　基层卫生　中医（蒙医）发展

一　内蒙古医疗卫生事业发展现状

（一）医疗卫生资源不断增加

医疗卫生事业是旨在提升人民健康水平的综合性社会民生工程。一般而言，公共卫生服务、医疗服务、医疗保障、药物供应等各领域相辅相成，才可以有效推进卫生事业的良好发展。上述领域的相关机构，一起构成医疗卫生事业的整体。公共卫生服务体系主要包括疾病的预防控制、健康教育、妇幼保健以及计划免疫等任务，旨在提升公众的健康素养和整体健康水平；提

---

* 王桂兰，博士，呼和浩特民族学院研究员，主要研究方向为文化人类学（医学人类学）。

供日常的医疗服务是医疗服务体系的重要职责，其中包括诊断、治疗、护理和康复等内容，以满足人们对医疗的需求；医疗保障体系以社保、医疗保险等方式，确保公民获得必要的治疗支持，减轻医疗费用负担；药品供应保障体系负责药品的生产、销售和管理，确保药品的安全和有效性。医疗保障体系和药品供应保障体系的完善，与公共卫生服务、医疗服务以及基层医疗服务顺利进行息息相关。

1. 医疗卫生系统各机构发展现状

2023 年，内蒙古自治区共有 25685 家医疗卫生机构，比 2022 年增加 623 家，其中包括 851 家医院、24328 家基层医疗卫生机构和 438 家专业公共卫生机构。与 2022 年相比，医院数量增长 42 家，基层医疗卫生机构增加 577 家，专业公共卫生机构增加 8 家。① 总体上，医疗卫生机构数量保持增长趋势。

在 851 家医院中，327 家为公立医院、524 家为民营医院。根据级别把医院划分为一、二、三级医院和未定级医院，在 851 家医院中，有 95 家三级医院（其中，57 家三级甲等医院），371 家二级医院，305 家一级医院，还有 80 家未定级医院。各级医院的床位数有所不同，具体情况如下：有 527 家医院的床位数在 100 张以下，135 家医院的床位数在 100~199 张，117 家医院的床位数在 200~499 张，38 家医院的床位数在 500~799 张，还有 34 家医院的床位数在 800 张及以上。

在基层医疗卫生机构中，社区卫生服务中心（站）总共有 1267 个，苏木乡镇卫生院共有 1240 个，此外还有 8014 个社区诊所和医务室，以及 12812 个嘎查村卫生室。专业公共卫生机构数量也呈现增长趋势。到 2023 年底，内蒙古地区共有 121 个疾病预防控制中心，其中 1 个为自治区级、11 个为盟市级、103 个为旗县级，其他有 6 个；全区共有 118 家妇幼保健机构，其中 1 家为自治区级、12 家为盟市级、103 家为旗县级，其他有 2 家。

---

① 本报告相关数据皆来源于《2023 年内蒙古自治区卫生健康事业发展简报》，内蒙古自治区健康卫生委员会网站，2024 年 5 月 29 日。

2.床位数量不断增加

截至 2023 年末，全区医疗卫生机构总共提供 173136 张床位，其中医院床位数达到 139410 张，而基层医疗卫生机构则有 28217 张床位。公立医院占 81.27% 的床位，私立医院占 18.73%。相较 2022 年，床位数量有所增加，增加 5444 张，其中医院床位新增 4421 张，基层医疗卫生机构床位新增 713 张。每千人口医疗卫生机构床位数自 2022 年的 6.98 张增加到 2023 年的 7.22 张。

3.医疗卫生工作者总数增加

2023 年，全区卫生从业人员总数达到 284109 人，较 2022 年增加 16315 人，增长率达到 6.09%。在医疗卫生工作者中，有 234503 名卫生技术人员，12012 名乡村医生和卫生院工作人员，13663 名其他技术人员，19344 名管理人员，以及 13238 名工勤技能人员。卫生技术人员中，有 92704 名执业医师，101220 名护士，与上年相比，医疗专业技术人员共增加 17508 人，增长 8.07%。上述医疗卫生工作者的机构分布：医院 171910 人，占 60.51%，基层医疗卫生机构 87007 人，占 30.62%，专业公共卫生机构 23406 人，占 8.24%；每千人口有 3.87 名执业医师，每千人口注册护士为 4.22 人，每万人口全科医生数量为 4.09 人，每万人口公共卫生人员则为 8.36 人。

（二）医疗服务数量增加，质量提高

医疗服务数量涵盖各级医疗机构的总诊疗人数、出院人数，医生的医疗工作负荷情况，以及床位的利用情况等内容；医疗服务质量是各级医院提供医疗服务效果和满足患者需求程度的表现。医疗质量涉及医疗卫生机构的临床技能、医疗成果以及医务工作人员的专业素养等方面。全区医疗服务水平整体呈现稳定提升的趋势。

1.门诊和住院情况

2023 年，全区医疗卫生机构的总诊疗人次达到 11826.60 万人次，比 2022 年增加 1933.47 万人次。居民人均到医疗卫生机构就医 4.9 次。总诊疗人次中，医院提供 6553.44 万人次的诊疗服务，占比 55.41%；基层医疗卫生机构则为 4761.79 万人次，占比 40.26%；专业公共卫生机构 507.26 万人次，占比 4.29%；其他医疗机构则为 4.10 万人次，占比 0.03%。与 2022 年同期比较，医院的诊疗人次增加 1192.4 万人次，而基层医疗卫生机构的诊疗人次也有所增加，增加幅度为 640.17 万人次。在医疗就诊人次中，公立医院的就诊数量为 5761.45 万人次，占医院总数的 87.91%，而民营医院的就诊人次为 791.99 万人次，占医院总数的 12.09%。基层嘎查村的卫生所服务数量也有增加。2023 年苏木乡镇卫生院的就诊人次达到 1123.73 万人次，占比 9.50%，同时社区卫生服务中心（站）的诊疗量相较 2022 年增长399.69 万人次。

2023 年全年，全区医疗卫生机构的出院人数达到 406.39 万人，较 2022 年增加 103.81 万人，增长幅度高达 34.31%。出院人数中，医院有 359.01 万人，占比 88.34%；基层医疗卫生机构有 35.85 万人，占比 8.82%；专业公共卫生机构有 11.49 万人，占比 2.83%。相较 2022 年，医院的出院人数增加 86.91 万人，而基层医疗卫生机构的出院人数增加 14.2 万人。

2. 医院医生的工作量情况

2023 年，全区医疗卫生机构中医师平均每日负责诊疗 5.0 人次和 1.2 张住院床位。医院医师每天平均负责诊疗 5.2 人次和 1.8 张住院床位，其中公立医院的医师每天平均诊疗 5.2 人次和 1.8 张住院床位。基层医疗卫生机构医师每天平均诊疗 4.7 人次和 0.2 张住院床位，其中社区卫生服务中心（站）医师每天平均诊疗 8.6 人次和 0.2 张住院床位，乡镇卫生院医师每天平均诊疗 4.3 人次和 0.5 张住院床位。

3. 病床利用率情况

2023 年，内蒙古地区医院床位使用率为 67.50%，而公立医院的病床利用率遥遥领先，高达 73.85%。相较于 2022 年，全市医院的病床利用率增长 12.12 个百分点，其中公立医院的增幅高达 13.65 个百分点。2023 年出院者的平均住院天数为 8.7 天，比 2022 年减少 0.4 天，其中公立医院 8.7 天。基层医疗卫生机构床位利用率为 25.20%，平均住院天数为 4.6 天。

（三）基层医疗卫生服务体系不断进步

基层医疗卫生服务体系，在国家医疗卫生服务体系中必不可少。各级基层医疗卫生机构向基层居民提供就近就地医疗服务，也是当地疾病预防保健服务的核心。建立健全基层医疗卫生服务系统，可以促进医疗卫生服务的平等和可及性，缓解看病难、看病贵的问题。基层医疗卫生服务系统由社区卫生服务中心、乡镇卫生院和村卫生室等基层医疗单位组成，是国家医疗服务网络不可或缺的组成部分。基层医疗卫生机构是当地人获得基本医疗服务的主要场所，也是疾病预防、健康教育和公共卫生管理的关键场所。

1. 基层医疗卫生服务体系逐步完善

截至 2023 年底，旗县级医院共有 318 家，旗县级妇幼保健机构达 71 家，旗县级疾病预防控制中心和卫生监督所分别有 72 个和 70 个，旗县级卫生人员总数为 62302 人。截至 2023 年底，全区共有 1240 个苏木乡镇卫生院，提供 21858 张床位，拥有 23891 名卫生人员，其中包括 21370 名卫生技术人员。与 2022 年相比，苏木乡镇卫生院数量减少 9 个，但床位增加 653 张，人员整体增加 1116 人。每千农业人口苏木乡镇卫生院人员数量从 2022 年的 3.02 人增加到 3.28 人。

截至 2023 年底，内蒙古地区共有 11038 个行政村，这些行政村基本上都设有卫生室，总共有 12812 个嘎查村卫生室。显然，有些嘎查村已拥有 1 个以上的卫生室。嘎查村卫生室人员总数为 17930 人，由执业医师 5151 人、注册护士 578 人以及乡村医生和卫生员 12012 人组成。平均每个嘎查村卫生室 1.40 人，与 2022 年相比，嘎查村卫生室数量减少 12 个，但人员总数增加 348 人。

2. 基层医疗服务数量和质量提升

2023 年，全区旗县级医疗机构接待患者总数达到 2878.93 万人次，同比增加 384.73 万人次，出院人数 153.49 万人，比 2022 年增加 33.76 万人。2023 年苏木乡镇卫生院诊疗人次为 1123.73 万人次，比 2022 年增加 95.12 万人次，康复出院人数也显现增加趋势，出院人数 31.90 万人，比 2022 年增加 13.48 万人。医生平均每天要负责 4.3 人次的诊疗，以及 0.5 张病床的住院治疗。病床使用率达到 26.38%，平均出院天数 4.5 天，相较于 2022 年，苏木乡镇卫生院医护人员工作负担有所增加，病床利用率提高 3 个百分点，同时平均住院天数减少 1.6 天。嘎查村卫生室医疗服务量达到 1229.28 万人次，较 2022 年增加 14.97 人次，每个嘎查村卫生室的年医疗服务量为 0.10 万人次。

3. 社区的卫生设施和医疗服务质量逐步提升

在社区卫生服务设施建设方面，截至 2023 年，全区已经建立 1267 个社区卫生服务中心（站），包括 349 个社区卫生服务中心和 918 个社区卫生服务站。与 2022 年相比，社区卫生服务中心增加 3 个，而社区卫生服务站增加 24 个。在社区卫生服务中心的人力资源方面，共有卫生人员 11439 人，平均每个中心有 33 人。918 个社区卫生服务站，共拥有 5880 名公共卫生人员，平均每个站有 6 人。社区卫生服务中心（站）的人员数量比 2022 年增加 1663 人。

在社区医疗服务方面，2023 年全区社区卫生服务中心门诊量较 2022 年增加 279.55 万人次，总诊疗人次达 867.85 万人次，出院人数 32.7 万人，住院人数略有增加。每个中心的年平均诊疗人次为 2.49 万人次。医师日均承担诊疗 9.9 人次和住院 0.3 日，与 2022 年相比，医师日均承担诊疗的工作量有所增加。社区卫生服务站总共接待 365.62 万人次就诊，每个服务站的年均诊疗量为 0.40 万人次，医生每天平均要处理 6.4 人次的诊疗。

（四）医疗卫生机构的医疗费用较合理

2023 年，全区医疗卫生机构平均每次就诊费用为 276.6 元，较 2022 年同期上涨 10.55%。人均住院费用 7724.4 元，按当年价格计算比 2022 年下降 6.99%。出院者日均住院费用为 938.3 元，与 2022 年相比下降 1.20%。

1. 住院病人的医疗费用

2023 年，医院平均每次门诊花费为 340.0 元，比 2022 年同期上涨 6.55%。人均住院费用 8410.3 元，按当年价格比 2022 年下降 5.61%。出院者每日平均住院费用为 969.1 元，较 2022 年下降 1.24%。

2023 年，公立医院平均门诊费用为 335.1 元，比 2022 年同期上涨 6.65%。人均住院费用 8717.3 元，按当年价格同比下降 5.57%。出院者每日平均住院费用为 996.4 元，与 2022 年相比下降 1.07%。三级公立医院的平均门诊费用为 374.0 元，上涨 2.38%；人均住院费用 10338.3 元，下降 4.52%；日均住院费用 1145.8 元，下降 0.03%。二级公立医院的平均门诊费用为 272.9 元，上涨 12.68%；人均住院费用 5493.9 元，下降 9.45%；日均住院费用 672.5 元，下降 4.70%。

2.基层医疗卫生机构患者的医疗费用

2023 年，基层医疗卫生机构每次平均门诊费用 158.6 元，按当年价格比上年上涨 30.64%；人均住院费用 1680.9 元，价格比上年下降 13.78%；出院者日均住院费用 364.9 元，相较 2022 年上涨 9.42%。社区卫生服务中心次均门诊费用 164.5 元，按当年价格比上年上涨 4.25%；人均住院费用 3314.8 元，按当年价格比上年上涨 3.88%；出院者日均住院费用 497.6 元，按当年价格比上年上涨 15.03%。苏木乡镇卫生院次均门诊费用 103.7 元，按当年价格比 2022 年上涨 12.23%；人均住院费用 1544.0 元，按当年价格比 2022 年下降 20.69%；出院者日均住院费用 343.6 元，按当年价格比 2022 年上涨 7.14%。

综上，2023 年内蒙古地区医疗卫生事业发展的具体数据，充分体现全区医疗卫生事业发展的良好现状。在医疗卫生资源稳步增加、医疗卫生服务数量和质量逐步提升的背景下，自治区相关部门也针对地区实际情况，制定区域性医疗卫生重点工作方案，积极推进，逐步实施。

二 内蒙古地区医疗卫生重点工作方案及其实施情况

（一）全面提升医疗卫生服务质量的计划逐步实施

健康中国建设需要高质量、全覆盖的医疗卫生体系。为全面推动健康内蒙古建设，2023 年 7 月，内蒙古自治区健康卫生委印发"全面提升医疗质量"行动工作方案，把实施时间定为 2023~2025 年。该行动方案对全区医

药卫生体制改革，提升各级医疗质量安全水平，构建高质量的医疗卫生服务体系具有深远影响。方案以习近平新时代中国特色社会主义思想为指导，深入贯彻党的二十大精神，关注人民健康需求，把民众就医看病问题放在优先发展范围，以满足人民日益增长的美好生活需要为根本目标，切实推动自治区医疗卫生服务高质量发展为主题，提高供给质量为主攻方向。在具体行动中，并重中西医，强调全面质量安全管理，推进优质医疗资源扩容和区域均衡布局，进一步提高民众获得感、幸福感、安全感。

方案达成的目标明确，实施阶段安排合理可行。要利用三年的时间，提升全行业的质量安全意识，完善管理体系和运行机制，加强政府监管和各级机构的自律自治，最终形成行业参与和社会监督的医疗质量安全管理多元共治机制。切实加强巩固基础医疗质量管理，提升医疗质量管理水平，优化医疗资源配置和服务均衡性。逐步增强重大疾病诊疗能力，持续提升人民群众对医疗服务的满意度。

方案由24个主要任务、5个专项行动构成，立足地区特点，工作安排切实可行。即2023年7~8月为动员部署阶段；2023年8月到2025年9月为全面推行阶段；2025年10~12月为巩固提高阶段。方案实施已过一年有余，从上文列举的医疗资源、医疗服务质量相关数据来看，经过一年多的运营，整个地区的医疗服务质量逐步提高。

（二）进一步完善护理服务行动方案有效展开

提升医疗卫生质量，需要完善的医疗卫生体系。完善的医疗卫生体系需要多样化的护理服务机制。为满足人民群众对多样化护理服务的需求，进一步提升护理服务质量，持续改善患者就医体验，促进护理工作的高质量发展。2023年8月，内蒙古自治区卫生健康委印发进一步改善护理服务行动工作方案，方案实施时间为三年。

该行动方案，关注百姓日益增长的多样化护理服务需求，坚持为人民服务精神，着力解决人民群众的急难愁盼护理难题，提升人们看病就医质量。利用三年的时间，在全区开展以加强基础、提高质量、促进发展为主题的进一步改善护理服务行动。如在医疗护理行动上，护理人员切实履行以患者为中心的理念，做好本职工作。方案实施以来，全区各个医疗机构的临床基础护理不断加强，护理质量明显提高。护理服务与提高医疗质量息息相关，持续改善护理服务，丰富护理内涵，拓展护理领域，创新服务模式，可有效推进健康内蒙古建设。

全区各医疗卫生机构加强基础护理，推动护理服务贴近临床实践。具体通过贯彻巡视观察责任，加强护理安全与质控，提升护理专业技能水平，拓展中医（蒙医）护理实践，有效减轻护士工作压力等途径，有效推进方案。通过进一步推广"互联网+护理服务"、增强基层护理服务能力、扩大老年护理服务供给等措施，拓展护理领域，推动护理服务贴近社会需求，开展持续的护理服务。

（三）传承发展中医药（蒙医药）三年行动计划有效推进

为了促进中医药（蒙医药）传承与创新发展，2024 年 6 月，内蒙古自治区卫生健康委印发"创立新质　创造新品"的三年行动方案。

"创立新质　创造新品"方案，旨在促进中医药（蒙医药）传承与创新发展。为达成该方案的目的，需要结合传统与现代，依靠科技创新和信息技术。在具体行动中，围绕中医药（蒙医药）服务新技术、新器械、新材料、新药物、新试剂研发与应用创立新质生产力；围绕整合型医疗、健康管理、人工智能等医疗各要素的创新配置，创立新的管理模式、新的服务模式、新的发展模式；围绕科研成果转化、产品升级换代、医药产业发展创造新产品。通过三年的努力，实现中医药（蒙医药）事业深度转型升级，"创立新质、创造新品"实现新突破。

在传承发展中医药（蒙医药）原创理论方面，目前已初步建立相关研究平台。今后，要推动中医药（蒙医药）原创理论的深入研究，在疾病诊断、诊疗规律的现代化诠释方面下大功夫，争取取得显著进展。在夯实中医药（蒙医药）古籍创新基础方面，基于大数据、人工智能等技术，逐步开展将中医药（蒙医药）古籍与传统知识中的潜在信息转化为显性信息的工

作，建立中医（蒙医）经典理论知识库。在此基础上，推动传统知识的活化传承，实现数字化、影像化记录，揭示中医药（蒙医药）领域知识的动态发展规律，提升中医药（蒙医药）古籍的原始性和再生保护水平等。在探索中医（蒙医）疾病机理和治疗方法方面，基于专业实践，秉持传统医学理念进行研究。遵循疾病诊疗规律，在疾病成因、发展过程、治疗原则和方法等方面争取提出新观点。继而经过实证医学验证，阐明科学内涵，创新治疗心脑血管疾病、骨病、血液疾病、癌症、糖尿病等重大疾病的治疗方案，推动诊疗方案的优化，最终促进临床诊治和研究方法学体系的规范化和标准化。

三　内蒙古医疗卫生事业发展存在问题与对策建议

医疗卫生事业的发展受到各种因素的综合影响，如经济社会发展大环境、行业领域管理水平、文化传统、人口结构、信息科技进步以及生态环境等。这些不同领域的多种因素共同作用，对医疗卫生事业的发展和改革产生影响。兼顾上述因素，促进各领域相辅相成和协调发展，才能创建完善的医疗卫生事业体系。而促进区域医疗卫生事业的蓬勃发展，需要业界、学界和政界的共同努力。如上所述，内蒙古自治区医疗卫生事业正在稳步发展，城乡医疗卫生服务体系不断完善，疾病防治能力不断增强，医疗保障范围逐步扩大，卫生科技水平不断提高，全区人民的健康状况明显改善，但也存在以下几点问题。

（一）存在问题

1. 城乡医疗卫生差距显著，资源配置有待优化

医疗卫生服务的公平公正关系到每个人，是维护社会和谐安宁的主要因素之一。如前文所述，医疗卫生资源集中在城市大医院。在市场经济大环境下，大多数医院需要凭借自身的资源优势，维持其生存和发展。因此，为了扩大规模，各大医院竞相购买先进器材，高薪引进高级人才。而基层医疗卫

生机构的设施设备不完善，人才结构不合理。

2. 医防融合发展需要进一步推进

公共卫生服务体系与医疗服务体系从成立之初便呈现互相独立的状态，两者在管理、资金支持、合作业务、信息交流以及员工观念方面彼此分隔。这种独立格局的形成导致疾病预防和医疗领域的脱节，不利于推进医防融合发展。近年来，为促进医防融合发展，国家推崇以家庭医生制度为核心，将高血压、糖尿病等慢性病护理作为突破口，采取相应政策措施。内蒙古自治区政府也需要积极跟随国家政策的步伐，逐步推行医防融合模式。借助中医药（蒙医药）的综合治疗特点，扩大医防融合规模是可尝试的途径。

3. 中医药（蒙医药）创新发展有待推进

近年来，自治区有关部门重视中医药（蒙医药）的创新发展，居民对中医药（蒙医药）的认可度呈现上升趋势。但是中医药（蒙医药）的创新发展有待推进，在传统与现代的结合、信息化建设、人才培养等方面仍存在欠缺。

4. 医疗卫生体系信息化建设需要进一步加强

综观近几年医疗卫生事业发展情况，不难发现医疗行业正在积极应用现代技术、信息网络等技术手段促进医疗行业的现代化发展。但是内蒙古地区城乡医疗卫生机构的信息化建设需要进一步加强，尤其是基层医疗卫生机构的信息化建设更需要加大力度。

5. 医疗行业医德医风建设有待加强

近年来，自治区相关部门的监督监管以及网络媒体的舆论监督等有效遏制了医疗腐败问题。然而总体来看，医疗行业医德、医风建设有待加强，医疗卫生工作者的职业素养和服务态度还有提升的空间。

（二）对策建议

为了确保全区民众获得安全、有效、便捷、经济实惠的基本医疗服务，各级政府积极推进医药卫生体制改革，已取得一定进展，但也面临各种挑战和机遇。为了进一步提高医疗卫生系统的发展水平，针对上述问题，提出如

下建议。

1.优化资源配置，强化基层医疗服务能力

应增加对基层医疗机构的投入，提升基层医护人员的专业水准和服务品质，以确保乡村地区和社区居民得到方便快捷、高效的基层医疗服务。为提升医疗服务的均衡性和普及程度，进一步优化资源配置，缩小地区间的差距。

深化医药卫生体制改革是优化资源配置的有效途径。持续促进医疗卫生体制改革，加强卫生服务的整合和协作，提高服务的效能和水平。通过制度革新，推动医疗卫生服务方式的更新，实现以疾病治疗为核心转变为以民众健康为重心，更强调预防和健康管理。结合医疗和健康宣传，扩大医学保健的范围，通过线上线下的宣传和推广，增强民众的卫生保健意识。

2.完善公共卫生服务体系，拓展其功能

加强公共卫生服务机构的疾病预防控制体系建设，提升其应对重大疫情和紧急事件的能力。除此之外，关注全社会民众心理健康、职业病防治等问题，针对相关问题制定有效方案，提高卫生服务机构的服务水平，确保人民身心健康。

公共卫生服务系统的完善对于维护现代社会的健康状态至关重要。公共卫生服务体系不仅致力于预防疾病，还在传播和普及健康卫生理念方面发挥作用。为了促进医疗服务机构与医防融合发展，积极推动沟通和协调，开展健康教育和相关活动，增强民众的健康卫生意识。

3.突出中医药（蒙医药）的优先地位，结合传统和现代，推进传统医学的创新发展

发挥中医药（蒙医药）在疾病预防、综合治疗、康复治疗等方面的独特优势，促进中医药（蒙医药）的传承和创新，提升中医药（蒙医药）的服务水平和技术创新能力。

突出中医药（蒙医药）的综合治疗、提升人体免疫力优势，结合传统与现代技术扩大其治疗范围。整体上，注重中医药（蒙医药）理论研究、基础研究、临床研究需求和创新创造高质量发展需求，强化引导专家学者，统筹创新力量和资源，加强与区内外高校、科研机构和重点企业的协调沟通，实现科研管理与平台、项目、团队、人才之间的良性互动。总之，通过积极实施融合发展模式，推动中医药（蒙医药）的创新发展。在传承方式上积极采取"互联网+"模式，基于计算机技术、通信技术和多媒体技术，结合医疗、教育和培训技术，利用高质量的实时音视频共享传输手段，构建融合远程名医临床带教、疑难病案互动讨论、优势病种、优势专科建设以及中医药（蒙医药）适宜技术应用推广等的多元化远程人才培养服务体系，实现传统与现代的有机结合，推动中医药（蒙医药）的创新发展。

4. 加强人才队伍建设，推进信息化建设

注重培养和引进医疗卫生人才，通过教育培训、学术交流等方式，提升从业人员的专业水准和服务水平。在优化人才培养环境的同时，吸引更多有潜力的专业人才加入医疗卫生领域。

加强人才建设是利用现代技术、推进信息化建设的基础。医疗卫生领域的信息化建设，是现代医学发展的必由路径、有效之举。利用当代信息技术可有效提升医疗服务效率和管理水平。推进电子病历和远程医疗等技术的使用，以方便民众就医。在数字化程度不断提升的媒介化社会，互联网和数字化工具不仅提高医疗卫生工作的效率，也为系统性治疗带来极大便利。在信息化进程快速发展的情形下，促进医疗服务机构间建立互相支持的机制，推动医防融合发展。

5. 加强医疗卫生行业的医德行风建设，提升医务人员的职业道德和服务意识，构建和谐的医患关系

在相关部门对医疗行业职业道德的严格要求，以及信息化时代信息透明、大众监督的背景下，医疗领域的不良之风得到控制。自媒体、信息技术时刻曝光医师不当行为，有效地遏制了医师收受红包、与药厂勾结等违规行为。

总之，内蒙古地区医疗卫生体制改革正在逐步推进。有效实施上述措施，可进一步提升内蒙古卫生事业的发展水平，更有效地满足人民群众健康需求，为建设健康内蒙古打下坚实基础。

专题篇 ▷

B.17
内蒙古各盟市经济综合实力评价分析

高 风*

摘 要： 地区经济发展综合实力能在一定程度上反映地区在经济发展水平、增长速度、经济结构优化程度、发展效益以及科技发展能力等方面达到的先进程度。本报告利用现代统计学方法对内蒙古各盟市的经济综合实力进行评估分析，力图从一个全新的角度来评价和反映内蒙古各盟市在经济发展水平、经济发展动力和经济发展潜力等方面的差异，为自治区区域经济协调发展提供参考。评价分析发现，"金三角"盟市是全区经济综合实力的排头兵，全区区域经济仍呈非均衡发展格局，盟市间经济发展水平差距较大，东部多数盟市经济发展动力和发展潜力不足，西部盟市经济结构优化度较低，多数盟市科技发展水平不高。为此，建议提升东部盟市经济综合实力，进一步优化西部盟市经济结构，提升盟市科技发展水平。

关键词： 经济综合实力 经济结构 内蒙古

---

* 高风，内蒙古自治区社会科学院经济研究所研究员，主要研究方向为数量经济。

地区经济发展综合实力是一个地区在现有的人力、物力、财力条件下，经济发展水平、增长速度、经济结构优化程度、发展效益以及科技发展能力等方面所能达到的先进程度的综合反映。它包括地区经济发展水平、地区经济发展动力和地区经济发展潜力等方面。

自治区有 12 个盟市，这 12 个盟市之间经济发展水平存在不同程度的差异，对全区经济增长的贡献也有所不同。为了切实了解和全面反映各盟市的综合经济实力，应用现代统计学方法对自治区各盟市经济发展综合实力进行综合分析和比较，力图从一个全新的角度来评价和反映自治区各盟市的经济综合实力，了解和比较盟市间的发展差距，为自治区区域经济的协调发展提供参考。

一 指标体系

对区域综合经济实力的评价分析需要一套科学的指标体系，本报告参照和综合以往学者对经济综合实力指标体系的研究成果，本着针对性强、可比性强、数据搜集容易等原则建立指标体系。本指标体系分成 3 个子系统：经济发展水平、经济发展动力和经济发展潜力，由这 3 个子系统构成经济综合实力指数。经济发展水平子系统包含 3 个模块，分别是经济规模、经济结构和人均水平；经济发展动力子系统也包含 3 个模块，分别是投资、消费和对外贸易；经济发展潜力子系统包含 4 个模块，分别是增长速度、财政实力、经济效益和科技水平，3 个子系统共包含 10 个模块（见表 1）。采用《内蒙古统计年鉴 2023》中的数据。需要说明的是，本指标体系采用的是部分具代表性的指标，指数高低仅反映各地区的相对差异和相对水平，为衡量地区发展差异提供一定的参考，并不说明各地区经济综合实力的绝对优劣。在计算结果中，0 表示全区经济综合实力的平均值，0 以上表示经济综合实力高于平均水平，0 以下表示经济综合实力低于平均水平。

表 1　地区经济综合实力指标体系

第一层次	第二层次	第三层次	
A1　经济发展水平	B1 经济规模	C1	地区生产总值
		C2	地方财政收入
	B2 经济结构	C3	第三产业比重
		C4	城镇化率
	B3 人均水平	C5	人均 GDP
		C6	居民人均可支配收入
A2　经济发展动力	B4 投资	C7	固定资产投资增速
		C8	人均贷款
	B5 消费	C9	消费品零售额占 GDP 比重
		C10	人均消费品零售总额
	B6 对外贸易	C11	出口总额占 GDP 比重
		C12	贸易顺差额
A3　经济发展潜力	B7 增长速度	C13	GDP 增速(本年/上年)
		C14	工业增加值增速
	B8 财政实力	C15	地方财政收入占 GDP 比重
		C16	人均财政收入
	B9 经济效益	C17	经济密度
		C18	全员劳动生产率
		C19	耕地产出率
	B10 科技水平	C20	科技投入占 GDP 比重
		C21	每万人拥有各类科技人员数
		C22	专利申请数

二　经济综合实力测算

经济综合实力的测算首先在第二层次中运用 SPSS 软件的主成分分析法降维来客观确定指标权重即系数，经济综合实力指数采用赋权法确定各个子系统的权重，在本报告中，经济发展水平赋权重 0.4，经济发展动力赋权重 0.3，经济发展潜力赋权重 0.3，经济综合实力指数算法如下：

经济综合实力指数 = 0.4 × A1 + 0.3 × A2 + 0.3 × A3

（一）各盟市经济综合实力评价分析

运用上述方法测算出自治区各盟市经济综合实力指数（见表2），可以看出自治区各盟市经济发展仍存在差异，区域经济仍呈现非均衡发展格局。在12个盟市中，有5个盟市经济综合实力处于全区平均水平之上，其余7个在平均水平之下，显示出盟市间经济综合实力存在较大差异。

表2　2022年内蒙古各盟市经济发展综合实力

盟市	经济发展水平指数	经济发展动力指数	经济发展潜力指数	经济综合实力指数
呼和浩特市	0.967	−0.156	0.910	0.613
包头市	0.757	0.392	0.398	0.540
呼伦贝尔市	−0.155	0.016	−0.191	−0.115
兴安盟	−0.787	−0.835	−0.038	−0.577
通辽市	−0.239	−0.008	−0.540	−0.260
赤峰市	−0.241	−0.753	−0.615	−0.507
锡林郭勒盟	−0.217	−0.271	−0.190	−0.225
乌兰察布市	−0.637	−0.423	−0.267	−0.462
鄂尔多斯市	0.916	0.530	0.728	0.744
巴彦淖尔市	−0.122	0.005	−0.479	−0.191
乌海市	−0.105	0.606	0.326	0.238
阿拉善盟	−0.136	0.899	−0.043	0.202

数据来源：根据《内蒙古统计年鉴2023》计算所得。

经济综合实力排名前三位的盟市是以鄂尔多斯市、呼和浩特市和包头市为主的"金三角"地区，这3个盟市具有较强的经济发展综合实力，是带动全区经济发展的主要力量。经济综合实力在全区平均水平之下的7个盟市中有4个东部地区的盟市，表明东部地区经济发展综合实力较弱。

（二）经济发展水平评价分析

在经济发展水平子系统中，经济发展水平指数高于全区平均水平的只有

3 个盟市，分别是居前三位的呼和浩特市、鄂尔多斯市和包头市，其余盟市均低于全区平均水平，表明盟市间经济发展水平差距较大。处于中上等水平的是中部地区的盟市，分别是乌海市、巴彦淖尔市和阿拉善盟，东部地区的盟市经济发展水平相对较落后（见表3）。

表 3　2022 年内蒙古各盟市经济发展水平

盟市	经济规模指数	经济结构指数	人均水平指数	经济发展水平指数
呼和浩特市	0.4064	2.3810	0.7998	0.967
包头市	0.4097	0.8739	1.1110	0.757
呼伦贝尔市	-0.2474	0.0613	-0.2020	-0.155
兴安盟	-0.3643	-0.4476	-1.4885	-0.787
通辽市	-0.1913	0.3110	-0.6320	-0.239
赤峰市	0.2110	0.6228	-1.2290	-0.241
锡林郭勒盟	-0.4109	-0.5434	0.1517	-0.217
乌兰察布市	-0.2215	-0.1531	-1.4020	-0.637
鄂尔多斯市	2.8433	-1.2341	0.2947	0.916
巴彦淖尔市	-0.5954	0.1100	0.2135	-0.122
乌海市	-0.7736	-1.1658	1.1862	-0.105
阿拉善盟	-1.0661	-0.8159	1.1965	-0.136

数据来源：根据《内蒙古统计年鉴 2023》计算所得。

在经济发展水平子系统内部，从经济规模来看，有 4 个盟市的经济规模指数高于全区平均水平，其余 8 个盟市均低于全区平均水平。排在前三的仍然是"金三角"的鄂尔多斯市、包头市和呼和浩特市。赤峰市、通辽市和乌兰察布市的经济规模处于中上等水平，东部地区多数盟市的经济规模处于中上等水平，西部地区除鄂尔多斯市以外的其他盟市经济规模较小。

从经济结构来看，经济结构指数高于全区平均水平的盟市有 6 个，其中呼和浩特市、包头市和赤峰市的经济结构指数位居前列。通辽市、巴彦淖尔市和呼伦贝尔市的经济结构指数居中等水平，东部盟市的经济结构相对较好。

从人均水平来看，有 7 个盟市的人均水平指数在全区平均水平之上。人口较少的盟市人均水平相对较高，阿拉善盟和乌海市人口较少，人均水平居前。此外，包头市的人均水平较高。呼和浩特市和鄂尔多斯市人口均超过200万，人均水平处于中等水平。总体来看，呼、包、鄂"金三角"地区的人均水平相对较高，东部盟市人均水平较低。

（三）经济发展动力评价分析

在经济发展动力子系统中，有6个盟市经济发展动力指数高于全区平均水平，其中，阿拉善盟、乌海市和鄂尔多斯市经济发展动力较强，居前三位，表明西部盟市的经济发展动力较强。在经济发展动力子系统内部，在投资方面，有4个盟市的投资指数高于全区平均水平，各盟市投资差距较大。其中，阿拉善盟、乌海市和鄂尔多斯市投资增长强劲，投资指数居前三位，投资指数与投资增长速度有关，西部盟市的投资增长速度较快，因而投资指数较高。在消费方面，有4个盟市的消费指数高于全区平均水平，其中包头市、呼和浩特市和鄂尔多斯市消费指数居前三位，各盟市的消费指数差距较大，东部盟市的消费指数相对较低。在对外贸易方面，有4个盟市的对外贸易指数高于全区平均水平，其中巴彦淖尔市、呼伦贝尔市和阿拉善盟对外贸易指数居前三位，在对外贸易方面全区各盟市差距也较大（见表4）。

表4 2022年内蒙古各盟市经济发展动力

盟市	投资指数	消费指数	对外贸易指数	经济发展动力指数
呼和浩特市	−1.3261	1.3745	−0.0278	−0.156
包头市	−0.5596	2.2166	0.0777	0.392
呼伦贝尔市	−0.4908	−0.6947	1.5242	0.016
兴安盟	−0.2707	−0.9533	−1.8614	−0.835
通辽市	0.7218	−0.7358	−0.3601	−0.008
赤峰市	−1.2339	−0.5004	−0.5548	−0.753
锡林郭勒盟	−0.3593	−0.4918	−0.0048	−0.271
乌兰察布市	−0.2322	−0.6763	−0.5989	−0.423
鄂尔多斯市	1.2695	0.6302	−0.5069	0.530
巴彦淖尔市	−0.5198	−0.7520	1.5848	0.005
乌海市	1.4642	0.5934	−0.4654	0.606
阿拉善盟	1.5369	−0.0103	1.1933	0.899

数据来源：根据《内蒙古统计年鉴2023》计算所得。

（四）经济发展潜力评价分析

在经济发展潜力子系统中，有4个盟市经济发展潜力指数在全区平均水平之上，其余盟市经济发展潜力指数均在平均水平之下，表明盟市间经济发展潜力差距较大。其中，呼和浩特市、鄂尔多斯市和包头市经济发展潜力居前。在经济发展潜力子系统内部，从增长速度看，有5个盟市增长速度指数高于全区平均水平，其中包头市、兴安盟和鄂尔多斯市增长速度指数居前。在财政实力方面，有5个盟市财政实力指数在全区平均水平之上，其中鄂尔多斯市、阿拉善盟和锡林郭勒盟财政实力指数居前，东部盟市的财政实力较弱，西部盟市的财政实力较强，尤其是鄂尔多斯市的财政实力远远超过其他盟市。在经济效益方面，有3个盟市的经济效益指数高于全区平均水平，其余盟市均低于全区平均水平，表明在经济效益方面各盟市差距较大，乌海市、包头市和呼和浩特市的经济效益指数居前。在科技进步方面，有2个盟市的科技进步指数高于全区平均水平，其余盟市均低于全区平均水平，各盟市的科技水平差异较大，呼和浩特市、兴安盟和呼伦贝尔市科技进步指数居前（见表5）。

表5　2022年内蒙古各盟市经济发展潜力

盟市	增长速度指数	财政实力指数	经济效益指数	科技进步指数	经济发展潜力指数
呼和浩特市	−0.322	0.0576	0.3367	3.0761	0.910
包头市	2.509	−0.5547	0.6307	−0.2798	0.398
呼伦贝尔市	0.342	−0.4302	−0.5551	−0.1187	−0.191
兴安盟	0.708	−0.8024	−0.3444	0.3701	−0.038
通辽市	−0.657	−0.6452	−0.3589	−0.5302	−0.540
赤峰市	−1.019	−0.7275	−0.2867	−0.5009	−0.615
锡林郭勒盟	−0.291	0.3205	−0.7227	−0.2848	−0.190
乌兰察布市	0.416	−0.6065	−0.4163	−0.3525	−0.267
鄂尔多斯市	0.442	2.8176	−0.4657	−0.2328	0.728
巴彦淖尔市	−1.261	−0.2927	−0.3312	−0.2551	−0.479
乌海市	−0.650	0.2787	2.9405	−0.6111	0.326
阿拉善盟	−0.218	0.5849	−0.4270	−0.2802	−0.043

数据来源：根据《内蒙古统计年鉴2023》计算所得。

三　结论

通过对各盟市综合经济实力以及经济发展水平、经济发展动力和经济发展潜力以及各个子系统内部各模块的评价分析，可以得出以下结论。

（一）"金三角"盟市是全区经济综合实力的排头兵

在 12 个盟市中，经济综合实力在全区平均水平之上的 5 个盟市中，排前列的盟市是鄂尔多斯市、呼和浩特市和包头市，另外 2 个盟市是乌海市和阿拉善盟，这 2 个盟市的经济规模较小，对全区经济综合实力的贡献有限，因此，"金三角"盟市是全区经济综合实力的排头兵，是全区经济增长的重要贡献者。

（二）全区区域经济仍呈非均衡发展格局

从经济综合实力的测算可知，呼和浩特市、包头市、鄂尔多斯市经济综合实力较强，东部盟市的经济综合实力相对较弱。西部盟市的经济综合实力基本处于中上等水平。东、中、西部盟市发展存在明显差异。显示出自治区区域经济仍呈非均衡发展格局，加快东部盟市经济发展对提升全区综合实力尤为重要。

（三）盟市间经济发展水平差距较大

在经济发展水平子系统中，经济发展水平指数高于全区平均水平的只有 3 个盟市，而且是"金三角"的呼、包、鄂，其余 9 个盟市均低于全区平均水平，表明盟市间经济发展水平差距较大。导致盟市间发展水平存在较大差距的主要原因是经济规模的差距较大，尤其是鄂尔多斯市，地区生产总值和财政收入领先于其他盟市，更是遥遥领先于呼和浩特市和包头市以外的其他 9 个盟市，因此，经济规模的差距是导致盟市间经济发展水平差距较大的重要原因。

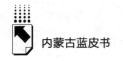

（四）东部多数盟市经济发展动力和发展潜力不足

从整体上看，东部盟市的经济发展动力不足。投资、消费和对外贸易是拉动经济增长的动力，东部盟市的消费水平较低，尤其是兴安盟和通辽市消费能力在测算结果中排名靠后，赤峰市和呼伦贝尔市的消费能力居第 7 和第 9 位，也处于中下等水平。此外，东部盟市的对外贸易水平较低，除呼伦贝尔市外，其他东部盟市的对外贸易水平处于中下游甚至末位。因此，消费水平和对外贸易水平低是东部一半盟市经济发展动力不足的重要原因，扩大消费需求是提升东部盟市经济综合实力的重要方面。

东部多数盟市的经济发展潜力也不足。在指标体系中经济发展潜力由增长速度、财政实力、经济效益和科技进步构成。通辽市和赤峰市增长速度和科技进步均比较滞后，兴安盟、通辽市和赤峰市的财政实力不强。增长速度滞后、财政实力不强、科技水平不高是东部盟市经济发展潜力不足的主要原因。

值得注意的是赤峰市，赤峰市是全区人口最多的盟市，在经济综合实力的测算中居较低水平，赤峰市人口众多，在全区区域经济的发展中有着重要的作用，加快赤峰市经济发展，提升赤峰市经济综合实力非常重要。

（五）西部盟市经济结构优化度较低

在经济结构的测算结果中，西部的 4 个盟市除巴彦淖尔市以外，鄂尔多斯市、乌海市和阿拉善盟的经济结构指数不高，表明这 3 个盟市的经济结构优化度较低。因此，西部盟市在今后的发展中应加快结构调整优化的步伐。

（六）多数盟市科技发展水平不高

自治区各盟市科技水平差距较大，在测算结果中，只有 2 个盟市的科技进步指数高于全区平均水平，其余盟市均低于全区平均水平，由于指标选取受数据收集所限，测算结果虽不能完全准确反映各盟市科技水平的高低，但也能从某些方面反映出各盟市在科技发展中存在的差异，如各盟市科技投入、科技人员数和专利申请数存在较大差异。呼和浩特市在科技人员、科技支出和申请专利数方面占有绝对的优势。2022 年，呼和浩特市科学研究和技术服务业科技统计事业单位拥有科技人员 6217 人，其他盟市则不足 1000人，科学研究和技术服务业科技统计事业单位内部科研经费支出 26 亿多元，其他盟市则不足 4 亿元，甚至有的盟市不到 1 亿元。在申请专利方面，呼和浩特市有 387 件，其他盟市不足 30 件。可见，各盟市与首府呼和浩特市的科技水平差异较大。

四 对策与建议

（一）提升东部盟市经济综合实力

东部 4 个盟市是内蒙古的人口大市，4 个盟市的人口总数占到全区的43%以上，尤其是赤峰市，人口达 400 多万，对于人口数占全区将近一半的东部盟市，提升其经济综合实力对于提升全区的经济综合实力具有重要意义。东部盟市尤其是赤峰市和通辽市农牧业资源丰富，是国家重要的商品粮生产基地和重要的畜产品生产基地。4 个盟市的三次产业构成中，第一产业占比达 20%以上，兴安盟甚至占到 37.2%。因此，东部盟市应加大农牧业科技投入力度，提高产出率。积极发展农畜产品深加工、绿色加工等产业，提高农牧业的附加值。同时，东部盟市第三产业发展相对滞后，要结合自身的资源禀赋和区位优势，制定符合实际情况的政策和措施，以促进第三产业的发展。尤其要促进消费水平的提高，增强发展的内生动力。

（二）进一步优化西部盟市经济结构

从表 6 可以看出，除巴彦淖尔市以外，鄂尔多斯市、乌海市和阿拉善盟的第二产业占 GDP 比重高达 60%以上，第三产业占 GDP 比重不到 30%，西部盟市工业化城市特征明显，对资源的依赖性较强，弱化了服务业的发展，经济结构单一，导致内生动力不足，抗风险能力降低。因此，西部盟市应推动结构的调整优化，加强传统产业改造升级、提质增效，在发挥比较优势的同时不断优化产业结构，提升发展质量，增强发展实力。

表6 2022年内蒙古西部各盟市三次产业构成

单位：%

盟　　市	第一产业	第二产业	第三产业
鄂尔多斯市	3.5	68.9	27.6
巴彦淖尔市	27.1	33.1	39.8
乌海市	1.0	73.0	26.0
阿拉善盟	6.0	64.3	29.7

资料来源：《内蒙古统计年鉴2023》。

（三）提升盟市科技发展水平

在科技发展水平方面呼和浩特市独占鳌头，相比之下其他盟市的科技发展相对滞后。科技是推动经济持续发展、提高经济质量和经济实力的核心力量。应大力提升各盟市的科技发展水平，从而增强盟市的经济综合实力，应重点做好以下几方面工作。首先，加大教育投入，改善教育质量，增加科学、技术、工程资源，激发学生对科技领域的兴趣，培养高素质的科技人才是提高科技水平的基础。其次，加大科研投入，政府和企业应增加对科研项目的资金支持，建立更多的科研机构和实验室，为科研人员提供良好的研究条件。再次，吸引和留住人才，提供有吸引力的薪酬待遇、良好的工作环境和发展机会，吸引国内外优秀的科技人才，并为他们创造发挥才能的空间。再次，推动国际科技合作，积极参与国际科技合作项目，引进国外先进技术和经验，同时扩大自身科技在国际上的影响力。最后，营造创新文化，培养全社会的创新意识，鼓励冒险和尝试，包容失败，形成鼓励创新的社会氛围。

五　结语

总之，提升内蒙古各盟市的经济综合实力应充分发挥各盟市的优势，调整区域经济发展政策，解决发展中的问题。通过加强基础设施建设、推动产业升级、加大科技教育投入，提高科技水平、扩大消费需求、提高产出效益等，提升东、中、西部较落后盟市的经济综合实力，对协调区域经济发展、促进内蒙古整体经济综合实力提升有着重要的战略意义。

B.18
内蒙古能源高质量发展评价报告

乔 瑞*

摘 要： 推动能源高质量发展，是内蒙古将资源优势转化为产业优势和经济社会发展优势的重要任务，对高分完成党中央交给内蒙古的五大任务有着重要的战略意义。本报告在阐释能源高质量发展含义的基础上构建能源高质量发展评价指标体系，科学客观评估内蒙古能源高质量发展水平，找出能源消费、产业布局和技术创新是制约内蒙古能源高质量发展的重要因素。据此，提出加快新能源推广应用，提升能源消费低碳化水平；加快产业调整布局步伐，提升产业合理化高级化水平；提高研发投入强度，提升能源领域科技创新水平；加大环境规制力度，提升能源产业绿色化水平等内蒙古推动能源高质量发展的对策建议。

关键词： "双碳" 能源高质量发展 绿色发展 内蒙古

党的二十大报告指出"高质量发展是全面建设社会主义现代化国家的首要任务"，"深入推进能源革命，加快规划建设新型能源体系"。能源高质量发展既是经济社会全面发展的重要内容，也是实现中国式现代化的重要支撑保障。内蒙古作为国家重要能源和战略资源基地，在我国能源高质量发展中扮演着先行者、执行者、贯彻者的角色。能源高质量发展是内蒙古将资源优势转化为产业优势和经济社会发展优势进程中的重要任务，是夯实内蒙古"闯新路、进中游"目标的基石，对内蒙古高分完成党中央交给的五大任务

---

* 乔瑞，内蒙古自治区社会科学院经济研究所副研究员，主要研究方向为区域经济、能源经济。

有重要的战略意义。

　　本报告基于"能源高质量发展"内涵，立足能源资源禀赋和发展实际，从"双碳"要求、经济发展和生态资源三个方面出发，构建全面客观的能源高质量发展评估指标体系，对内蒙古能源发展水平进行多维度立体化评价。本质上，能源高质量发展的核心是能源供给安全化、终端消费低碳化、能源结构低碳化、产业布局高级化、技术创新智能化和经济增效持续化。以"双碳"目标为抓手，结合上述核心本质，从能源生产（源端）、能源消费（荷端）、产业布局（主体）、能源安全（保障）、技术创新（赋能）和经济增效（基础）六个维度构建能源高质量发展评估指标体系。进而，判断内蒙古在全国层面的发展现状，挖掘其长处与不足，选择未来发展的技术路线与突破路径，并因地制宜提出推动内蒙古能源高质量发展的对策建议。

一　能源高质量发展评估指标体系构建

（一）能源高质量发展内涵

　　根据《"十四五"现代能源体系规划》，"清洁、低碳、安全、高效"是构建现代能源体系的核心内涵。[①] 在"双碳"目标的指引下，党的二十大报告进一步指出立足我国能源禀赋，坚持先立后破，加快规划建设新型能源体系，积极参与应对气候变化全球治理。这指明了能源高质量发展规划建设的基准方向，即在立足我国能源禀赋，保障能源安全和经济社会发展的基础上，推动能源体系绿色低碳转型，做到"源端大力发展可再生能源，荷端强化节能低碳"，实现集减污、降碳、扩绿、安全、创新、增长于一体的高质量的能源转型。因此，能源高质量发展，既要考虑能源生产和能源消费的可持续性，又要立足产业发展和能源安全，还要考虑技术革新与经济社会增长。鉴于此，本部分从以下六个维度深入阐释能源高质量发展的内涵，并以

_____

　　① 国家发展改革委、国家能源局：《"十四五"现代能源体系规划》，2022 年 1 月。

此构建能源高质量发展评估指标体系：能源生产（源端）、能源消费（荷端）、产业布局（主体）、能源安全（保障）、技术创新（赋能）和经济增效（基础）。

1. 能源生产

在立足各省（区、市）能源资源禀赋的前提下，能源高质量发展要求能源供给能力和质量双面提升。一方面要不断加强传统化石能源绿色低碳高效利用，保障能源安全稳定供应，实现传统化石能源低碳发展；另一方面要促进可再生能源发展，加强清洁能源持续供应，加快新型能源体系建设。特别地，要增加可再生能源发电量和装机容量的占比，从源端实现能源系统的低碳化。

2. 能源消费

在"双碳"目标的指引下，能源消费结构清洁化、绿色化是推动能源高质量发展的核心要义。第一，要逐步减轻对传统化石能源的依赖，推进能源消费结构低碳化；第二，要提高能源消费的经济效率、污染排放效率和碳排放效率，以更低的生态环境成本创造更大的经济收益；第三，要有序提高末端治理能力，将环境约束纳入能源高质量发展体系构建的考量当中。

3. 产业布局

产业转型是推动能源高质量发展的主体，缺乏高质量产业体系支撑的能源转型可能会沦为不可持续的原材料经济。为构建能源高质量发展体系，要加强产业布局多元化协同发展，促进企业多维度、全产业链低碳转型升级。一方面，要推动产业结构优化升级，大力发展高技术产业和绿色产业；另一方面，要控制传统高耗能、高排放、高污染行业的市场份额和新增产能，同时提高重点行业的能源利用效率。

4. 能源安全

能源安全是建设能源高质量发展体系的保障，缺乏能源安全的能源转型将是空中楼阁。在能源市场上，能源需求和能源供给应当保持在一个较为平衡的状态，从而保障能源市场的安全性与稳定性。同时，要稳定能源价格，减少因能源价格波动引致的金融市场波动和经济社会损失。此外，要有序降低对进口能源的依存度。在立足当地禀赋的基础上，大力投资布局适应当地发展要求的可再生能源，确保能源供应安全。

5. 技术创新

在经济社会发展的方方面面，技术创新都发挥着重要的赋能与变革作用。无疑，对于构建能源高质量发展体系也是如此。一方面，要加大全社会创新投入，带动整体技术创新水平提升。另一方面，要大力发展绿色技术和可再生能源技术，为能源系统的绿色化、低碳化提供技术支撑。更重要的是，要充分发挥数字化在能源高质量发展中的赋能作用，积极培育数字创新成果、建设工业互联网平台。

6. 经济增效

保障民生、提高人民幸福感与获得感是所有政策的出发点和立足点。正如联合国可持续发展目标 7 所强调的，可负担性是能源转型的第一要义，对于构建能源高质量发展体系也是如此。在推动能源高质量发展过程中，要保障经济社会稳步发展、人民收入水平持续提高。同时，能源产业也要维持长久持续的发展，为更深入的能源体系变革打下基础。一个更值得重视的问题是能源转型过程中可能伴随的不平衡问题，如相对能源贫困。

（二）指标体系的构建

在构建能源高质量发展评估指标体系时，一方面要结合理论与现实，充分考虑能源资源禀赋和能源经济发展现状，另一方面要与时代和形势相结合。根据前文对能源高质量发展内涵的深入阐释，本部分基于系统性、科学性、可操作性和动态性原则，从能源生产（源端）、能源消费（荷端）、产业布局（主体）、能源安全（保障）、技术创新（赋能）和经济增效（基础）六个维度构建能源高质量发展评估指标体系，选取 44 个具体指标。在对 2018~2022 年全国 30 个省级行政区（不包括西藏和港澳台地区）能源高质量发展水平进行科学准确测算的基础上，深入分析内蒙古各个维度在国内的相对水平，揭示其长处与不足，为未来路径突破提供参考。所选指标详见表 1，详细描述如下。

表 1 能源高质量发展评估指标体系

指标维度	一级指标	二级指标	衡量方式	方向
1	能源生产（源端）	能源生产总量	能源生产总量（标准煤）	+
		人均能源生产量	能源生产总量/人口	+
		可再生能源发电量	可再生能源发电量	+
		可再生能源装机容量	可再生能源装机容量	+
		可再生能源装机容量占比	可再生能源装机/总装机	+
		可再生能源发电占比	可再生能源发电/总发电量	+
		人均可再生能源发电量	可再生能源发电/人口	+
		能源生产结构低碳化指数	煤炭、油气综合指数	+
2	能源消费（荷端）	能源消费总量	能源消费总量（标准煤）	−
		人均能源消费总量	能源消费总量/人口	−
		能源消费结构	煤炭消费/总能源消费	−
		能源消费结构低碳化指数	煤炭、油气综合指数	+
		二氧化碳排放总量	CO_2 排放	−
		二氧化碳排放强度	CO_2/GDP	−
		二氧化硫排放强度	SO_2/GDP	−
		环境污染治理投资	工业污染治理投资/GDP	+
3	产业布局（主体）	产业结构合理化	产业结构合理化	−
		产业结构高级化	产业结构高级化	+
		高技术产业营业收入	高技术营收/工业销售产值	+
		高技术产业就业	高技术产业就业/工业就业	+
		高技术产业投资	高技术产业投资/全省投资	+
		绿色产业营业收入	绿色产业营收/工业销售产值	+
		传统高耗能行业营业收入	高耗能营收/工业销售产值	+
		传统高耗能行业能源效率	高耗能营收/能源消费	+
4	能源安全（保障）	能源自给率	能源消费/能源生产	+
		能源进口量	能源进口量	−
		能源对外依存度	能源进出口差值/能源消费	−
		能源外省依存度	能源调出调入差值/能源消费	−
		能源探明储量	能源探明储量	+
		能源价格指数	能源价格指数（2017=100）	−
		电力价格	工业用电价格	−

指标维度	一级指标	二级指标	衡量方式	方向
5	技术创新 (赋能)	R&D 经费	R&D 经费/人口	+
		R&D 人员	R&D 人员/人口	+
		专利数量	专利申请/人口	+
		绿色技术创新	绿色专利申请/人口	+
		可再生能源技术创新	可再生能源专利申请/人口	+
		数字技术创新	数字专利申请/人口	+
		工业互联网平台	工业互联网平台数量	+
6	经济增效 (基础)	人均 GDP	GDP/人口	+
		人均收入增长率	人均可支配收入增长率	+
		能源产业增长	能源产业投资/全省固定投资	+
		人均能源行业投资	能源产业投资/人口	+
		相对能源贫困(一次化石能源)	农村人均消费/城市人均消费	+
		相对能源贫困(电力)	农村人均消费/城市人均消费	+

数据来源：各年份《中国统计年鉴》、《中国能源统计年鉴》、《中国电力年鉴》、《中国科技统计年鉴》、《中国环境统计年鉴》、《中国工业统计年鉴》、中国专利申请数据库、CEIC 数据库、WIND 数据库以及各省区市统计年鉴。所有名义变量已调整为 2018 年固定价格。

1. 能源生产指标

本研究选取能源生产总量、人均能源生产量、可再生能源发电量、人均可再生能源发电量、可再生能源发电占比、可再生能源装机容量、可再生能源装机容量占比和能源生产结构低碳化指数衡量能源生产状况。其中，能源生产总量、人均能源生产量衡量能源生产能力，其余指标衡量能源生产结构的低碳化状况。

2. 能源消费指标

本研究选取能源消费总量、人均能源消费总量、能源消费结构、能源消费结构低碳化指数、二氧化碳排放总量、二氧化碳排放强度、二氧化硫排放强度和环境污染治理投资衡量能源消费状况。其中，能源消费总量反映了区域经济对能源资源的依赖程度，其余指标衡量了能源消费的低碳化和清洁化特征，而环境污染治理投资反映末端治理水平。

3. 产业布局指标

本研究选取产业结构合理化、产业结构高级化、高技术产业营业收入、高

技术行业就业、高技术产业投资、绿色产业营业收入、传统高耗能行业营业收入和传统高耗能行业能源效率衡量产业布局。其中，产业结构合理化和高级化指标参照干春晖等的研究①，高技术产业划分参照《高技术产业（制造业）分类（2017）》，绿色产业划分参照《绿色产业指导目录（2019年版）》，传统高耗能行业划分参照《高耗能行业重点领域能效标杆水平和基准水平（2021年版）》。

4. **能源安全指标**

本研究选取能源自给率、能源进口量、能源对外依存度、能源外省依存度、能源探明储量、能源价格指数和电力价格衡量能源安全。其中，能源自给率、能源进口量、能源对外依存度、能源外省依存度和能源探明储量反映了能源供需的稳定情况。能源价格指数和电力价格反映了能源价格的稳定情况。省际能源调入调出网络构建自各省的能源平衡表。

5. **技术创新指标**

本研究选取R&D经费、R&D人员、专利数量、绿色技术创新、可再生能源技术创新、数字技术创新和工业互联网平台衡量技术创新。其中，R&D经费、R&D人员和专利数量衡量社会整体的技术创新水平，这是能源转型和产业升级的基础。绿色技术创新和可再生能源技术创新为构建能源高质量发展体系提供支撑，是能源体系绿色化、低碳化的动力。数字技术创新和工业互联网平台衡量了数字化对能源高质量发展的赋能作用。

6. **经济增效指标**

本研究选取人均GDP、人均收入增长率、能源产业增长、人均能源行业投资、相对能源贫困（一次化石能源）、相对能源贫困（电力）衡量经济增效。其中，人均GDP和人均收入增长率反映了能源高质量发展对社会福利的保障，体现了能源转型的可负担性原则。能源产业增长和人均能源行业投资是推动能源高质量发展的基础，为深化能源体系转型升级提供保障。此

①　干春晖、郑若谷、余典范：《中国产业结构变化在对经济增长和波动的影响》，《经济研究》2011年第5期。

外,本研究从两个维度衡量城乡居民间的相对能源贫困问题,更加科学全面。

(三)评价方法与数据来源

能源高质量发展复杂全面,涉及因素众多。因此,选取合适的评价方法对能源高质量发展水平测度至关重要。参照吴传清等的研究①,本研究利用层次分析法与熵权法相结合的主客观组合赋权法测度能源高质量发展水平,具体流程如下。

1. 层次分析法

层次分析法主要是根据决策者希望达到的总期望值,并且将总期望值划分为各个准则层,将各个准则层的不同层次进行聚集,并对其进行两两比较,进而形成一个多层级结构的分析框架,包括建立层次结构模型、构造判断矩阵、一致性检验三个步骤。参照余顺坤等的研究②,本研究利用模糊层次分析法对各指标主观赋权,评估指标体系通过一致性检验,具有合理性和科学性。

2. 熵权法

熵最先由克劳德·香农引入信息论中,目前已经在工程技术、经济社会等领域得到非常广泛的应用。熵权法的基本思路是根据指标变异性的大小来确定客观权重。一般来说,若某个指标的信息熵越小,表明指标值的变异程度越大,提供的信息量越多,在综合评价中所能起到的作用也越大,其权重也就越大。参照梅鑫南和王应明的研究③,本研究利用结合前景理论与熵权法的交叉效率集结方法对各指标客观赋权。

---

① 吴传清、郑开元、邓明亮:《长江经济带产业协同集聚对全要素能源效率的非线性影响》,《武汉理工大学学报》(社会科学版)2020年第3期。

② 余顺坤、宋宇晴、王巧莲等:《平衡工资多理论职能的"双轨制"薪酬框架研究》,《中国管理科学》2021年第5期。

③ 梅鑫南、王应明:《基于前景理论和熵权法的交叉效率集结方法》,《运筹与管理》2022年第7期。

内蒙古蓝皮书

3. 主客观组合赋权法

组合赋权法既兼具了决策者的意图和爱好，又充分考虑了客观合理性，兼具主观赋权法和客观赋权法二者的优点，因此近年来受到学术界的高度重视，运用的范围也逐步扩大。本研究参考李廉水等的研究[①]，采用的简单凸组合法融合主客观指标权重。组合赋权法的计算公式为 $w_j = \alpha w_j^\alpha + \beta w_j^\beta$，其中 $\alpha + \beta = 1$。在本研究中，取 $\alpha = 0.4$，$\beta = 0.6$。

4. 数据来源

能源生产结构低碳化指数、能源消费结构低碳化指数的构造方式参照柳亚琴等的研究[②]，二氧化碳排放核算参照IPCC，能源进出口数据来自CEIC数据库。专利申请数据来自中国专利申请数据库，本研究按照专利IPC分类检索各省份的专利、绿色专利、可再生能源专利和数字专利申请量，相应划分标准参照黄勃等的研究[③]。工业互联网平台数据来自工信部ICP备案，本研究按照企业所在地汇总到省份层面。其余数据来自《中国统计年鉴》、《中国能源统计年鉴》、《中国电力年鉴》、《中国科技统计年鉴》、《中国环境统计年鉴》、《中国工业统计年鉴》、WIND数据库以及各省区市统计年鉴。

二 内蒙古能源高质量发展评价结果分析

（一）总体水平测算结果

利用组合赋权法，测算我国2018~2022年30个省级行政区的能源高质量发展水平，结果如表2所示。总体来看，我国能源高质量发展水平在样本

---

① 李廉水、程中华、刘军：《中国制造业"新型化"及其评价研究》，《中国工业经济》2015年第2期。

② 柳亚琴、孙薇、朱治双：《碳市场对能源结构低碳转型的影响及作用路径》，《中国环境科学》2022年第9期。

③ 黄勃、李海彤、刘俊岐等：《数字技术创新与中国企业高质量发展——来自企业数字专利的证据》，《经济研究》2023年第3期。

年份整体呈提升趋势，但整体水平仍相对较低，均值未达到 0.5。区域层面，能源供应大省陕西、山西和内蒙古的能源高质量发展水平一致位于全国前列。聚焦内蒙古，得益于可再生能源的快速布局和可再生能源技术的逐步积累，内蒙古能源高质量发展水平位于我国 30 个省份中的第 2 位。随时间推移，内蒙古能源高质量发展水平有所提升，由 0.758 提高至 0.819，处于相对完善的水平。然而，由于能源消费、产业布局和技术创新方面相对落后，内蒙古能源高质量发展水平仍落后于北京，这些方面是内蒙古推进能源高质量发展需要深入突破的重要内容。

表 2　2018~2022 年我国 30 个省份能源高质量发展水平

省份	2018 年	2019 年	2020 年	2021 年	2022 年	均值
北京	0.787	0.814	0.832	0.869	0.822	0.825
天津	0.455	0.487	0.491	0.543	0.543	0.504
河北	0.256	0.280	0.289	0.284	0.295	0.281
山西	0.702	0.742	0.745	0.793	0.777	0.752
内蒙古	0.758	0.761	0.752	0.745	0.819	0.767
辽宁	0.353	0.361	0.377	0.368	0.379	0.368
吉林	0.298	0.313	0.292	0.301	0.322	0.305
黑龙江	0.334	0.377	0.362	0.405	0.422	0.380
上海	0.517	0.532	0.544	0.560	0.573	0.545
江苏	0.390	0.416	0.424	0.463	0.475	0.434
浙江	0.453	0.483	0.482	0.504	0.507	0.486
安徽	0.310	0.323	0.319	0.330	0.344	0.325
福建	0.362	0.375	0.379	0.403	0.408	0.385
江西	0.214	0.232	0.259	0.264	0.271	0.248
山东	0.421	0.418	0.400	0.393	0.410	0.408
河南	0.283	0.308	0.315	0.310	0.320	0.307
湖北	0.306	0.327	0.332	0.372	0.384	0.344
湖南	0.229	0.259	0.263	0.294	0.307	0.270
广东	0.439	0.478	0.485	0.494	0.528	0.485
广西	0.291	0.299	0.302	0.308	0.304	0.301
海南	0.423	0.468	0.481	0.505	0.524	0.480
重庆	0.269	0.285	0.298	0.308	0.324	0.297
四川	0.401	0.417	0.428	0.447	0.468	0.432
贵州	0.307	0.324	0.360	0.391	0.417	0.360

续表

省份	2018 年	2019 年	2020 年	2021 年	2022 年	均值
云南	0.360	0.373	0.402	0.410	0.422	0.394
陕西	0.671	0.700	0.719	0.723	0.696	0.702
甘肃	0.363	0.377	0.399	0.401	0.434	0.395
青海	0.457	0.515	0.609	0.627	0.579	0.557
宁夏	0.510	0.540	0.476	0.545	0.558	0.526
新疆	0.497	0.553	0.587	0.579	0.571	0.557
均值	0.414	0.438	0.447	0.465	0.473	0.447

（二）内蒙古各维度评价结果与国内相对水平

表 3 展示了 2018~2022 年内蒙古能源高质量发展各维度的表现和国内排名状况。可以看到，内蒙古在能源生产、能源安全和经济增效方面表现良好，位于我国前列，而技术创新方面表现出落后局面，位于我国中下游水平。特别地，能源消费和产业布局排名靠后，且随时间推移，这种状况有所加剧。

表 3 　2018~2022 年内蒙古能源高质量发展各维度评价结果与排名

维度	评价	2018 年	2019 年	2020 年	2021 年	2022 年
能源生产（源端）	得分	0.436	0.483	0.527	0.544	0.605
	排名	1	1	1	1	1
能源消费（荷端）	得分	0.494	0.455	0.337	0.269	0.292
	排名	6	10	26	29	29
产业布局（主体）	得分	0.121	0.124	0.125	0.111	0.054
	排名	17	21	22	26	29
能源安全（保障）	得分	0.689	0.643	0.650	0.576	0.645
	排名	3	3	3	3	3
技术创新（赋能）	得分	0.191	0.219	0.231	0.359	0.375
	排名	23	23	20	21	22
经济增效（基础）	得分	0.511	0.550	0.588	0.690	0.815
	排名	1	2	2	2	1

得益于丰富的能源禀赋，内蒙古的能源供应非常充足，能源生产总量、人均能源生产量以及可再生能源发展均领先于全国。由于发展风电的独特优势，内蒙古的风电发电量、装机容量和新增装机容量均居全国首位，以上条件为能源生产领域的完善做出了积极贡献。类似的结果同样发生在能源安全方面。内蒙古的能源自给率、能源对外依存度以及能源探明储量均领先全国，同时也是对其他省份的净能源输出省份，因而能源安全表现出较高的水平。在经济增效方面，内蒙古的能源产业快速发展，投资占比和人均投资都位于全国前列。此外，无论是一次化石能源还是电力方面的相对能源贫困，内蒙古都表现较好，城市居民与农村居民的能源消费状况接近。鉴于平衡发展在经济社会发展中的重要地位，相对能源贫困在推动能源高质量发展中应得到重视。综上，良好的能源生产、能源安全和经济增效为内蒙古新型能源体系建设名列前茅提供了保障。

（三）内蒙古能源高质量发展存在的问题

由表 3 可以看出，内蒙古能源高质量发展还存在一些问题需要完善和改进。具体而言，内蒙古在能源消费方面的得分迅速下降。综观样本年份，内蒙古的能源消费结构低碳化指数一直处于全国所有省份的末位，当地的能源消费严重依赖煤炭。内蒙古产业结构以采矿、能源、化工、冶金、建材等重化工行业为主，能源发展维持着以煤为主的化石能源供应模式。2022 年，内蒙古化工、冶金、有色、建材、电力等主要行业企业数量，占全区规模以上工业企业数量的 50%以上，能源原材料占工业增加值的比重为 86.5%，六大高耗能行业占规模以上工业能耗比重达 87.7%。2023 年，内蒙古原煤加工转化中有约 50%用于火力发电，约 20%用于煤化工产品生产；火电机组占电力装机总量的 60%以上，煤炭发电量约占总发电量的 78%[①]，煤电仍然是内蒙古电力生产的"压舱石"。由此导致的结果是，能源消费结构表现出高污染、高排放的特征，二氧化硫和二氧化碳排放强度数倍于能源消费结

---

① 此处能源相关数据来自内蒙古自治区能源局。

构较清洁的省份如北京、浙江和广东。同时，内蒙古的环境污染治理投资强度自 2018 年以来大幅下降，环境规制力度亟须加大。在产业布局方面，第二产业仍占据相当大的份额，这导致内蒙古的产业结构合理化和高级化水平相对落后。而且，高技术产业相对匮乏，无论是营业收入、就业还是投资强度，都处于全国中下游水平。此外，尽管高耗能产业的能源效率处于全国中上游，但其规模仍相对较大。结果是，高耗能产业占据相当大的份额，造成大量的能源消耗和碳排放。总之，为提高能源高质量发展水平，内蒙古应着力优化产业布局，加速产业转型升级。与产业布局的表现对应，内蒙古在技术创新方面相对落后。除了在绿色技术创新和可再生能源创新上表现突出外，内蒙古在研发投入和专利产出上都有所不足。《中国科技统计年鉴2023》数据显示，2022 年内蒙古 R&D 经费投入 209.5 亿元，与国内其他省份相比，研发经费投入相对较少；R&D 经费投入强度为 0.9%，远低于全国平均水平（2.54%）。能源科技发展能力不足，科技创新资金投入水平低，在一定程度上阻碍了内蒙古能源高质量发展。特别地，数字技术创新和工业互联网平台处于垫底水平，难以发挥数字化对能源转型的赋能作用。综上，为提高能源高质量发展水平，内蒙古需要尽快在能源消费、产业布局和技术创新方面有所完善。

三 内蒙古推动能源高质量发展的对策建议

依据内蒙古能源高质量发展水平评价中发现的问题，提出四点推动能源高质量发展的对策建议。

（一）加快新能源推广应用，提升能源消费低碳化水平

目前自治区大部分的电力、热力均来自火电和煤炭，造成自治区煤炭消费水平居高不下。新型能源体系建设势必要求大规模使用新能源。一是想方设法扩大受众群体范围，使更多人在思想上接受新能源，愿意为新能源买单。二是推进绿色低碳社区建设，提高居民生活电气化水平；因地制宜发展

地热等低碳供暖方式,切实出台一些鼓励支持政策,让新能源的消纳措施落地。三是尽快解决新能源消纳过程中"上网""电力市场"等问题,让制度和措施生效。四是探索更多"新能源+"市场化应用场景,加快构建跨盟市合作新能源消纳机制,鼓励新能源优先参与区外电力市场交易,通过市场化方式拓展消纳空间;研究论证新的电力外送通道,有效扩大新能源外送规模。五是转变传统思维方式,"活化"煤炭资源使用途径。将自治区优势兜底资源煤炭多用于原料、现代煤化工、煤基产品等,这样既能降低自治区的能耗和碳排放强度,又能延长产业链,使"煤制油"成为自治区乃至我国应对石油断供等突发事件时的能源安全保障。

(二)加快产业调整布局步伐,提升产业合理化高级化水平

自治区目前的主导产业是高耗能高排放产业,"双碳"目标要求绿色低碳产业体系的支撑。一是重点培育与新能源、新材料等相关的战略性绿色新兴产业,补行业短板,增加新兴产业占比,推动新能源全产业链发展。二是加快推动高能耗、高排放产业的绿色低碳转型升级,大力推进低碳工艺改革,以科技创新引领、数字化智能化赋能,塑造绿色低碳新业态新模式。三是依托优势特色资源培育高技术产业,因地制宜提升产业结构高级化水平。以自治区特色产业稀土为例,大力开发建设优势特色产业园区。随着稀土产业在国家战略层面的提升,以稀土产业为支点建设高技术产业园区,培育高技术产业集群,推动高技术产业发展壮大。

(三)提高研发投入强度,提升能源领域科技创新水平

能源技术的创新突破及其相关产业的培育,是自治区新型能源体系建设的突破口,需全方位提升科技创新能力。一是在煤炭清洁高效利用、氢能发展和储能技术等重点领域加大研发资金投入力度,力争在前瞻性、颠覆性关键技术攻关方面有所突破和进展。二是加大能源领域人才引进资金投入力度和强度,加强与国内外科研机构的合作,搭建新型创新平台,全力培育能源领域高精尖人才,充分发挥创新主体在能源绿色转型中的作用。三是加强智

慧能源技术研发应用，搭建内蒙古能源大数据平台，通过强化大数据、人工智能、互联网等高新技术对能源体系建设的科技支撑作用，推进数字产业化发展。

（四）加大环境规制力度，提升能源产业绿色化水平

环境规制能够有效促进产业绿色低碳发展，是推进新型能源体系建设的有力手段，需充分发挥环境规制的调节作用。一是建立健全相关领域的法律法规和政策体系，通过环境规制中的法律武器有力约束和管控高能耗、高排放企业和行为，加强对技术落后、生产过程中能源消耗大和浪费较为严重企业的改造和督促，使其提高能源利用效率。二是加强市场激励型环境规制手段的利用，通过推进排污权交易、碳排放市场、提高环境准入门槛等手段，引导资本流向更加绿色、低碳的部门。三是促进数字技术在环境规制中的应用。利用数字技术搭建全过程的环境监控平台，结合多元化的环境规制手段不断拓宽环境治理渠道，降低环境保护的成本，促进能源产业发展方式的绿色转型。此外，加大环保治理投资力度，通过末端治理提高能源生产的清洁化程度。

参考文献

干春晖、郑若谷、余典范：《中国产业结构变迁对经济增长和波动的影响》，《经济研究》2011年第5期。

黄勃、李海彤、刘俊岐等：《数字技术创新与中国企业高质量发展——来自企业数字专利的证据》，《经济研究》2023年第3期。

李廉水、程中华、刘军：《中国制造业"新型化"及其评价研究》，《中国工业经济》2015年第2期。

梅鑫南、王应明：《基于前景理论和熵权法的交叉效率集结方法》，《运筹与管理》2022年第7期。

吴传清、郑开元、邓明亮：《长江经济带产业协同集聚对全要素能源效率的非线性影响》，《武汉理工大学学报（社会科学版）》2020年第3期。

余顺坤、宋宇晴、王巧莲等:《平衡工资多理论职能的"双轨制"薪酬框架研究》,《中国管理科学》2021 年第 5 期。

张伟、朱启贵、高辉:《产业结构升级、能源结构优化与产业体系低碳化发展》,《经济研究》2016 年第 12 期。

B.19
内蒙古数字经济发展现状、存在问题及对策研究[*]

史主生[**]

摘 要： 加快谋划和布局数字经济，发展数字经济核心产业，促进三次产业数字化融合，推进数字经济强区建设，对于内蒙古自治区实施创新驱动发展战略、培育数字发展优势、建立现代化产业体系具有重要的战略意义，对于打造祖国北疆亮丽风景线，推动产业结构转型、经济高质量发展具有重要的现实意义。内蒙古自治区数字经济规模从 2018 年的 3600 亿元增至 2022年的 5574 亿元，占 GDP 比重也达到 24.4%，在数字经济领域已经具备一定的规模和影响力。然而，也存在数字经济发展水平相对滞后、数字基础设施有待完善、数字技术人才支撑力不足、数字治理服务能力有待提高等问题，需要加快推进新一代数字基础设施建设、强化数字技术在重点领域的应用、推动数字技术赋能生态环境保护、加快构建数字技术人才培养引进体系、大力推动数字政府建设。

关键词： 数字经济 数字产业化 产业数字化 数字政府

2016 年 9 月召开的 G20 杭州峰会上，我国起草并通过的《二十国集团数字经济发展与合作倡议》中，将数字经济定义为"以使用数字化的知识和信息为关键生产要素、以现代通信技术的有效使用为效率提升和经济结构

---

* 基金项目：内蒙古自治区社会科学院 2024 年度课题（决策咨询专项）"推动内蒙古算力基础设施高质量发展调查研究"（项目编号：2024SKJ003）阶段性成果。

** 史主生，内蒙古自治区社会科学院经济研究所副研究员，主要研究方向为区域经济发展。

优化的重要推动力的一系列经济活动"。数字经济包含新数字技术、新经济活动处理过程和新经济活动组织方式，具有推动传统产业转型升级，优化整体经济结构，促进生产要素重新配置，提高全要素生产率，推动经济增长的效果。大力发展数字经济，是培育经济社会发展新动能、推动实现历史性新跨越的必然选择，是碳中和、碳达峰背景下推动绿色化、低碳化发展的关键之举。

2023 年 10 月，内蒙古自治区人民政府办公厅印发《内蒙古自治区推动数字经济高质量发展工作方案（2023—2025 年）》，深入推进优化产业空间布局、推动技术产品创新、构建良好数字经济产业生态、加快市场主体培育、加快数字基础设施建设、强化发展要素支撑等六大数字经济重点工作，优化"一个布局"，夯实"三大基础"，完善"两大保障"，打造"四大基地"。加快谋划和布局数字经济，发展数字经济核心产业，促进三次产业数字化融合，推进数字经济强区建设，对于内蒙古自治区实施创新驱动发展战略、培育数字发展优势、建立现代化产业体系具有重要的战略意义，对于打造祖国北疆亮丽风景线，推动产业结构转型、经济高质量发展具有重要的现实意义。

一 我国数字经济发展总体态势

党的十八大以来，党中央、国务院高度重视数字经济发展，我国数字经济发展取得显著成效。2012~2022 年，我国数字经济规模从 11 万亿元增长到 50.2 万亿元，占国内生产总值比重由 21.6% 提升至 41.5%，数字经济在国民经济中的地位愈发突出。2023 年，我国数字经济核心产业增加值超过 12 万亿元，占 GDP 比重达 10%。根据全国数据资源调查工作组发布的《全国数据资源调查报告（2023 年）》，2023 年全国数据生产总量达 32.85ZB，同比增长 22.44%。在数据存储方面，2023 年我国数据存储总量为 1.73ZB，存储空间利用率为 59%，其中政府和行业重点企业存储空间利用率均为 70% 左右。在上述存储数据中，数据云存储占比超过 40%。在算力方面，截

至 2023 年底，全国 2200 多个算力中心的算力规模同比增长约 30%。大模型训练算力需求高涨，科学、政务、金融、工业等行业算力需求增加。

二 内蒙古数字经济发展现状

近年来，内蒙古自治区党委和政府抢抓数字化发展机遇，以建设内蒙古国家大数据综合试验区为契机，不断完善数字基础设施，推进数字产业化和产业数字化，构建数字经济发展支撑体系，数字经济发展取得长足进步。内蒙古自治区数字经济规模从 2018 年的 3600 亿元增至 2022 年的 5574 亿元（见图 1），占 GDP 比重也达到 24.4%，在数字经济领域已经具备一定的规模和影响力。此外，内蒙古作为八大国家算力枢纽节点之一和十大国家数据中心集群之一，2022 年末，全区建成标准机架（2.5kW）24 万个，服务器承载能力达到 200 万台，公共数据资源体系不断完善，数据要素不断丰富，初步形成了数据、算力中心规模效应，内蒙古已经具备推动数字经济高质量发展的优势条件和产业基础。

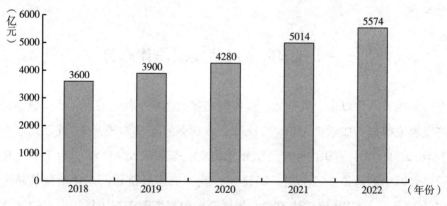

图 1 2018~2022 年内蒙古自治区数字经济总量

数据来源：内蒙古大数据中心。

（一）信息通信基础设施不断完善

信息网络基础设施是数字经济与实体经济融合发展的底座。近年来，内蒙古自治区深入推进 5G 网络建设、"电信普遍服务"等，信息通信基础设施建设取得长足进步，依托满洲里、二连浩特两个国际通信信道出入口，分别实现了与蒙古国、俄罗斯运营商的对接，边境地区和林区、牧区的通信网络覆盖水平得到大幅提升。截至 2023 年底，内蒙古自治区 12 盟市 5G 基站总数达到 60446 个（见图 2），5G 基站增速在 12 个西部省份中排名第 8 位，千兆以上宽带用户数占比在 12 个西部省份中排名第 9 位。[①] 2021 年，内蒙古自治区政府开始实施牧区"智慧广电"宽带网络覆盖与服务工程，截至 2022 年 12 月，在全区 33 个牧业旗县（市、区）、281 个苏木乡镇、1226 个行政村、2484 个嘎查村、2562 个自然村建设"万兆到旗县、千兆到苏木乡镇、百兆到嘎查村、20 兆进牧户"的有线无线融合宽带网络，为分散用户同步提供 100 套电视直播、点播、时移和回看服务。20 个沿边旗县（市、区）累计建成 4G 基站 1.27 万个，4G 网络覆盖率为 97.68%，光纤宽带通达率为 97.2%，宽带通达率为 100%。通过增强通信网络服务能力，进一步提升边境地区、边远牧区公共服务均等化水平，优质教育、医疗等公共资源加快向边境地区延伸。

（二）绿色算力基础设施建设全面提速

内蒙古自治区人民政府及地方政府出台《关于支持内蒙古和林格尔集群绿色算力产业发展的若干意见》《全国一体化算力网络国家枢纽节点内蒙古枢纽集宁片区发展规划（2023—2025）》等政策性文件，按照"1+10+N"进行布局，保障未来算力产业发展需求。"1"指按照国家"东数西算"战略布局，重点推进内蒙古算力枢纽节点和林格尔数据中心集群（和林格尔新区、集宁大数据产业园）建设。"10"指允许和林格尔数据中心集群外其他盟市中心城

---

① 王岚：《发挥内蒙古自治区通信产业优势加速形成新质生产力》，《通信世界》2024 年第 12 期。

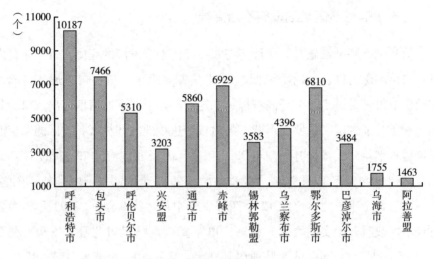

图2 2023年内蒙古12盟市5G基站数量

数据来源：内蒙古自治区工业和信息化厅。

市结合本地实际，充分利旧，科学合理布局建设绿色算力设施，主要用于满足本地实时性算力的客观需求。"N"指靠近城镇、口岸、产业园区、商圈、大型厂区等需求集聚区建设集网络、存储、计算等资源于一体的边缘计算节点，满足用户对极低时延和极佳体验的新型业务需求。截至2023年底，内蒙古数据中心服务装机能力达到260万台，上架率67.4%，算力规模突破5000P。2023年全区数据中心完成投资额70亿元，新增服务器60万台，主要集中在和林格尔新区，新引进华为智算中心等千亿级重大项目，建成阿里、并行等智算超算重点项目以及全国最大的"扶摇"自动驾驶智算中心。截至2024年6月，和林格尔数据中心集群内服务器装机能力已超过370万台，算力总规模达到4.8万P，其中智能算力4.1万P，位居全国前列。

（三）数字产业化快速推进

内蒙古发挥数据中心规模优势，大力开展"以数招商"，积极培育上下游产业，延伸产业链条，培育产业集群，积极开展与京东、微软、国信等互联网企业合作，初步形成了和林格尔新区大数据产业核心区、乌兰察布中关村科技园区、鄂尔多斯高新技术产业园区、赤峰云计算产业园区等一大批大数据产业集聚区。以呼和浩特和林格尔新区为例，已签约落地算力中心主要有运营商、金融机构、头部企业、国家部门等 32 个项目、总投资 2376 亿元，规划建设数据中心机房楼 238 栋、523 万平方米，其中，智算机房楼 36 栋、79 万平方米。同时，注重引进数据中心上下游企业，引进中核同方服务器、超聚变服务器、云储新能源设备、天海流体智能节能泵阀、西安交大"光栅"研发生产等相关制造业项目 14 个，引进百度、抖音、天翼云科技、中通服、中科仙络、华为北方基地、新华三中央实验室、诚迈科技数字服务基地，打造数据开发流通应用基地、模型训练推理基地、运营运维基地、信创适配基地等"四大基地"。呼和浩特市、乌兰察布市、赤峰市等地依托数据中心集聚优势，不断延伸大数据产业链条，大数据核心产业生态圈初具规模。

（四）产业数字化转型提速

"十三五"以来，内蒙古自治区就特别重视在各领域实施数字化转型，推动大数据与产业的深度融合，促进企业数字化、网络化、智能化改造，建成了一批工业互联网平台和智慧农场、智慧牧场、智慧矿山、智能制造、智慧能源、智慧旅游、智慧物流、智慧医疗等示范项目。农牧业数字化转型升级持续推进，打造了若干国家级、自治区级生态农业园、现代农业创新示范基地，如宏福现代农业产业园、瑞田现代生态农业创新示范基地，多家涉农涉牧企业入驻国家农产品质量安全追溯管理信息平台，建成内蒙古海芯华夏全国设施农业大数据运营平台、蒙牛乳业数字化工厂、华颂马铃薯单品种大数据平台等示范项目。工业数字化转型升级成效明显，全区 113 家企业通过国家"两化融合"贯标，17 家企业正在开展"两化融合"贯标项目，1320 家企业完成"登云"；各盟市大力推动完成企业管理、生产制造、设备监控等多方面的数字化，初步构建智能工厂发展模型；推动完成矿山、电厂等多个 5G 应用项目建设。服务业数字化转型升级稳步发展，2023 年，呼和浩特综合保税区、鄂尔多斯综合保税区、满洲里综合保税区累计进出口 283.2 亿元，增长 122.1%，跨境电商进出口 45.6 亿元，增长 261.8%。呼和浩特市、

包头市、赤峰市、满洲里市获批国家跨境电子商务综合试验区，分层级建成投入使用电子商务服务中心、乡镇电子商务服务站、村级服务网点；分领域建成示范县级快递物流分拨中心，打造区域公共品牌。

（五）数字技术应用创新能力持续提升

内蒙古自治区坚持把创新驱动作为推动数字经济高质量发展的战略支撑，促进创新链、产业链、政策链、资金链深度融合，加快推动数字技术向经济社会和产业发展各领域广泛深入渗透，推进数字技术、应用场景和商业模式融合创新。一是不断丰富创新载体和创新机构，成立内蒙古数字经济研究院、内蒙古创新区块链研究院、北疆蒙古语人工智能产业研究院等一批科研机构，推动工业大数据应用技术国家工程实验室、清华大数据分布式数据处理系统研究中心等在内蒙古设立分支机构，建设和林格尔新区微软大数据及人工智能应用中心、乌兰察布百度创新中心等一批孵化平台。二是进一步加大数字技术创新成果转化扶持力度，2019 年自治区投入科研经费 3792 万元，支持 28 个大数据相关应用研发项目，2020 年通过科技专项投入 2440 万元，支持关键技术攻关和科技成果转化项目 21 个，研发支持力度不断加大，技术创新能力不断增强。

三　内蒙古数字经济发展面临的主要问题

（一）数字经济发展水平相对滞后

当前，自治区数字经济规模与发达省份相比差距较大，数字经济体量占GDP 比重远远低于全国平均水平。内蒙古自治区数字经济规模从 2018 年的 3600 亿元增至 2022 年的 5574 亿元，占 GDP 比重也达到 24.4%。然而，2022 年我国数字经济规模超过 50 万亿元，占 GDP 比重达到 41.5%，自治区低于全国 17.1 个百分点。根据《数字化转型指数报告 2021》中的 2020 年数字中国指数省级排名情况，内蒙古数字经济发展水平在全国排名第 25

位之后。这与内蒙古经济总量排名第 20 位、人均 GDP 排名第 11 位的现状不相符。从数字经济内部结构来看，数字产业化方面，电子信息制造业和软件与信息服务业总体规模偏小，大数据产业体系尚不完善，2020 年全区数字产业化规模占数字经济比重仅为 7.6%，低于全国平均水平 11.5 个百分点；产业数字化方面，产业数字化规模占数字经济比重高达 92.4%，高于全国平均水平 11.5 个百分点，内部结构不合理，实体经济和数字经济融合程度有待提升，传统企业数字化转型有待提速。

（二）数字基础设施有待完善

内蒙古地域辽阔，地形复杂，人口密度低，这就导致内蒙古在数字基础设施建设上的投入、难度要远高于全国大部分地区，收益方面则体现为回报周期长、收益率低的特点。因此，虽然内蒙古信息基础设施建设已经有了不少的投入，获得不小的进步，但与发达地区相比数字基础设施依然薄弱，存在网络设施覆盖面有限、网间通信质量较差等问题。呼伦贝尔、满洲里等地互联网节点层次较低，没有互联网直连通道，数据传输较慢，制约着当地数据中心及相关产业发展。总之，自治区跨省数据传输能力不足，严重影响了区外企业将即时性要求高的数据业务落户自治区的意愿，需继续加大骨干网络建设投入。此外，不少偏远边境地区通信基站严重不足，通信覆盖率较低，居民多通过安装信号扩大器接发手机信号，若遇恶劣天气通信便会中断，对数字技术在乡村振兴中发挥作用十分不利。

（三）数字技术人才支撑力不足

发展数字经济需要从供给侧推动创新，对人才的数量、质量都有很高的要求，但是内蒙古能承担数字化发展使命的领军人才以及数字技术应用领域的专业技能人才都极为匮乏。一是自治区存在人口、人才双流失状况。根据第七次全国人口普查数据，内蒙古人口流失严重，2020 年内蒙古常住人口 2404.92 万人，相比 2010 年总量减少 67.08 万，同时存在高学历高技术专业性人才向区外流动的现象。二是关键核心技术和关键数据挖掘应用等数字经

济相关领域人才储备不足。由于区内高等院校及科研院所学科设置、培养体系尚不完善，培养数字化人才能力极为有限，本地培育的高层次人才长期外流，不断培育和留住人才的良性循环未能建立。三是我国处于数字化转型初期，全国各地对数字专业人才的需求爆发式增长，相比一线、二线城市，区内缺少国家级大型、骨干研发机构平台，在科研技术方面竞争力不强，在收入水平、宜居环境、创业环境等方面政策优势不够明显，未能形成吸引人才集聚的环境氛围。

（四）数字治理服务能力有待提高

数字政府是内蒙古作为后发地区发展数字经济的突破口，但是内蒙古数字政府建设存在诸多问题，数字治理服务能力仍然较弱。清华大学数据治理研究中心发布的《2022中国数字政府发展指数报告》显示，根据组织机构、制度体系、治理能力、治理效果四个指标的总得分测算，内蒙古自治区数字政府建设在省级数字政府和省会城市数字政府中排名皆为第22位，处于发展型，与北上广等地区差距明显。一是自治区数据资源体系建设不完善，内蒙古各级政府和各级部门信息化分散建设，存在数据重复采集、目录编制不全、共享标准不明确等问题。二是各层级政府和各层级部门间数据整合进展缓慢，相应业务流程、数据标准缺乏统筹规划和统一规范，导致网络难互联、系统难互通、数据难汇聚。三是存在政府应用系统不融通、建设投入多、周期长、利用率低、水平参差不齐等问题。四是社会化治理服务智能化、协同化应用水平不高，真正实现全流程网上办理的事项较少，企业、居民的获得感不强。

四　推进内蒙古数字经济发展的政策建议

（一）加快推进新一代数字基础设施建设

培育发展数字经济，数字基础设施建设是其核心要素。"十四五"时期，自治区应拓展 4G 网络覆盖广度和深度，推动 5G 基站建设，加快 IPv6 改造升级和推广应用，重点加强呼包鄂乌城市群内数据中心的城市基础设施建设。进一步完善偏远地区 4G 网络覆盖，提高乡村、牧区宽带网络服务质量，改善网络末端的企业、个人使用体验，确保政务服务、电商物流服务等基本公共服务的全覆盖。适度超前推进 5G 基站建设，在实现地级以上城市市辖区域 5G 网络覆盖的基础上进一步推进旗县中心镇的覆盖，2025 年实现苏木乡镇一级 5G 网络全覆盖。加快提升 IPv6 端到端贯通能力，完成全部数据中心的 IPv6 改造，尽快推进对剩余 2% IPv4 地址的 LTE 终端进行 IPv6 改造，实现 IPv6 在 LTE 终端的比例达 100%，并积极向国家争取在内蒙古增设 IPv6 根服务器。加强呼包鄂乌城市群内数字基础设施建设，全面提升城市群内各产业园区网络带宽，完善呼和浩特、鄂尔多斯、乌兰察布等地数据中心所在旗县或开发区内的城市基础设施。

（二）优先强化数字技术在重点领域的应用

结合内蒙古产业优势，优先强化数字技术在重点领域的科技创新与应用。加快推进农牧业数字化转型节奏，运用数字化手段提升农牧业生产、经营、销售、服务等环节的环境监控、生产过程检测、产品质量安全追溯、直播带货等生产经营全流程信息化水平，推进农牧业和休闲旅游业融合发展，挖掘农村牧区资源优势，借力互联网及新型信息技术，着力构建"生态环保兼顾、数字技术助力、地方特色突出、经济效益明显"的农牧休闲业发展格局，加快数字化与农牧业的融合发展。在能源产业领域实施数字化转型有助于降低能耗，助力"双碳"目标实现。查找内蒙古能源基础设施特别是数字化能源基础设施存在的短板，集中开工一批具有战略意义的智能电网、无人驾驶公路铁路运煤专线、智慧矿山系统等智慧能源网络工程，将世界先进的智慧能源网络技术应用在内蒙古，加快提升内蒙古煤炭电力行业、清洁能源行业的经济效益和整体竞争力。

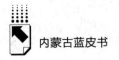

（三）推动数字技术赋能生态环境保护

充分发挥数字技术在提升自治区碳汇能力及价值上的作用，在生态环境保护进程中用好数字技术。自治区现有森林3.92亿亩、草原13.2亿亩，湿地9016亩，森林、草地、泥潭沼泽碳储量分别达到10.3亿吨、9.2亿吨、2.6亿吨，均居全国前列，生态系统碳储量和增汇潜力、价值巨大。依托大数据技术和数字化集成平台，实现空气、水、土壤等方面的生态环境指标实时动态监测，做好人类行为与自然现象的生态风险监测评估，实现"空天地人"一体化的动态监测与调控，加强北斗、雷达、无人机及地面站点协同应用，提升生态环境治理与修复、灾害防治、生态状况监测、非法活动打击等工作精准度。利用大数据、区块链、云计算技术，建立生态资产数字台账，摸清自治区生态资产家底，探索构建生态资产价值评估模型。与此同时，建议探索建立数字化生态补偿机制，建立多层次的智能化生态补偿平台。加快对部门自建的生态资源监管平台进行互联整合，尽快实现数据的联通共享，打造统一的自治区自然资源大数据中心，实现全区山、水、林、田、湖、草、沙等生态资源"一张图"治理。加强数据收集、传输、储存、处理等各环节紧密衔接，促进大数据在生态环境保护中的创新应用，不断丰富数字化治理手段，提升全区生态环境预警、防灾减灾、应急指挥、决策分析、灾情评估等数字化水平。

（四）加快构建数字技术人才培养引进体系

打造数字经济高地离不开数字人才的支持。当前中国数字人才分布"南强北弱"，大多数数字经济专业型人才都聚集在北上广深。自治区要立足实际，突出需求导向，建立数字人才需求目录和人才数据库，有针对性地引进高端人才，培育高水平创新人才和团队，做到数字经济需要什么人才，就引进和培养什么人才，加强对数字人才引进、培养和集聚的政策支持，完善人才激励机制，加快引进和培养一批数字领域急需紧缺的技术领军人才、高层次管理人才和创新创业团队。一是努力培养本土数字技术人才。优化自治区各高等院校学科专业设置，鼓励学校增设云计算、大数据、人工智能、物联网、虚拟现实、区块链等数字领域相关专业，重点加强技能型、专业型、应用型人才培养。努力实现产教深度融合，构建产学研一体化的教学运行和管理机制，面向数字经济发展需求，培养应用型、技术技能型人才。在全区规划、部署和推进数字经济教育，覆盖党政机关、学校、企业及社区，提升各级领导干部、公务人员、创业人群和广大人民群众数字素养。二是千方百计引进区外高层次人才团队。围绕自治区数字经济建设的重点领域，引进一批数字经济领域学科带头人、技术领军人才和高级管理人才，以院士工作站、重点实验室、高新技术园区为依托，集群式引入人才团队。建立以市场、业绩、效益为核心的人才评价体系，探索市场化的人才评价激励机制。制定出台在收入、职称、住房、落户、子女教育等方面的优惠政策，打通人才上升和自由流动通道。

（五）大力推动数字政府建设

"数字政府"是推动"数字中国"建设、推动经济社会高质量发展、再创营商环境新优势的重要抓手和重要引擎。以数字中国、智慧社会为导向，立足内蒙古经济社会发展需要，以改革的思路和创新的举措，建立大数据驱动的政务信息化服务新模式，推进信息资源整合和深度开发，促进政务信息共享共用和业务流程协同再造，高标准打造内蒙古"数字政府"，实现政府治理体系和治理能力现代化。一方面，打破政府各部门内部业务壁垒，以全局、整体的思路整合资源、优化流程，提高跨部门协同能力；另一方面，以一体化、便捷化、智能化的管理和服务，进一步提升企业和群众获得感。坚持改革传统建设运营管理模式，在政府数字化转型过程中引入互联网文化，吸收"快速迭代""小步快跑"等互联网发展理念，提高"数字政府"建设效率。建立数字化转型考核机制，让各级政府做一个项目成一个项目，做一个项目推广一个项目，每个项目都有考核机制、评价体系，系统化推进政府数字化转型。充分发挥优秀企业的技术优势、渠道优势和专业运营服务能力，共同参与"数字政府"项目建设，提升政府

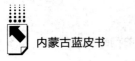

管理服务水平，向社会充分释放改革红利，鼓励社会主体广泛参与"数字政府"创新应用建设。

参考文献

郭启光：《内蒙古推动数字经济高质量发展的路径及对策研究》，《理论研究》2019年第5期。

崔连伟、张少泽、郭启光：《内蒙古数字经济标准化发展路径与对策研究》，《北方经济》2024年第2期。

辛倬语：《内蒙古数字经济发展趋势与对策研究》，《新西部》2023年第7期。

张宇、张捷：《内蒙古数字经济发展概况及对策研究》，《北方经济》2023年第6期。

郭启光、崔连伟：《内蒙古传统优势产业数字化转型的成效、挑战与应对方略》，《内蒙古社会科学》2022年第3期。

王晓明、郭敏：《新发展格局下内蒙古数字经济赋能高质量发展的基础和发力点》，《理论研究》2021年第4期。

段艳芳、石越：《内蒙古产业数字化与数字产业化联动发展的路径探析》，《前沿》2023年第2期。

B.20
内蒙古文旅产业发展报告[*]

马晓军[**]

摘　要： 2023 年，内蒙古文旅产业迎来了发展契机。内蒙古正朝着"闯新路、进中游"目标加速迈进，沉浸式体验旅游蓬勃发展，内蒙古文旅消费也呈现全域化、多元化发展趋势，做大做强"旅游四地"、打响四季旅游品牌、推动"旅游+""+旅游"融合催生出新业态、新模式、新场景及新体验，面对文旅产业发展中的挑战，应加快推动文旅消费升级和业态创新发展，为内蒙古旅游业高质量发展注入新动能。

关键词： 文旅产业　新业态　新动能　内蒙古

2023 年是全面宣传贯彻党的二十大精神的重要一年，党的二十大报告提出：坚持"以文塑旅、以旅彰文"，推动文化和旅游深度融合发展。随着政策的引领、经济的支撑、社会需求的多样化、科技创新的推动以及新媒体流量的赋能，文旅产业呈现前所未有的活力和潜力。自治区围绕贯彻落实《国务院关于推动内蒙古高质量发展奋力书写中国式现代化新篇章的意见》，提出把内蒙古打造成为自驾游的首选地、露营游的佳选地、度假游的必选地、康养游的优选地的目标，着力优化旅游发展布局、完善基础设施、丰富业态产品，推出森林康养游、草原休闲游、寻古探秘游、沙漠穿越游等精品

---

[*] 本文数据若无特殊说明，均来自内蒙古自治区文化和旅游厅官网（https：//wlt. nmg. gov. cn）和内蒙古自治区统计局官网（https：//tj. nmg. gov. cn）。

[**] 马晓军，内蒙古自治区社会科学院经济研究所副研究员，主要研究方向为区域经济学、产业经济学。

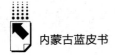

线路，吸引更多游客到内蒙古体验大草原、大森林、大湖泊、大沙漠的辽阔之美，全面提升旅游业发展的层次、质量和综合效益，让内蒙古的旅游产业形成有吸引力的产品体系。

一 内蒙古文旅产业的发展背景

（一）文旅市场复苏势头强劲

2020年疫情突然发生，让旅游业界一下进入寒冬，随着新冠疫情的结束，2023年旅游业作为"敏感性"而非"脆弱性"产业很快复苏，并迅速走上振兴的道路，各地旅游市场出现火热的场面。2022年末，全区共有A级旅游景区428个，比上年末增加24个。其中，5A级旅游景区6个，与上年持平；4A级旅游景区145个，比上年末增加9个；3A级旅游景区127个，增加11个；2A级旅游景区150个，增加4个。据统计，2023年春节假期全区接待国内游客477.24万人次，同比增长10.80%，恢复至2019年同期的88.79%。实现旅游收入25.37亿元，同比增长9.51%，恢复至2019年同期的84.72%，文化和旅游市场安全有序，强势回暖。自治区文旅坚持以政策牵引驱动激发市场主体活力，发布支持文化和旅游业恢复发展措施15项，推出惠民举措150余项，带动全年接待游客2.3亿人次，实现旅游收入超3350亿元，均创历史新高，是2022年的2.49倍和3.18倍。①

（二）多元化的内生资源基础

内蒙古是祖国北方重要生态屏障上的一颗绿色明珠，是向北开放的重要桥头堡，自然风光壮美多姿，民族风情绚丽多彩，旅游资源禀赋优势突出。内蒙古横跨三北，毗连八省，外接俄罗斯与蒙古国，拥有独特的地理区位优

---

① 《内蒙古自治区文化和旅游厅2023年工作总结》，内蒙古自治区文化和旅游厅网站，https：//wlt.nmg.gov.cn/zfxxgk/zfxxglzl/fdzdgknr/gzzj/202408/t20240809_ 2552799.html，2024年1月9日。

势，造就了独一无二的自然景观、举世闻名的人文景观，形成了既有草原、沙漠、黄河、冰雪、森林、生态、温泉等内蒙古多元化的自然景观旅游类型，也有工业、航空航天、红色记忆等人文景观，更有民族文化、非物质文化遗产。内蒙古拥有金牌草原旅游资源，世界四大草原之一的呼伦贝尔草原、锡林郭勒草原、乌兰布统草原、科尔沁草原、辉腾锡勒草原等都令人心驰向往。巴丹吉林沙漠、腾格里沙漠、乌兰布和沙漠、巴音温都尔沙漠和库布其沙漠五大沙漠，充满着神奇和魅力。蒙古族文化、草原文化源远流长，文化传承下的民俗、非物质文化遗产、饮食、服饰、古城、寺庙古迹等为文化旅游融合发展提供了丰富的资源禀赋。伊利全球智能制造产业园获评"2022年国家旅游科技示范园区"，包钢工业旅游景区、蒙牛工业园区获评"国家工业旅游示范基地"，阿拉善胡杨林、阿尔山温泉和冰雪也以其独特的资源禀赋，一定程度上调节了内蒙古旅游业季节性失衡的状况。除此以外，蒙元文化、西口文化、红山文化、中俄和中蒙等对外文化交流，为文化旅游融合发展开辟了新路径。

（三）公共服务效能不断提升

近年来，内蒙古文旅公共服务有效供给明显扩大，服务效能明显提升。聚焦提升群众文化活动的广泛性、获得感，助力新时代文明实践，组织开展"春雨工程""文化悦老""文化筑梦""文化助残""文明旅游"等活动，营造向上向善的良好社会风尚。随着基础设施建设的加快，内蒙古铁路、高速公路、机场等交通基础设施的建设和运营越来越成熟，这为内蒙古文旅产业发展提供了重要的基础条件，为文旅市场发展带来了活力和市场机遇。网络多媒体时代，能够更全面、准确、生动、及时地展示内蒙古旅游业的发展面貌，高德地图"一键游内蒙古"为游客提供出行分析、路线规划、订酒店、找景点、寻美食等多种功能，帮助旅行者快捷畅游内蒙古。此外，旅游信息服务质量明显提升，目前内蒙古在车站、机场、高速公路服务区、酒店大堂、便利店等节点性场所，都十分注重开展内蒙古文旅的宣传展示、咨询等便民服务及设置旅游指引标志，为内蒙古旅游业高质量发展提供有力支撑。

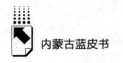

（四）北疆文化引领，对外推介宣传开拓创新

积极发挥文化的精神引领和价值导向作用，通过提升艺术创作感召力、公共服务凝聚力、文艺品牌影响力，让各族群众在文旅实践中感悟北疆文化、增强文化认同。举办"舞动北疆"广场舞大赛、"唱响北疆"群众歌咏展演、"阅读北疆"全民阅读、"北疆文化"主题展览等系列活动。将北疆文化融入艺术创作、展示展览、群文活动，北疆文化的传承、转化、表达方式方法更加生动立体，文化自信自强的根基更加坚实厚重。

内蒙古文化和旅游厅及地方文化和旅游局，十分重视内蒙古旅游业的提质增效发展，同时开展大量的对外推介活动。为了推动资源开发和利用不断深化，组建了内蒙古文化旅游投资集团有限公司，全力打造自治区文化旅游旗舰企业。加强文化遗产保护利用，2022 年以来，内蒙古文物保护利用成效显著，实施非遗特色村镇和街区建设。对外交流合作与宣传推广走实走深。在中央广播电视台等主流媒体播出内蒙古文化旅游形象广告，持续深化与人民网、新华网、抖音等新媒体合作。各盟市先后在成都、深圳、杭州、上海等发达地区开展旅游推介会等不同主题推介会数十场。创新实施"百万人互游"计划，带动俄蒙、港澳等游客率先入境，文化和旅游工作深度融入国内国际双循环，实现从内陆腹地迈向开放前沿的大步跨越。

二 内蒙古文旅市场概况

（一）文旅产业持续升温升级

2023 年，内蒙古自治区文化和旅游厅围绕打响"北疆文化"品牌，加快推进"旅游四地"建设，文化事业繁荣发展、文旅产业加速升级，接待游客 2.3 亿人次，是 2022 年的 2.49 倍，实现旅游收入超 3350 亿元，是 2022 年的 3.18 倍。全区 457 家 A 级景区接待游客 9223.18 万人次，同比增长 156.5%，营业收入 59.983 亿元，同比增长 241%。"百万人互游"计划带动珠三角、长三角和京津冀市场，其中珠三角游客增长 1215.6%，长三角游客增长 959.9%，京津冀游客增长 959.9%。全区星级饭店实现营业收入 24.19 亿元，同比增长 58.1%，OTA 平台订单增长 230%。项目建设势头强劲，86 个重点文旅项目完成投资 57.55 亿元，107 个招商引资项目落地总金额 33.45 亿元，评定 3A、4A 级旅游景区和自治区级旅游度假区、休闲街区和乡村旅游重点村镇 83 家。

2024 年入夏以来，草原游持续升温，内蒙古接待国内游客 9990.97 万人次，是上年同期的 1.44 倍，接待国内游客总消费 1379.70 亿元，是上年同期的 1.60 倍。据携程数据统计，2024 年上半年，内蒙古文旅市场较 2023 年同期在线旅游人次增长 28%；私家团、定制游在线消费人次增长 136%、金额增长 129%；租车用车在线消费人次增长 77%、金额增长 49%；暑期入境游订单量增长 111%。如今，内蒙古文旅消费热力涌动，文旅市场欣欣向荣。

（二）规模以上文化及相关产业企业营业收入稳步增长

国家统计局数据显示，2023 年内蒙古 147 家规模以上文化及相关产业企业（以下简称"文化企业"）实现营业收入 136.6 亿元，比上年增长 17.4%。分业态看，文化新业态特征较为明显的 16 个行业小类实现营业收入 4.5 亿元，同比增长 20.7%。分产业类型看，文化制造业实现营业收入 17.5 亿元，同比下降 27.7%；文化批发和零售业营业收入 53.4 亿元，同比增长 19.8%；文化服务业营业收入 65.7 亿元，同比增长 38.1%。分行业类别看，新闻信息服务实现营业收入 1.7 亿元，同比增长 22.5%；内容创作生产 8.2 亿元，同比增长 14.2%；创意设计服务 15.6 亿元，增长 14.1%；文化传播渠道 67.5 亿元，增长 23.8%；文化娱乐休闲服务 13.4 亿元，增长 1.9 倍；文化辅助生产和中介服务 14.6 亿元，增长 37.2%。分领域看，文化核心领域营业收入 106.4 亿元，同比增长 30.6%。

（三）文旅消费升级，产品新业态多端发展

中国旅游研究院发布的《中国国内旅游发展报告（2023—2024）》显

示，随着大众旅游进入全面发展新阶段，国内旅游市场呈现市场下沉、需求升级的特点。在此背景下，内蒙古既迎来下沉市场发展的机遇期，也面临多元业态发展的新挑战。内蒙古着力丰富旅游业态、提升服务质量，推出多条精品旅游路线。推动文化和旅游资源串点连线、串珠成链，开发"亮丽内蒙古 四季好风光"系列沉浸式旅游产品，推出百余条精品旅游线路，创建了一批 5A 级景区，不断满足游客的多元化、个性化、特色化需求，"旅游+体育""旅游+演艺""旅游+康养""旅游+自驾露营""旅游+城市打卡""旅游+乡村休闲""旅游+历史文物"等多种新业态及发展模式，非遗旅游、研学旅游、露营旅游、旅游演艺等新产品新业态持续壮大。

（四）文化遗产创造性保护、创新性发展

严格落实保护第一、传承优先理念，正确处理保护与利用、保护与发展、保护与开发的关系，在守正创新中赓续历史文脉、彰显时代精神。一是加强文化遗产保护。完成石窟寺保护规划、革命文物保护规划编制，组织实施文物保护工程 42 项，启动第四次全国文物普查工作，跨省推动长城联合保护、红山文化申遗，长城、黄河国家文化公园重点项目取得阶段性进展。二是推动文物活化利用。各级博物馆征集文物近 3 万件/套，推出"北疆印迹""融合之路""大河毓秀"等精品展览 300 余个，"交融汇聚"展览列入国家部门重点推介项目。三是促进非遗活态传承。健全完善非遗保护体系，开展非遗传承活动评估，认定自治区级非遗传承教育实践基地、旅游体验基地、特色村镇街区 98 个，举办非遗演艺、节庆民俗等活动 1540 余项，推动内蒙古网上数字非遗馆建设。①

（五）强化管理，诚信建设扎实推进

旅游业作为幸福产业，是展现人民美好生活指数的重要领域，是衡量社

---

① 《内蒙古自治区文化和旅游厅 2023 年工作总结》，内蒙古自治区文化和旅游厅网站，https：//wlt. nmg. gov. cn/zfxxgk/zfxxglzl/fdzdgknr/gzzj/202408/t20240809_ 2552799. html，2024 年 1 月 9 日。

会诚信水平的重要标尺，也是构成诚信中国建设的重要一环。内蒙古围绕服务发展大局、守住安全底线、打造良好环境，健全制度机制，提升工作质效，全力打通文化旅游领域堵点、难点、痛点。一是持续优化营商环境。下发 2 项行政许可事项、30 项外部事项，精简行政审批环节、材料，压缩审批时限，"三减"率总体压减 74.82%。二是严守意识形态阵地。修改完善《内蒙古自治区文化和旅游厅党组落实意识形态工作责任制实施办法》，制定意识形态工作责任清单，将意识形态审查作为场馆评估定级必备程序，持续加强文旅活动、文化场所和 A 级旅游景区、旅游服务机构意识形态管理。三是加大执法监管力度。坚持"包容审慎"与"重拳出击"相结合，开展文化和旅游市场整治专项行动、地区间交叉执法检查、剧本娱乐专项整治等行动，出动 35 万多人次检查经营单位近 13 万家次，为游客创造安全舒适的旅游环境。发布 28 条热点旅游线路诚信指导价标准，出台《关于娱乐场所和互联网上网服务营业场所设立审批有关事项的规定》，入选全国文旅系统典型案例。

三 内蒙古文旅产业发展面临的挑战

内蒙古自治区虽然拥有深厚的历史文化积淀及丰富的自然旅游资源，但这种资源优势并未在旅游产业发展之路上转化成经济优势，与其他旅游发达地区相比仍有较大的差距与不足，文旅产业发展中始终面临挑战。

（一）文旅资源优势未能转化为产业发展优势

虽然自治区旅游业取得了长足的发展，但也应清醒地认识到发展与问题是同时存在的，甚至"问题"要多于"发展"，资源优势没有转化为经济优势。近几年，自治区旅游总人数和总收入在全国省区市中一直处于倒数第五、六位。宣传力度不够，方式、内容有待创新。至今还没有一个能够涵盖内蒙古民族传统与现代时尚以及特色旅游资源整体形象的旅游宣传广告或一句凝练的旅游宣传口号。旅游基础设施建设滞后。基础设施的配套直接影响

着旅游地的旅游质量，基础设施配套陈旧落后，就是有再好的景色也会大打
折扣。目前，内蒙古还没有综合型的旅游集散中心，大大限制了游客对自治
区旅游目的地信息、全区旅游资源、通往景区的交通线路选择、旅游预订等
方面信息的获取。

（二）文旅产业受创、义旅人自信心下降

疫情开始前的 2019 年 10 月，全区接待国内外旅游者 2756.32 万人次，
实现旅游业综合收入 643.70 亿元，其中接待国内过夜旅游者 1831.35 万人
次，同比增长 20.15%，接待入境旅游者 18.83 万人次，同比增长 4.9%。
2020 年 1 月开始受疫情影响，全区接待国内外游客 95.99 万人次，同比下
降 15.65%，全区实现旅游业综合收入 98.38 亿元，同比下降 31.38%。全区
接待国内旅游者 591.18 万次，同比下降 14.98%，全区接待入境旅游者
4.81 万人次，同比下降 57.11%，实现入境创汇 0.19 亿美元，同比下降
62.84%，旅游业受疫情的影响已凸显。到了 2021 年 1 月，全区实现国内旅
游收入 72.45 亿元，同比下降 25.36%，接待国内游客 453.14 万人次，同比
下降 23.35%，疫情影响持续，直到 2021 年底全区接待国内游客 13126.81
万人次，恢复到 2019 年同期接待水平的 67.96%，全区实现国内旅游收入
1460.49 亿元，恢复到 2019 年同期收入水平的 32.04%。2022 年上半年，全
区接待国内游客 3597.82 万人次，恢复到 2019 年同期接待水平的 46.25%，
全区实现旅游收入 388.99 亿元，恢复到 2019 年同期收入水平的 26.17%。
三年疫情极大地打击了万千旅游人对旅游业的信心，大量旅游项目停摆，文
旅产业、文旅人更是经历了冰与火的极限考验，酒店、景区、乐园、餐饮企
业等所有线下场所面临极大的不确定因素，在旅游休闲街区同质化现象日益
显现、消费个性化诉求加速升级的市场背景下，部分旅游企业和旅游人信心
不足，已悄然退出旅游市场。

（三）旅游供给和消费需求的适配性不强

首先，旅游供给结构、质量与旅游需求的矛盾。在旅游需求拉动下，对

于内蒙古而言，尽管旅游业已初步构建了多样化的旅游产品供给体系，但是同质化、单一化、低水平的旅游产品和服务供给仍然难以满足旅游者对特色化、专业化、现代化旅游产品的需求，不能满足旅游者对于自然风光、文化品位、健康生活等优质产品的需求。其次，旅游供给服务与旅游需求的矛盾。基础设施的配套直接影响着旅游地的旅游质量，基础设施配套陈旧落后，就是有再好的景色也会大打折扣。自治区国省道连接重点景区公路、铁路密度、通用机场都达不到全国平均水平，交通成本高，可进入性差。城市、线路和景区的公共服务设施不到位或不配套，难以形成高品质、高水平的旅游服务体系。最后，旅游监管不到位。旅游是服务业的重要组成部分，旅游企业、景区、酒店、交通等一系列相关部门和旅游这个行业都是密不可分的，它们从属于该地区旅游业服务部门，自治区没有真正建立一个健全的监管机制或有实效、惩罚力度大的监管机构，真正解决游客在旅游过程中遇到的安全、卫生、欺诈、服务不满意等相关问题。举一个最简单的例子，出租车市场秩序乱，呼和浩特市出租车投诉渠道形同虚设，或者电话打不通，或者打通也解决不了问题，严重影响了消费者的合法权益，也损害了自治区的旅游形象。

（四）旅游促进共同富裕面临多重障碍

在现代化建设征程中，在促进全体人民共同富裕的过程中，发展旅游具有"增收""均富"的双重作用，能够通过经济增长效应和空间流动效应有效增加社会财富并缩小地区、城乡收入差距。然而值得关注的是，目前自治区旅游业仍存在一些基础性障碍、体制性障碍、市场性障碍和利益联结性障碍。基础性障碍方面，智慧旅游基础设施建设滞后、微交通循环体系尚未打通。体制性障碍方面，区域协同机制、要素共建共享机制等方面尚不完善，并造成旅游产品和服务的同质化问题，抑制了旅游业在缩小行业和地区发展差距方面的作用发挥。利益联结性障碍方面，旅游发展涉及游客、企业、居民、政府等诸多利益相关者，尤其是旅游企业与旅游目的地居民的利益联结关系，决定了旅游发展的利益分配公平程度。由于社会信用体系尚不健全，

内蒙古蓝皮书

旅游目的地居民的权益保障还存在诸多不确定性，尤其是当下，受三年新冠疫情的影响，旅游行业还没有从重创中完全恢复，旅游促进自治区共同富裕任重而道远，使得旅游业难以有效发挥其促进共同富裕的作用。

四 激发内蒙古文旅消费市场新动能重点发展方向

（一）创造多元供给，适应旅游消费新格局

创造多元供给，要有针对性地贴近市场、研判需求，根据不同的游客群体，满足他们的观光、度假、康养、自驾露营、乡村休闲等需求，挖掘新需求，摆脱同质化的重复开发，在相对单一的传统产品基础上，形成错位竞争，形成新的旅游市场逻辑，供给侧从思路到体制机制、人才结构再到产品服务做出整体性改变，打好产品创新、业态创新、运营创新组合拳，走转型升级之路、创新发展之路、品牌化之路，打造更多辨识度鲜明的旅游产品，不断满足游客的多元化、个性化、特色化需求，切实将"亮丽内蒙古"品牌擦得更亮。

（二）创新营销思路，打造推广引流新窗口

新媒体时代，营销方式日渐多样化，与小红书、马蜂窝、同程、携程、抖音等平台深度合作，鼓励文化名人、网红达人等多渠道宣传文旅资源，不断提高宣传营销的针对性和实效性。推进"千号联动、万人直播、百万触达、矩阵推广"模式，通过多种方式让信息全方位触达广大游客和民众，努力取得几何级的扩散传播效果，扩大"北京向西一步就是乌兰察布""暖城鄂尔多斯"等区域品牌影响力，让更多游客走进内蒙古、了解内蒙古。

（三）抓住重点环节，完善现代旅游体系

完善现代旅游体系，是一项系统工程，需要抓住重点环节，处理好政府和市场的关系，着力补齐旅游公共服务的短板，加快制定现代旅游产业发展

的新政策，不断丰富旅游新业态，合理优化产业布局和产品结构，在人才、科技创新应用和有效营销宣传全面加持下，打造旅游新产品、消费新场景，不断创造新价值、催生新业态，形成数量庞大、类型丰富、创新活跃的旅游服务供给体系。

（四）依托科技赋能，推动智慧旅游发展

随着科技的创新发展，面对市场的竞争和观众的体验期待，旅游产业不能局限于对经济利益的追求，更应注重文化价值的传播和社会责任感的承担。科技体育赛事、音乐节、演唱会的承接和举办需要变革，探索跨界融合的新路径，将科技与场馆、艺术相结合，创造出更加多元互动的观赛和观演体验。依托科技赋能让内蒙古智慧旅游经济规模更进一步，智慧旅游基础设施更加完善，智慧旅游管理水平显著提升，智慧旅游营销成效更加明显，智慧旅游优质产品更加丰富，智慧旅游服务和体验更加便利舒适。把客流量转化为城市"留量"，激发游客对内蒙古的再访欲，将流动的经济效益转变为内蒙古经济的潜动力。

（五）创建诚信旅游体系，优化文旅市场新环境

迈向优质旅游发展新时代，加强旅游诚信建设，全行业使命重大、责无旁贷。推进旅游诚信建设、整治旅游市场乱象是一项系统工程，旅游市场顽疾的形成非一日之寒，既有旅游经营者受利益驱动诚信缺失、违规经营的原因，也有旅游者消费心理不成熟、消费行为不理智的因素，当然还有旅游监管执法不到位的问题。对此，要切实认清其复杂性、艰巨性和反复性，要做好打持久战的准备。全行业要更加自觉肩负起新的职责使命，扎实推进旅游治理体系和治理能力现代化，驰而不息治理旅游诚信缺失问题，久久为功，以更实举措、更大力度确保广大游客出行放心、游玩开心，推动内蒙古旅游业持续健康高质量发展。

读万卷书、行万里路，是古人理解的文旅融合；以文塑旅、以旅彰文，是新时代文旅融合的目标。在奋力书写中国式现代化新篇章中，内蒙古努力

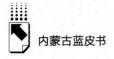
让历史记忆融入现代生活，用资源禀赋激发地区活力，以多元文化 IP 赋能
产业发展，不断展现文旅融合新业态，铸就文旅发展新气象。

参考文献

于占勇：《甘肃省文旅产业新业态对接消费升级的路径研究》，《西部旅游》2023 年
第 24 期。

秦艳：《将"亮丽内蒙古"品牌擦得更亮、叫得更响、传得更开》，《中国旅游报》
2024 年 6 月 4 日，第 3 版。

金准：《创造多元供给，适应旅游消费新格局》，《环球时报》2024 年 5 月 28 日，
第 2 版。

《打响"北疆文化"品牌，数说 2023 年内蒙古文旅新发展》，https：//www.nmg.gov.cn/
zwyw/gzdt/bmdt/202402/t20240226_ 2471669.html，2024 年 2 月 26 日。

阿勒得尔图、王慧：《内蒙古文旅深度融合、高质量发展》，《中国文化报》2023 年
6 月 12 日，第 2 版。

李倩：《内蒙古：奋力打造"旅游四地" 构建文旅产业高质量发展新体系》，https：//
www. nmg. xinhuanet. com/20240630/4358fc4d37034859 ba5b19cf46fe4c62/c. html，2024 年 6
月 30 日。

《内蒙古自治区文化和旅游厅 2023 年工作总结》，https：//wlt. nmg. gov. cn/zfxxgk/
zfxxglzl/fdzdgknr/gzzj/202408/t20240809_2552799.html，2024 年 1 月 9 日。

B.21
内蒙古传统制造业服务化转型探析

齐 舆*

摘　要： 内蒙古经济属于工业型经济，传统制造业是内蒙古经济的重要引擎，传统制造业的优化升级，对内蒙古经济高质量发展、全面贯彻落实"五大任务"和"两件大事"具有重要战略意义。产业融合是新时代全球产业演进的重要趋势之一，制造业服务化转型是制造与生产性服务融合发展的新型产业形态，也是制造业转型升级的重要方向，是制造业高端化、智能化、绿色化发展的必由之路。尤其是对内蒙古传统制造业而言，服务化转型是其转型升级的主攻方向，是培育经济新增长点和壮大新动能的重要突破口，是助力内蒙古实现"进中游"战略目标的关键。

关键词： 传统制造业　服务化转型　内蒙古

制造业是立国之本、强国之基，制造业服务化转型是制造业高端化、智能化、绿色化发展的必由之路，尤其对传统制造业而言，服务型制造是其转型升级的重要方向。党中央高度重视制造业发展，党的二十届三中全会提出："加快推进新型工业化，培育壮大先进制造业集群，推动制造业高端化、智能化、绿色化发展。"[①] "十四五"规划和 2035 年远景目标纲要明确提出"推动现代服务业与先进制造业深度融合""发展服务型制造新模式"。[②] 内蒙古

---

* 齐舆，内蒙古自治区社会科学院经济研究所副研究员，内蒙古管理现代化研究中心研究员，主要研究方向为产业经济、统计学。

① 《中共二十届三中全会在京举行》，《人民日报》2024 年 7 月 19 日，第 01 版。

② 《中华人民共和国国民经济和社会发展第十四个五年规划和 2035 年远景目标纲要》，中华人民共和国中央人民政府网站，2021 年 3 月 13 日。

是传统制造业大省，以能源、化工、冶金、装备制造、绿色农产品加工为代表的传统制造业是内蒙古的重要支柱性产业。目前，内蒙古正处于传统制造业转型升级的关键时期，传统制造业发展虽取得长足的进步，形成新增长点和特色科技新产业，但与国际先进水平和国内发达地区相比仍存在差距，推动内蒙古传统制造业服务化转型、成为提高内蒙古传统制造业核心竞争力的主要发力点，是培育经济新增长点和壮大新动能的重要突破口，对助力内蒙古工业高质量发展、全面贯彻落实"五大任务"和"两件大事"具有重要战略意义。

一　内蒙古传统制造业服务化转型基础

内蒙古是资源大区、传统制造业大省，以能源、化工、冶金、装备制造、绿色农产品加工为代表的传统制造业是内蒙古的重要支柱性产业。近年来，面对严峻复杂的国际环境、俄乌冲突、巴以冲突等局势长期影响，内蒙古传统制造业表现出抵御突发冲击的经济韧性、保持稳定增长，逐步呈现向服务型制造转型升级的新态势，形成新增长点和特色科技新产业，成为经济增长的重要引擎。

（一）内蒙古经济总体情况

根据内蒙古自治区统计局数据（见图 1），近年来，内蒙古地区生产总值持续增长，保持稳中有进态势，特别是 2023 年到 2024 上半年，内蒙古经济增长显著。2023 年，内蒙古地区生产总值达到 24627 亿元，同比增长7.3%，经济总量列全国第 21 位，增长速度位列全国第 3。其中，第一产业增加值 2737 亿元，同比增长 5.5%；第二产业增加值 11704 亿元，同比增长8.1%；第三产业增加值 10186 亿元，同比增长 7.0%。第一、第二、第三产业对地区生产总值增长的贡献率分别为 8.7%、45.7% 和 45.6%，工业带动作用与服务业支撑作用持续增强。①

---

① 数据来源：国家统计局、内蒙古自治区统计局统计月报。

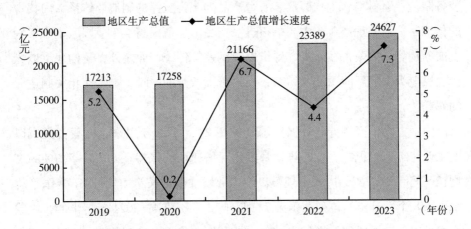

图1 2019～2023年内蒙古地区生产总值及增长速度

资料来源：国家统计局、内蒙古自治区统计局。

尤为突出的是，2024年上半年，内蒙古GDP增速达到6.2%，高于全国平均水平1.2个百分点，居全国首位。第二产业增加值5992亿元，增长8.2%，工业增加值同比增长7.5%，其中制造业增长11%，电力、热力、燃气及水生产和供应业增长11.5%。第二产业尤其是工业经济的强劲增长，仍然是内蒙古经济发展最重要的支撑。内蒙古正在不断拉近与山西之间的距离，未来几年经济总量有望赶超山西省，向全国前20省份晋级，距离经济总量"进中游"的目标更进一步。①

（二）内蒙古传统制造业发展现状

内蒙古是国家重要能源和战略资源基地、农畜产品生产基地。近年来，内蒙古在"两个基地"战略定位引领下，立足资源禀赋，积极探索资源型地区转型发展路径，加快推动能源资源加工转化和产业延伸升级，实现"一煤独大"向多元化发展的转变，规模以上能源工业、现代煤化工产业和稀土产业增加值占规上工业的比重合计超六成，逐步形成以新型化工、现代

----

① 数据来源：内蒙古自治区统计局统计月报。

装备制造、新材料、生物医药、农畜产品加工为支撑的制造业体系，内蒙古的传统制造业呈现产业向中高端迈进、产品附加值提高、工业园区集聚集约发展的趋势。内蒙古在煤炭、稀土以及钢铁等传统产业之外，还构建了以光伏、风电为主的新能源产业体系，在投资大跃升的同时，也带动相关制造业的崛起。

内蒙古自治区统计局数据显示（见图2），2023年以来，内蒙古规模以上工业持续保持稳定增长态势，月度累计增速始终保持在6.8%~7.7%的高增长区间。2023年，内蒙古规模以上工业增加值增长7.4%，高于全国平均水平2.8个百分点，位列全国第7、西部12省份第4；2024年上半年，内蒙古规模以上工业增加值增长7.5%，在西部12省份中位列第8，持续表现出稳定的增长态势。

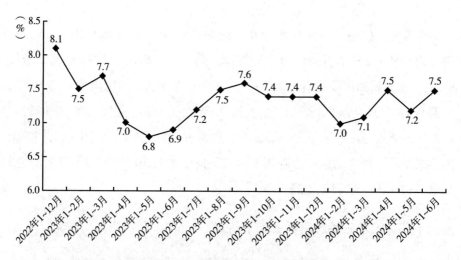

图2　2022年以来内蒙古规模以上工业增加值月度累计增速

资料来源：内蒙古自治区统计局。

工业经济的强劲增长支撑内蒙古经济的稳定增长态势，制造业是内蒙古工业经济的重要支撑。2023年，在规模以上工业中，内蒙古制造业增加值同比增长11.7%，其中装备制造业同比增长9.6%、高技术制造业同比增长11.4%。2024年上半年，内蒙古制造业增加值同比增长11.0%，其中装备制造业增加值同比增长 41.3%，高技术制造业增加值同比增长 32.4%。尤其值得一提的是，光伏和新材料产业发展亮眼，2024 年上半年，全区稀土化合物和多晶硅产量分别增长 2.3 倍和 1.1 倍。①

同时，内蒙古资源丰富、产业基础好，传统制造业服务化转型与高端化、智能化、绿色化发展初见成效，积累了产业链向下游延伸、价值链向中高端攀升的成功经验。内蒙古鹿王羊绒有限公司打造选绒、洗绒、分梳、染色、纺纱、针织、机织、染整、后整理、制衣相配套的智能产业链。巴彦淖尔市三胖蛋食品有限公司自建种植基地，打造"品种研发—原料种植—炒货食品销售渠道铺设—品牌建设"的全产业链模式。包头稀土产业从"挖土卖土"的产业链低端发展模式，攀升到"点土成金"的价值链高端发展模式，通过制度创新、技术创新驱动产业链补链延链扩链强链，优化产业结构、延长产业链、提升产品质量，有力地提升了稀土产品的经济附加值，使内蒙古的稀土产业"化羽成蝶"，完成传统制造向绿色化、高端化、智能化的初步转型，产业结构调整初见成效，包头市稀土产业产值由 2022 年的 677.5 亿元提高到 2023 年的 829 亿元，增长 22.4%。

（三）内蒙古服务业发展现状

近年来，内蒙古产业结构不断优化，服务业在地区生产总值中的占比稳定提升，生产性服务业在支撑和壮大制造业等方面作用不断增强。2023 年，内蒙古服务业增加值 10186.1 亿元，同比增长 7.0%（见图 3），其中，住宿和餐饮业增加值 368.2 亿元，同比增长 20.8%。规模以上服务业企业营业收入同比增长 7.7%。疫后旅游业全面复苏，以及文旅行业、研学力量、演唱会经济持续发力是住宿和餐饮业高速增长的主要原因。

2024 年上半年，内蒙古服务业实现增加值 5304 亿元，同比增长 4.7%，高于全国平均增速 0.1 个百分点，增速提升幅度在三次产业中最大，占 GDP 比重为 45.4%，比 2023 年提高 4 个百分点，拉动经济增长 2.4 个百分点，对

---

① 《内蒙古：经济高增长背后的转型之变》，新华社新媒体，2024 年 8 月 5 日。

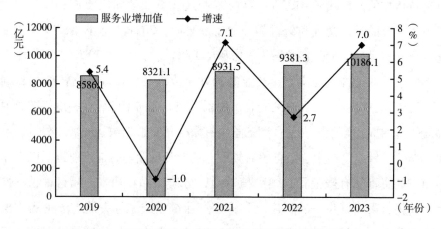

图3 2019~2023年内蒙古服务业增加值及增长速度

资料来源：内蒙古自治区统计局。

经济增长的贡献率达到39.2%，服务业总体呈稳定恢复态势。生产性服务业固定资产投资增速表现突出，信息传输、软件和信息技术服务业固定资产投资增速为114.7%，科学研究和技术服务业固定资产投资增速为105.4%。规模以上服务业营业收入中，信息传输、软件和信息技术服务业增长13.7%，科学研究和技术服务业增长23.5%，生产性服务业恢复趋势逐渐凸显。

二 内蒙古传统制造业服务化转型成效

（一）强化示范效应，促进企业转型

内蒙古传统制造业服务化转型尚处于起步阶段，在工业和信息化部公布的五批国家级服务型制造示范名单中，内蒙古共有两家国家级示范企业（内蒙古鹿王羊绒有限公司、巴彦淖尔市三胖蛋食品有限公司）、一个国家级示范平台（沃尔绒毛共享制造产业化服务平台）。

在自治区本级，结合国家级服务型制造示范遴选标准，同步开展自治区级示范遴选培育工作，现共有自治区级服务型制造示范企业16家。

同时，内蒙古积极引导制造业企业从生产型制造向服务型制造转变，将产业链向上游设计服务、下游售后服务延伸，并推动建设工业设计、供应链管理、检验检测认证、生产性金融服务等生产性服务业重点领域的孵化基地。全区现有 14 个自治区级工业设计中心和 1 个国家级工业设计中心，以及赤峰红山物流园等生产服务型物流园区和配送中心。包头供电局利用用电检查系统，对 124 家企业的专用变压器相关数据进行采集分析，精准了解企业需求，组织专业人员针对企业经营特点提供个性化供电方案，做好售后服务；各金融机构通过丰富金融服务供给，拓宽金融服务渠道，引导金融资源向科技创新、企业发展、乡村振兴、生态环保等领域倾斜，做好金融服务。

（二）加强政策保障，强化顶层设计

自《发展服务型制造专项行动指南》发布以来，内蒙古积极探索传统制造业服务化转型的路径，在多项政策文件中，提出支持推动服务型制造创新发展，鼓励和支持内蒙古传统制造企业进行服务化转型，为内蒙古传统制造业服务化转型提供有力的政策保障，主要有《内蒙古自治区新兴产业高质量发展实施方案（2018—2020 年）》《内蒙古自治区服务型制造示范企业认定管理办法（试行）》《内蒙古自治区人民政府办公厅关于印发大数据与产业深度融合行动计划（2018—2020 年）的通知》《内蒙古自治区落实〈中国制造 2025〉行动纲要》《内蒙古自治区深化制造业与互联网融合发展的实施方案》《内蒙古自治区人民政府关于促进制造业高端化、智能化、绿色化发展的意见》《内蒙古自治区先进制造业集群建设行动方案》等。

（三）发挥宣传作用，引导企业转型

《发展服务型制造专项行动指南》发布以来，内蒙古积极开展服务型制造政策宣传和典型经验推广工作，利用企业上云宣讲、中小企业大讲堂、集中培训等，宣传服务型制造理念、政策、解决方案，总结推广典型案例和经验。积极组织"带领企业走出去"观摩学习活动，集中开展服务型制造培训，参训人员达 200 余人。开展制造业质量提升品牌培育宣贯活

动，聘请自治区专家通过座谈、培训和实地指导的形式针对传统制造业企业服务化、智能化、高端化转型过程中遇到的问题，进行深入交流并展开有针对性的诊断分析，提出具有操作性的解决意见和建议，提升企业对服务化、智能化和质量、品牌、标准、知识产权重要性的认识，提升企业的管理能力和水平。

三　内蒙古传统制造业服务化转型存在的问题

（一）产业结构不合理，服务业对传统制造业支撑较弱

整体产业结构不合理是制约内蒙古传统制造业优化转型、健康发展的重要因素。近年来，内蒙古不断积极调整产业结构，产业结构得到极大优化，但服务业的支撑作用仍有待提升。受新冠疫情的冲击和国际不确定因素的影响，内蒙古服务业发展处于恢复阶段，第三产业比重持续下降，由2019年的49.9%下降到2023年的41.4%，且自2021年开始第三产业比重低于第二产业。2023年，内蒙古第三产业对地区生产总值增长的贡献率为45.6%，低于全国平均水平（60.2%）14.6个百分点。其中，批发零售业增加值同比增长仅4.8%，服务业的恢复持续承压。加之新冠疫情"疤痕效应"仍持续蔓延，内蒙古服务业恢复上行压力持续加大，生产性服务业发展水平相对滞后。从内蒙古的现状来看，生产性服务业总量偏低，有效供给的缺口较大，服务质量有待进一步提高，龙头企业较少，专业化层次比较低，聚集效应有待进一步发挥，总体发展水平比较滞后。究其原因，一方面，产业发展程度较低导致许多制造业企业往往在内部自我提供生产性服务，压抑了生产性服务业的发展；另一方面，内蒙古生产性服务业本身处于城市竞争力低、科技水平相对落后、要素支撑体系不健全的环境中，诸多挑战限制了自身的发展。

（二）创新能力和动力不足，对传统制造业服务化转型推动乏力

传统制造业服务化转型的本质在于以创新应用赋予产品额外的附加值来

满足客户的多元化需求，而内蒙古传统制造业仍以低技术加工类和资源型为主，研发和设计服务水平相对滞后，存在科技创新能力薄弱、关键技术对外依存度高、产品技术含量及附加值低等问题，在一定程度上制约了传统制造业服务化转型的创新发展。究其原因，一是创新体制不健全，在制造业产业政策上对原始创新支持力度不足，而是鼓励企业在技术上模仿、在设备上引进、在数量和规模上扩张。另外，财政扶持的资金少数流向市场前景好却尚未成熟的技术，大部分都用于相对成熟的技术。二是内蒙古传统制造业大多具有劳动资源密集而不是人力资源密集的特点，高层次技能型人才、管理人才、综合型人才以及熟练技术工人等比较匮乏，在很大程度上制约了企业的科技创新能力。比如，内蒙古当地企业中环光伏材料有限公司，聚集大量技术工人生产单晶硅片，但这些人员流动性大，往往工作一段时间便离职，新招聘的工人通过两天的培训便上岗实操，造成企业技术工人充足但熟练技术工人乃至技术专家匮乏的局面，影响企业的更好发展。三是内蒙古地区自主品牌建设滞后，品牌创新能力严重不足。比如，内蒙古地区较为知名的品牌仅有伊利、蒙牛、小肥羊等，但多数品牌覆盖范围较小，具有很强的区域局限性。

（三）产业基础设施和物流网络有待加强

产业园区作为内蒙古传统制造业发展的重要载体，存在管理不科学的问题。一方面，从基础设施配置来看，由于产业园区整体规划滞后、园区建设方面资金投入不足等因素，内蒙古产业园区普遍存在建设缓慢、配套服务不完善、配套设施与企业发展要求脱节等问题，在一定程度上制约了园区经济的健康发展；另一方面，从整体布局来看，内蒙古产业园区数量多，但各个产业园区之间普遍分布散落、聚集性差，园区与园区之间、各园区内的企业之间联系不紧密，基本处于"孤立"发展状态，并没有形成较强的相互促进、协同配套、协同发展能力，不能满足产业园区成链发展和关联发展的需求。比如，鄂尔多斯东胜区制造业园区内，分布有奇瑞汽车制造和京东方电子显示屏制造，但是缺乏与之相关的上下游企业，基本

上处于"一个企业就是一个产业"的状态。

随着数字经济的兴起，物流业对制造业的支撑作用逐渐加强，传统制造业服务化转型需要完善的物流基础设施作为支撑。发达的物流业对降低制造业成本、提升制造业竞争力至关重要。内蒙古属于典型的内陆地区，交通基础设施建设相对滞后、物流网络发展还不成熟。虽然内蒙古具有良好的区位条件，但是物流服务水平和交通条件不及周边的太原、石家庄等陆港型国家物流枢纽城市，难以吸引优质资源和要素的集聚，制造与服务的相互融通不畅。

四　内蒙古传统制造业服务化转型发展展望

推动传统制造业服务化转型，既是深化供给侧结构性改革、推动经济高质量发展的重要内容，也是全面建设社会主义现代化强国的客观要求。"十四五"时期是我国从高速增长向高质量发展转型的攻坚期，是我国产业发展进入从规模增长向质量提升的重要窗口期，对于内蒙古传统制造业发展同样是极其关键的时期。推动自治区传统制造业加快实现产业结构优化、发展方式转变、增长动力转换，已经势在必行、刻不容缓。

（一）加快完善政策保障体系，助力传统制造业服务化转型

牧草生长需要充足的阳光雨露，传统制造业的发展离不开合适的政策扶持，产业政策是政府引导和影响产业发展的重要手段。加快完善传统产业政策保障体系，提高政策的系统性、整体性和全局性，是内蒙古传统制造业服务化转型、实现融合发展的内在要求，是政府推动高质量发展的主要着力点。完善政策保障体系，首先要坚持问题导向，把政策倾斜到结构优化、人才支撑、创新引领等关键环节和薄弱环节，引导生产要素的合理集聚和分配，着力解决企业在技术改造、创新驱动、提质增速等方面的难题，提高传统制造业的产品和服务质量；其次要统筹各项政策，加强政策协同配合，推进产业优化升级政策与宏观经济政策、国家产业政策、贸易政策、环保政策

等相协调，创新、人才、金融等政策协同配套，增强政策合力，最终消除传统制造业与生产性服务业融合发展的体制机制障碍，为内蒙古传统制造业服务化转型奠定坚实的根基。

（二）加强数字基础设施建设，赋能传统制造业服务化转型

当前，世界经济正处在一个以信息数字技术为主导的数字革命时期，世界经济的数字化转型成为主旋律，数据成为制造业发展的关键，数字基础设施建设跃升为引领和驱动传统制造业服务化转型的核心力量。加快5G、千兆光网、算力等新型信息基础设施建设发展，围绕国家算力枢纽节点优化骨干网络架构，建设高速算力网络。通过搭建大数据服务平台，加强数据采集、存储及数据资源的开放共享，帮助内蒙古传统制造业企业提高信息管理能力和技术应用水平，促进行业、产业数据资源的互联互通和按需流动，加快推进内蒙古传统制造业信息化水平提档升级，推动传统制造业服务化转型。

（三）积极完善人才引进政策及系列配套政策，开展各类引才活动

随着传统产业加快转型升级和创新，企业生产一线的劳动力需求结构已经发生变化，需求重点从一般的操作工人转向高素质的技术工人和管理人员，技能型人才和管理人才短缺对产业转型升级构成明显制约。

完善人才引进政策，首先要做好人才引进和相关服务工作，依托"草原英才"战略吸引海内外高层次创业创新型人才的同时，要尽快出台人才引进绿色通道管理办法等系列配套政策。其次，推动落实引进人才相关支持激励政策，积极协调有关部门解决引进人才配偶就业、子女入学等问题。最后，要实施重点引才引智工程，发布和宣传高层次人才需求目录，继续组织开展区外重点高校专项引才活动，提升引才精准度，立足自身需求打造人才工作亮点，力争形成有区域影响力的人才引进特色品牌，提高人力资本水平，激发自主创新能力。

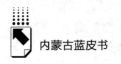
（四）发展生产性服务业，为传统制造业提供有力支撑

生产性服务业是为保持工业生产过程连续性、促进工业技术进步、推动产业升级和提高生产效率提供保障服务的服务行业。它是与制造业直接相关的配套服务业，依附于制造业企业存在，并贯穿于生产上游、中游和下游的诸环节，是第二、第三产业加速融合的关键环节。内蒙古传统制造业转型升级过程，伴随着制造业与服务业的融合，加快发展生产性服务业，势必形成传统制造业优化升级的坚实支撑。

发展生产性服务业，一是增加生产性服务业的有效供给，逐步提高生产性服务业在产业结构中的占比，推动生产向服务延伸，从生产环节向价值链两端的研发设计、营销、售后服务等环节延伸。二是鼓励和引导具有规模优势和服务质量好的企业，实施跨区域和行业的联合，提高生产性服务业投入要素的质量和产出效率，促进服务业的大型化、集团化发展，创造高端化的生产性服务业。三是发展新业态生产性服务业，利用现代信息技术手段配置数据资源，着力发展平台经济、共享经济和生态经济服务。四是优化现代物流枢纽布局，打造现代物流服务业集聚区。内蒙古目前有 6 个国家物流枢纽，总数与河南省、江苏省、湖北省三省并列全国首位。内蒙古应抓住机遇，围绕提质、降本、增效，以补齐物流基础设施短板为抓手，持续完善物流枢纽总体布局，加快构建内外联通、经济便捷、智慧高效、融合联动的现代物流体系，着力提升内蒙古枢纽网络服务能级，推动物流数字化转型和智慧化改造。

参考文献

佟成元：《关于内蒙古发展生产性服务业的几点思考》，《北方经济》2024 年第 6 期。

高杰、朱丹、王嘉新：《西部地区服务型制造发展研究》，载朱宏任、黎烈军、陈立辉主编《中国服务型制造发展报告（2021）》，社会科学文献出版社，2021。

朱宏任、陈立辉主编《中国服务型制造发展报告（2022）》，社会科学文献出版社，2023。

B.22
推进内蒙古产业绿色发展
与生态环境保护协同研究

天 莹 郭晓芩*

摘 要： 产业绿色发展是构建现代化产业体系的内在要求，是实现内蒙古高质量发展的必然选择。持续推进产业绿色发展，对于完成好"五大任务"具有重大意义。近些年来，内蒙古坚持生态优先绿色发展，加强生态环境保护，加快传统产业绿色化改造升级，推动新能源产业迅猛发展，促进产业结构不断优化，加快产业绿色化低碳化发展进程，实现生态环境的持续改善。但仍面临一些问题需要破解，内蒙古需抓住国家重大战略叠加、政策利好的机遇，通过持续推进传统产业绿色化改造升级，推进智能化与产业绿色化融合，促进绿色产品生产与绿色产品消费联动，加强绿色金融支持，加强生态修复、增加碳汇等措施，探索产业绿色发展和生态环境保护协同的路径，进而促进内蒙古加快实现人与自然和谐共生的现代化。

关键词： 产业绿色发展 生态环境保护 内蒙古

产业绿色发展是应对气候变化，实现经济高质量发展的必然要求。产业绿色化是"通过技术创新和升级，对产业体系进行绿色化改造，并调整产业结构内容积极发展新兴绿色产业，推进产业结构和生产绿色化、资源利用高效化、环境污染减量化"。① 概括起来就是产业发展要实现资源节约、环

---

* 天莹，内蒙古社会科学院经济研究所所长，研究员，主要研究方向为生态经济；郭晓芩，内蒙古社会科学院经济研究所研究实习员，主要研究方向为产业经济。
① 雷毅：《西部产业绿色化发展水平评价及实现路径研究》，西南财经大学博士学位论文，2019。

境友好和经济高效。内蒙古依托国家政策支持、技术创新、制度创新，加快推动产业绿色化转型及新能源迅猛发展，减少产业发展中对能源的消耗、水的消耗，降低碳排放和污染物排放，提升经济效率、资源利用效率及环境效率，促进经济高质量发展和环境持续改善，为实现人与自然和谐共生的现代化创造了有利条件。

一　产业绿色发展与生态环境保护协同的重要意义

（一）产业绿色发展和生态环境保护协同是完成好"五大任务"的必由之路

党的十八大以来，习近平总书记多次对内蒙古作出重要指示批示，并基于内蒙古的资源禀赋、发展潜力、生态条件、地理位置及国家整体布局，对内蒙古提出"两个屏障""两个基地""一个桥头堡"的战略定位。强调内蒙古自治区产业绿色发展和生态环境保护状况对全国生态安全和经济发展的重要性。内蒙古自治区生态区位十分重要，且拥有森林、草原、湿地、湖泊、沙地等多种类型的生态系统，具有面积大、分布广的特点。其中，森林面积排全国第一位，草原面积排第二位，湿地面积排在前列。内蒙古自治区的生态状况，关系着"三北"地区乃至全国的生态安全，同时内蒙古自治区作为我国重要的能源和战略资源基地及农畜产品生产基地，其经济健康发展对保障全国能源安全、粮食安全至关重要，因此内蒙古要牢记国之大者，加大环境保护治理力度，加快产业转型和绿色发展，做好现代能源经济这篇文章，构建现代化产业体系，实现生态经济协调发展，只有这样才能把我国北方重要的生态安全屏障建设得更加牢固，才能承担起国家赋予的维护生态安全、粮食安全、产业安全、边疆安全的重大政治责任。

（二）产业绿色发展和生态环境保护协同是新时代满足人民群众日益增长的美好生活需求及建设人与自然和谐的现代化的需要

党的十九大报告指出，我国主要矛盾已经转变为人民日益增长的美好生活需要和不平衡、不充分的发展之间的矛盾。主要矛盾的变化表明，进入新时代，人民群众的需求已经发生历史性变化，不仅需要丰富的物质财富、精神财富，还需要清洁干净美丽的生态环境。而内蒙古的生态系统稳定性还不够强，局部地区生态环境治理难度仍然较大，水资源刚性约束问题突出，生态产品及其衍生品规模仍需扩大、质量有待进一步提升。探索以生态优先、绿色发展为导向的高质量发展新路子就成为未来内蒙古更好满足人民日益增长的优美生态环境需要的必然选择。这就要求我们把生态安全放在优先位置，加强生态环境一体化保护修复和系统治理，让内蒙古人民群众生活在天蓝、水清、地绿的高品质生活环境之中，使生态环境成为最大的民生福祉。同时，绿色发展是构建高质量现代化经济体系的内在要求，是增强发展后劲、实现可持续发展的必要条件。推动绿色发展，是彻底改变内蒙古传统经济发展方式，培育新产业、新动能、新的增长极，挖掘产业发展潜力，优化产业结构，促进经济可持续发展，实现人与自然和谐共生的现代化的根本出路。因此，内蒙古要将绿色发展理念全面全程贯穿于农业、工业和服务业当中，加快绿色技术创新，培育新质生产力，推进传统产业升级改造，大幅提升资源和能源利用效率，降低碳排放，减少环境污染，全面构建绿色低碳的现代化产业体系，逐步形成生产发展、生活富裕、生态良好的新格局。

二 产业绿色发展与生态环境保护治理的成效

（一）农业绿色化和林草产业发展加快

绿色发展是农业高质量发展的必然要求。自治区高度重视农业绿色发展，持续推进农业"四控、两转化"行动，治理面源污染，为农业发展提供良好的生态环境基础。2023 年，自治区实施农业统防统治面积达 5696 万亩、绿色防控面积达 5567 万亩，化肥农药使用量保持负增长。推广加厚高强度地膜、全生物降解地膜，加快秸秆饲料化、燃料化、肥料化转化，地膜、秸秆回收利用水平不断提升，秸秆综合利用率达到 91.2%，畜禽粪污

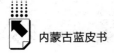

综合利用率达到 82%。通过实施节水灌溉工程、适度增加节水抗旱品种等"五节"综合措施，节约农业用水，农田灌溉水利用系数提高到 0.574，超过全国平均水平。打造绿色品牌，优质特色农畜产品数量不断增加。其中，新认证绿色食品产品 319 个、产量 44.46 万吨，有机农产品 342 个、产量 301.88 万吨。① 加快草原畜牧业绿色发展，实施禁牧休牧和草畜平衡措施，优化畜种结构、品种结构，加快畜产品加工业的发展，突出区域公用品牌建设，促进畜牧业高质量发展，努力做到减畜不减收，减轻草原压力，促进草原生态环境的改善。

坚持"绿水青山就是金山银山"，内蒙古在不断加大生态保护治理力度的同时，加快推进林草产业的发展，促进生态价值转化增值，实现扩绿与增收的统一。注重林草产业规划编制，指导自治区各地区提升林草产业发展能力，实现高质量发展。2023 年，自治区统筹林草生态建设与产业发展，中央和自治区财政投入明显增加，尤其是自治区财政林业产业化资金大幅提升。在资金支持下，林草种植面积不断扩大。其中，2023 年全区人工饲草种植面积达到 2000 多万亩，天然草原可食牧草、人工饲草、秸秆饲料转化等各类饲草料产量超过 8000 万吨。对推动实现林草产业与畜牧业良性循环发展起到支撑作用。培育壮大龙头企业，延伸产业链，向前带动基地发展，扩大生产规模；向后通过加工，创建品牌，提升产品质量，实现增值。目前，全区共有各类林草企业 1000 多家、合作社 590 余家。探索苗木、林果、林菌、林药种植，发展种苗和原果销售、果品加工、灌木饲料颗粒加工业和康养业多种模式，以产业化带动林果、林草、林药基地发展。据初步统计，2023 年，全区林草产业总产值达到 835 亿元，较 2022 年增加 232 亿元。② 通过规划引领、龙头带动、模式创新，促进生态优势向经济优势转化，实现生态惠民。

---

① 《自治区政府新闻办召开"回眸 2023"系列主题新闻发布会（第 4 场-自治区农牧厅专场）》，https://www.nmg.gov.cn/zwgk/xwfb/fbh/zxfb_fbh/202312/t20231228_2433164.html，2023 年 12 月 28 日。
② 《自治区政府新闻办召开"回眸 2023"系列主题新闻发布会（第 6 场-自治区林业和草原局专场）》，https://www.nmg.gov.cn/zwgk/xwfb/fbh/zxfb_fbh/202401/t20240105_2437139.html，2024 年 1 月 5 日。

（二）传统产业绿色化转型和新兴产业发展成效显著

内蒙古紧紧围绕"两大任务"，锚定"闯新路、进中游"的目标，坚持新发展理念，加快产业结构优化，推进产业绿色化发展。打破传统路径依赖，推进产业链式发展。积极打造产业集群和18条产业链，努力走出"挖土卖土，挖煤卖煤"的老路。加快传统产业转型升级，严格限制高耗能高排放产业上马，推进电石、铁合金等"两高"行业限制类产能加快退出，退出率分别达100%和90%。推进"煤改电""煤改气""气化内蒙古"行动，深入实施煤电机组节能降碳改造、供热改造、灵活性改造"三改联动"，促进能源消费结构优化和重点领域节能降耗。建设绿色发展园区、工厂和产业链，搭建绿色发展载体。2024年累计创建绿色工厂、绿色产品、绿色园区、绿色供应链数量分别达到298个、92个、24个、26个。推动制造业绿色化、智能化、高端化，2024年1~5月全区规模以上装备制造业、高技术制造业增加值分别同比增长51.3%和35.0%。大力发展风、光、氢、储、算、生物制药等新兴产业，正在创造"再造一个工业内蒙古"的新奇迹。其中，2023年内蒙古在能源领域实现新能源总装机、新能源新增装机、新能源发电量"全国第一"。2023年内蒙古发电量达到7100万千瓦，新能源发电量占23.2%[①]，比2020年提高7个百分点。2024年自治区党委、政府把推进防沙治沙和风电光伏作为六大重点工程之一一体化推进，防沙治沙面积超过上年同期。截至2024年5月，内蒙古新能源装机已率先突破1亿千瓦。加快绿色算力产业发展。内蒙古作为全国8个算力枢纽节点之一，抓住国家"东数西算"工程的契机，打造呼和浩特"中国云谷"、乌兰察布"算力保障基地"，服务器装机能力和算力规模不断提升、结构不断优化，同时加快绿电直供项目建设，促进绿电替代，建设绿色数据中心，推进算力绿色化。开展包头市等3个首批国家碳达峰试点建设，通过

---

① 《创多项历史新高！内蒙古能源领域将实现"10个全国第一"》，https://inews.nmgnews.com.cn/system/2023/12/26/013525828.shtml，2023年12月26日。

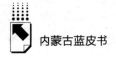

典型带动和示范，促进全区节能降碳。内蒙古通过传统产业转型升级，重
点行业节能降碳降耗及新兴产业发展，能耗水耗不断下降。2023 年万元地
区生产总值用水量、万元工业增加值用水量分别较 2020 年下降
9.58%、12.76%。①

加快绿色低碳技术装备推广，2023 年在冶金、化工等 25 个重点行业新
推广节能、节水及资源综合利用技术装备产品，促进企业绿色转型。积极探
索市场化机制，开展首批绿电交易，提升企业使用绿电比例，加快能源消费
结构的绿色化，推动低碳经济发展。

（三）推进产业绿色发展的政策和制度红利不断释放

良好的政策环境和制度对产业绿色发展具有激励作用，是绿色发展的
根本保障。近年来，国家和内蒙古制定出台了一系列政策文件和方案，对
推进内蒙古绿色发展发挥重要作用。2022 年 7 月印发《内蒙古自治区坚决
遏制"两高"项目低水平盲目发展管控目录》，不仅从源头上控制"两
高"项目盲目上马，也在过程中要求达到国家相关标准，促进节能降碳。
2023 年 8 月出台的《内蒙古东部地区旅游业发展实施方案》，提出东部旅
游业不同阶段发展目标，谋划旅游空间布局，助推内蒙古东部旅游业高质
量发展，最终建成国家级生态旅游目的地。2023 年 10 月，发布《内蒙古
自治区新能源倍增行动实施方案》，推动新能源产业发展，以保证国家能
源安全和产业绿色发展，优化内蒙古用能结构，推进内蒙古工业绿色转型
发展，促进碳达峰碳中和目标如期实现。同期，《国务院关于推动内蒙古
高质量发展奋力书写中国式现代化新篇章的意见》为内蒙古发展注入强大
的动力，为产业绿色发展提供新的契机。内蒙古积极作为、主动作为，变
机遇为动力，推进产业绿色发展。2024 年 3 月，国家发展改革委等发布
《关于支持内蒙古绿色低碳高质量发展若干政策措施的通知》，从加快能源

---

① 《内蒙古举行"完成五大任务、推动高质量发展"新闻发布会》，http://www.scio.gov.cn/
xwfb/dfxwfb/gssfbh/nmg_13830/202407/t20240715_855305_m.html，2024 年 7 月 10 日。

绿色转型、构建绿色低碳产业体系、推进重点领域绿色发展等 8 个方面提出具体措施，是极大的政策利好，为推进内蒙古绿色低碳发展增添新的内生动力。2024 年 6 月，内蒙古制定出台《关于支持内蒙古和林格尔集群绿色算力产业发展的若干意见》，为今后绿色算力赋能产业发展发挥积极作用，也为进一步优化内蒙古产业结构作出新贡献；同月，发布《内蒙古自治区数字经济促进条例》，为数字经济和实体经济融合发展，推动构建现代化绿色产业体系提供制度保障。

（四）产业绿色发展和生态治理协同促进环境持续改善

生态环境问题根本上是发展方式问题。党的十八大以来，特别是"十四五"以来，内蒙古产业绿色发展步伐不断加快。通过加强企业的节水改造、超低排放改造和挥发有机物的治理等措施，以及加大机动车污染管控力度，区内大气环境持续改善；建立五级河湖长体系，实行一河一策、一湖一策，强化重点河流和湖泊入河排污口的排查和管理，加强常态化监测，实现主要河流水质持续改善，黄河干流水质连续 4 年达到Ⅱ类，有效地防止了城市水体反臭和新增黑臭水体的出现；拓展固体废弃物污染防控，持续推进呼和浩特、包头、鄂尔多斯无废城市建设，加强固体废弃物的处理和综合利用，提升资源利用率。其中，鄂尔多斯开展工业固体废弃物综合利用的模式创新、技术创新，形成煤基固废处置+矿区生态修复+生态经济产业协同发展的"绿色无废"模式，支持企业开展高铝粉煤灰、煤矸石提取氧化铝和制备铝硅合金技术创新与产业化示范[①]；巩固已有环境治理成果，持续深入打好蓝天碧水净土保卫战，进一步促进内蒙古整体生态环境的持续改善，城乡居民生活品质和人民群众满意度大幅提升。

---

① 《鄂尔多斯市"无废城市"建设工作进展情况》，https://www. ordos. gov. cn/zzms/slh_bmdt/202407/t20240717_3636298.html，2024 年 7 月 11 日。

三 面临的问题

（一）农业用水效率和面源污染防治水平还需提升

水资源是内蒙古农业发展的重要制约因素，由于农业高标准农田建设面积不足，还有相当一部分耕地尚未采用高效节水灌溉，加上受到大水漫灌传统思维的影响及农业节水激励机制不完善，部分农户节水意识不强，节水积极性不高，水资源浪费依然存在。农业地膜回收再利用水平不高。受加厚地膜和全生物降解地膜价格较高、大茬作物使用的地膜回收难，以及地膜回收后再处理难度大、成本高的困扰，有的地区地膜面源污染治理效果不佳。此外，由于使用有机肥对农作物产量的影响，有的地区化肥减量化的推进难度较大。

（二）产业低碳发展和环境保护任务依然艰巨

当前，内蒙古以煤为主的能源结构尚未根本改变，产业结构以重工业为主，高耗能、高排放行业存量大，导致单位 GDP 能耗、碳排放仍然较高，环保压力较大。加上受碳储备和封存技术水平的制约，与发达国家发达地区相比内蒙古要在较短的时间内实现碳达峰、碳中和目标面临巨大的挑战。随着新能源发电量大幅提升，存在消纳难、电力系统不匹配等问题。因此，产业低碳发展和环境保护任务依然艰巨。

（三）一般工业固体废弃物利用率偏低，中水利用程度城市间差异较大

工业固体废弃物的资源化利用是废弃物利用中的难题。全区工业固体废弃物的综合利用水平偏低。据统计，2022 年内蒙古一般工业固体废弃物综合利用率为 40.54%，而全国为 57.62%，比全国低约 17 个百分点。[①] 全区

---

① 数据来源于《中国统计年鉴 2023》。

传统产业如煤炭、电力、矿产开发等行业每年产生的废弃物不仅堆积量大，而且处理难度大，占有一定面积的土地，存在环境污染的隐患。其中，煤矸石、粉煤灰、脱硫石膏等，都是主要的固体废弃物。目前，粉煤灰用途主要是筑路、制砖、废弃矿山的填埋，用途较为单一，销售市场半径小，且高附加值产品缺乏，这些都限制了粉煤灰的再利用。此外，部分城市中水利用率偏低、利用水平地区差异较大。主要是由于中水基础设施建设不足，管网建设滞后，同时中水价格较高，且达不到部分企业用水标准，需要再处理后才能利用等，这些因素限制了中水利用。

四　促进产业绿色发展与生态环境保护协同的思路和举措

（一）加快生态农牧业、生态旅游业、林草产业发展，促进绿色消费与产业发展联动

生产决定消费，消费反作用于生产。要推动产业绿色发展，需要加快生产方式和生活方式的变革。一方面，既要加快生产方式转变，扩大绿色产品生产规模，降低成本，满足更多人的多样化、个性化需求；另一方面，又要加快生活方式转变，在购买、使用、废弃的各个环节减少对环境的污染、资源的浪费，通过绿色消费倒逼产业绿色发展。我国已经进入新的发展阶段，人民生活水平大幅提升，消费需求也转变为全面发展需求，对良好生态环境、高品质食品的需求不断提升。因此，为适应消费水平和消费层次的提升，应大力发展生态农牧业、林草产业、生态旅游业、康养产业，提供更多的生态产品及其衍生产品。第一，大力发展生态农牧业。内蒙古作为我国重要的农畜产品生产基地，不仅要在产品数量上保障市场需求，还要在质量上下功夫，生产出更多高品质的农畜产品。要全程加强生态环境保护，持续加强控水控肥控药控膜，防治农业面源污染。加大高标准农田建设力度，逐步推广滴灌式节水灌溉，提高水资源利用率。大力扶持有机肥生产企业，增加

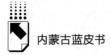

农户特别是规模化种植户的有机肥使用量,减少化肥使用量。实行统防统控,更换设备,采用无害低毒农药,减少农田污染。扩大国标地膜和全生物降解膜的使用面积,源头上打击非国家允许的地膜生产和销售企业,使用后加强地膜回收、处理和再利用,持续实施地膜回收补贴政策,增强农民使用国标地膜、全生物降解膜的积极性。要营造良好的营商环境,积极引进农畜产品生产企业,带动生产规模扩大,进行精细加工,加强技术研发,打造更多高品质的绿色食品和有机农产品,不断提升产品知名度和影响力,为消费者提供安全的农产品。第二,大力发展生态旅游业,注重旅游长期效益。加强旅游人数承载力的预测,在不破坏生态环境的前提下,发展生态旅游业。做好规划,设计好旅游线路和步道,以数字化赋能旅游产业,加强保护生态环境的宣传教育和旅游观光一体化推进,制定奖惩措施,保护好旅游地生态环境,促进旅游业可持续发展。第三,积极发展林草产业、沙产业,生产更多的生态产品、康养食品。发展林下经济,加快林果、林药、花卉等产业的发展,支持林草产品加工企业的发展,提升林草产品价值。加强宣传,让城乡居民逐步树立起绿色消费理念,养成绿色低碳消费习惯,扩大绿色产品消费。建立激励和约束机制,激励居民增加绿色消费,减少资源浪费,促进可持续发展。加快基础设施建设,比如充电桩建设、方便畅通的旅游道路建设和服务设施建设,通过"互联网+"模式,让消费者了解相关产品,扩大绿色产品销售半径和规模,实现生态产品及其衍生品增值。

(二)持续加快传统产业转型升级和新兴产业发展,培育新动能、激发新活力

限制高耗能高排放项目上马,源头上控制高耗能高排放和资源浪费。加快传统产业的改造,特别是加强高耗能行业的碳排放控制和监管,促进企业在改进工艺、更新设备、技术创新方面不断取得突破。发展煤基化工,加快煤炭清洁高效利用,延链补链强链,提高煤炭精深加工水平。特别要加快突破碳捕捉和封存技术瓶颈,降低成本,加强安全性监测,促进传统产业减污、降碳、增效,提升绿色发展水平。大力发展固废综合利用产业,培育新

的增长点。重点加强煤矸石、粉煤灰等固体废弃物的资源化利用，加大研发力度，突破技术障碍，促进固体废弃物从低值化向高值化利用转变。建立东西合作机制，解决粉煤灰因市场距离限制、价值低而无法大量使用的问题，实现资源空间上的优化配置，提升固体废弃物综合利用率。加快新能源产业的发展，推动新型电力系统建设，拓宽外送通道，扩大绿电就地消纳规模和增强绿电外送能力。推进低碳试点建设，扩大试点范围，以点带面，发挥示范作用、标杆作用，降低碳排放，减少环境污染。及早谋划，培育光伏和风电设备更换后的废弃产品回收和再利用产业，实现资源高效利用，将工业废弃物综合利用产业培育为新的增长点。

（三）加快绿色化、智慧化融合，赋能绿色产业

绿色发展是内蒙古实现现代化、高质量发展的必然要求。当前我们正处在新一轮科技革命和产业变革的新阶段，数字经济加快发展，数据已成为推动经济发展的重要生产要素。同时，数字化智能化与经济的融合程度不断加深，从生产的前端到生产过程再到生产末端的废弃物回收再利用，数字化都可发挥重要的作用，有助于实现产业发展和环境保护的协调。通过数字经济催生新产业、新业态、新模式，加快经济结构的调整优化，促进绿色发展。要建立基础数据平台，在保障数据安全的基础上有序开放，促进数据交流和技术创新、管理创新，实现数字的渗透，推动产业绿色化改造和转型升级，逐步实现数据与产业绿色发展的深度融合，为经济发展赋能助力。

（四）加快发展绿色金融，助力产业绿色发展

近年来为推动绿色发展，我国绿色信贷、绿色债券规模不断扩大。与全国和发达地区相比，受经济发展水平和产业结构的制约，内蒙古绿色金融发展相对滞后，绿色金融发展指数偏低，在"双碳"目标下和人与自然和谐共生的现代化进程中，推动绿色金融发展势在必行。要借鉴全国金融示范区经验，运用绿色信贷、绿色债券、绿色基金、绿色保险、绿色信托、绿色融资担保、碳金融等工具，创新金融产品和服务，支持引导更多资金投入绿色

技术创新、绿色产业发展中，形成新质生产力，为产业绿色发展提供强劲动力，不断优化产业结构，促进产业绿色化转型升级。推动绿色数字金融发展，数字金融发展通过经济增长效应、产业结构效应和技术创新效应降低碳排放强度。[1] 因此，内蒙古需要加强绿色数字金融创新，拓宽企业融资渠道，降低成本，引导企业提高科技创新能力，提升经济效率，减少资源消耗和减污降碳。

（五）加强生态系统保护修复，增加生物多样性和碳汇、提升生态系统稳定性

持续开展生态建设，增加碳汇，提升生态系统稳定性。加快现有生态建设成果的质量提升，保证其稳定性、持续性。本世纪以来，在国家重点生态工程的支持下，内蒙古森林覆盖率、草原植被综合盖度有了大幅提升，呈现绿进沙退的良好态势，但是这些来之不易的生态建设成果，有的开始老化，功能下降；有的还不稳定，在人为干扰和气候干旱的条件下易反复，需要持续优化结构，提升质量。因此，要不断增加森林后期抚育费投入，加强后期管护管理，提升生态系统质量，巩固来之不易的成果，让森林生态系统更好地发挥生态功能。同时，要遵循生态规律，加强长期跟踪研究，优化树种结构，增加抗旱力强的灌木比重，防止极端干旱条件导致的林木大量死亡。对于 20 世纪 70 年代末造的防护林，需不断更新树种，解决老化和功能衰退的问题。继续加大草原保护力度，加强执法监督，严禁过牧偷牧，实施严格的禁牧和草畜平衡制度，促进退化草原恢复和生态系统正向演替。荒漠草原、草原化荒漠地区自然生态条件脆弱，水资源短缺，除了少数有条件种植饲料的地区外，中度以上退化沙化地区全部实行封育禁牧，增加单位面积生态补偿额度，加快草原、荒漠植被修复。积极探索光伏治沙一体化机制，采取以工代赈、先造后补等多样化模式，让牧民、企业参与到生态建设沙化治理当

---

[1] 邓荣荣、张翱祥：《中国城市数字金融发展对碳排放绩效的影响及机理》，《资源科学》2021 年第 11 期。

中，促进牧民增收、企业增效。将光伏治沙一体化工程与畜牧业、旅游业、草业结合起来，发展"光伏+生态+旅游""光伏+畜牧业""光伏+草业"等游光互补、牧光互补、草光互补模式，实现生态经济一体化发展。

参考文献

胡海洋、杨兰桥：《数字经济赋能经济绿色发展的效应与机制研究》，《区域经济评论》2023 年第 6 期。

郑丽、朱小能：《绿色金融赋能循环经济发展的作用机制、实证检验与对策建议》，《西南金融》2024 年第 6 期。

卓兰、肖霞：《内蒙古新能源发电发展存在的问题及措施探究》，《北方经济》2023 年第 6 期。

B.23
内蒙古银发经济发展状况研究[*]

吴英达　山丹^{**}

摘　要： 发展银发经济不仅是应对人口老龄化的必然选择，也是推动经济结构优化、实现高质量发展的重要途径。它关乎老年人的生活质量、产业的创新升级以及社会的和谐稳定。近年来，内蒙古老年人口规模不断扩大，对银发产业、银发产品和银发服务的需求日益增长。内蒙古银发经济处于起步阶段，银发产业布局需进一步优化，银发服务供给不均衡，银发经济人才支撑不足，养老服务产业供给单一，未形成多元供给体系。未来，应进一步加大政策支持力度，做好产业布局；有效整合和利用资源，促进银发经济高质量发展；探索适合本地市场的养老服务，加快形成银发经济多元供给体系；加强职业教育和培训，培育专业技能人才。

关键词： 银发经济　积极应对老龄化　内蒙古

　　发展银发经济是应对老龄化、推动经济高质量发展的重要举措，功在当下利在未来。2021年中国进入老龄化社会，2023年65岁及以上人口占总人口比重已经达到15.4%。按照世界银行的定义，65岁及以上人口占总人口比重超过14%，就步入深度老龄化社会。党和国家高度重视老龄化问题，党的二十大报告提出，实施积极应对人口老龄化国家战略，发展养老事业和

---

* 基金项目：内蒙古自治区社会科学院2024年度课题"构建内蒙古银发经济供给体系研究"（项目编号：YB2428）阶段性成果。
** 吴英达，内蒙古自治区社会科学院科研管理处，副处级副研究员，主要研究方向为公共管理学；山丹，内蒙古自治区社会科学院经济研究所研究员，主要研究方向为产业经济、银发经济等。

养老产业。《"十四五"国家老龄事业发展和养老服务体系规划》强调，大力发展银发经济，推动老龄事业与产业、基本公共服务与多样化服务协调发展，努力满足老年人多层次多样化需求。2023年政府工作报告强调，加强老年用品和服务供给，大力发展银发经济。2024年1月，国务院办公厅发布《关于发展银发经济增进老年人福祉的意见》，这是国家出台的首个支持银发经济发展的专门文件，文件中对扩大老年助餐服务、拓展居家助老服务、发展社区便民服务、优化老年健康服务、完善养老照护服务、丰富老年文体服务以及提升农村养老服务等作出相关要求，推动了银发经济行业的发展。2023年10月，《国务院关于推动内蒙古高质量发展奋力书写中国式现代化新篇章的意见》在促进服务业优质高效发展中重点提到培育发展银发经济。国家和自治区层面非常关心和关注银发经济的发展，未来，银发经济将会是一个拉动内需的新的经济增长点，因此内蒙古应抓住机遇迎难而上，尽早布局培育和发展银发经济，加快银发产业发展。

一 内蒙古发展银发经济市场需求状况

（一）内蒙古老年人口情况分析

自内蒙古自治区成立以来，人口有过5次急剧增长。时间点分别为1949~1950年、1958~1960年、1970~1971年、1980~1982和1986~1990年（见图1），可推测出内蒙古老龄化的高峰期将出现在2025年。从人口出生率看，1963~1965年人口出生率达到顶峰，而同时段出生的人口从2022年开始陆续退休。2022年自治区65岁及以上老年人口比重首次突破14%，达到14.66%，这也印证了从2022年开始全区老龄化速度加快，2025年后65岁及以上人口将快速增长。根据统计局数据，2023年内蒙古65岁及以上老年人口比重达到15.45%，高于全国平均水平0.05个百分点。据民政部门统计（按劳动年龄划分），2023年末全区60岁及以上人口达到546万人，占全区人口总数的22.8%，高于全国平均水平1.7个百分点，排在全国第

13 位；其中城市老年人口占城市人口的 16.4%，农村老年人口占农村人口的 26.7%，农村老年人口占比高出城市约 10 个百分点，高出全国近 3 个百分点；[①] 65 岁及以上老年人口达到 370 万，占全区总人口的 15.5%。银发人群规模不断扩大，对银发产业、银发产品和银发服务的需求日益增长。

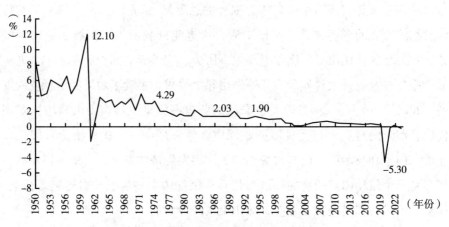

图 1　历年内蒙古自治区人口增长速度

数据来源：《内蒙古统计年鉴 2023》《新时代的中国人口（内蒙古卷）》。

（二）盟市人口老龄化现状分析

自治区盟市银发人群分布极不均衡。从盟市常住人口统计情况分析，2023年乌兰察布市、巴彦淖尔市、呼伦贝尔市、包头市和赤峰市老龄化程度在全区平均线以上，分别达到 25.10%、17%、16.06%、15.9% 和 15.86%（见表 1）。2023 年内蒙古只有呼包鄂三个城市人口有增长，呼包鄂三大城市老年人口增长也最快；东部盟市总人口下降明显，同时伴随老年人口较快增长（见表 2）；2023 年全区 65 岁及以上老年人口增长速度为 4.84%，呼包鄂赤通 5 个盟市增长速度在全区平均水平以上。2023 年盟市中人口流出最多的 3 个盟市为乌兰察布、呼伦贝尔和通辽市。从以上分析可以间接得出，呼包鄂城市群的基本公共服务

---

① 《内蒙古着力破解三个困局让农村老人就地安养》，人民网，2024 年 6 月 14 日。

水平普遍高于其他盟市，尤其是丰富的医疗资源和教育资源是人口流入的两大重要因素，也是老年人口增速较高的原因。而老龄化程度较高的乌兰察布市同时也是人口流出最严重的盟市，青壮劳动力的流出，伴随着生育率下降，总人口下降，面临老年人口比重逐年增加的多重压力。

表1　2023年内蒙古12个盟市人口老龄化程度

单位：万人，%

盟市	总人口	65岁及以上	老龄化程度	老龄化程度排序
呼和浩特	360.41	52.41	14.54	6
包头	276.17	43.91	15.90	4
鄂尔多斯	222.03	24.82	11.18	12
赤峰	396.70	62.92	15.86	5
通辽	280.66	40.78	14.53	7
巴彦淖尔	150.34	25.56	17.00	2
乌兰察布	160.48	40.28	25.10	1
兴安盟	138.49	19.11	13.80	8
锡林郭勒盟	111.65	15.18	13.60	9
呼伦贝尔市	216.63	34.79	16.06	3
阿拉善	26.84	3.11	11.59	11
乌海市	55.62	7.42	13.34	10
内蒙古	2396.02	370.29	15.45	—

数据来源：2023年盟市常住人口统计公报。

表2　2023年内蒙古12个盟市人口增速和65岁及以上人口增速

单位：%

盟市	人口增速	65岁及以上人口增速
呼和浩特	1.49	7.02
包头	0.78	6.04
鄂尔多斯	0.89	6.62
赤峰	−0.85	4.92
通辽	−0.99	5.24
巴彦淖尔	−0.94	3.27
乌兰察布	−1.61	2.73

盟市	人口增速	65 岁及以上人口增速
兴安盟	−0.80	4.20
锡林郭勒盟	−0.25	3.97
呼伦贝尔市	−1.11	3.85
阿拉善	−0.22	4.36
乌海市	0.00	0.00
内蒙古	−0.20	4.84

数据来源：2023 年盟市常住人口统计公报。

（三）内蒙古发展银发经济市场需求分析

从银发人群数量上看，老年人数量不断增长，老年消费群体的规模效应逐渐显现；预计到 2025 年，全区 60 岁及以上老年人口将达到 557 万。从银发人群需求上看，随着老年群体规模的扩大，老年健康旅游、绿色饮食、医养结合服务、养老器械、康复照护器械、老年人日常起居出行的辅助设施、家庭设施改造、城市适老化改造、老年人心理慰藉、亲情关怀需求等都是老龄化将带动的新兴消费市场和投资领域；从银发人群消费理念上看，老年人消费理念不断更新，越来越追求高品质的物质生活、高品位的精神生活，消费将更加个性和多元化。

二　内蒙古银发经济供给体系建设情况

（一）通过政策发力推动内蒙古银发经济发展

自治区政府和各部门高度关注老龄化问题，除了响应国家政策的号召，自治区政府和各盟市政府针对地方特点也出台了一系列政策措施应对人口老龄化问题。2023 年 10 月，《国务院关于推动内蒙古高质量发展奋力书写中国式现代化新篇章的意见》提出促进服务业优质高效发展，其中重点提到培育发展银发经济，作为应对老龄化的措施和高质量发展的经济增长极，为培育和发展银发经济提供政策支持。自治区政府印发的《内蒙古自治区国民经济和社会发展第十四个五年规划纲要和 2035 年远景目标纲要》把积极应对人口老龄化作为重要章节，提出"积极发展银发经济，推动老年产品提质扩容"，从战略的高度把经济社会发展与积极应对人口老龄化统筹起来；自治区政府印发的《内蒙古自治区"十四五"保障和改善公共服务规划》和《内蒙古自治区人口发展规划（2021—2030）》作为专项规划，主要围绕民生关切，积极开发适合老年人使用的智能化产品，打造一批创新力强、品质优良、标准规范的具有影响力的"为老服务优质品牌"，培育壮大银发经济。

为积极应对人口老龄化，自治区党委、政府出台《内蒙古自治区积极应对人口老龄化实施方案》，针对"未富先老"、老龄化形势严峻等问题，围绕"人要活得长、过得好、保障足、服务好"的总体目标，分阶段、分领域设置具体目标，2022 年初步建立积极应对人口老龄化的制度框架；2035 年实现制度安排更加科学有效。[1] 自治区党委和政府印发实施《内蒙古自治区促进养老托育服务健康发展的实施方案（2021—2025 年）》《内蒙古自治区基本公共服务实施标准（2021 年版）》《内蒙古自治区关于推动生活性服务业补短板上水平提高人民生活品质行动方案》，组织各盟市出台《"一老一小"整体解决方案》等系列政策措施，不断提高养老托育服务水平、构建老年友好型社会、发展银发经济、推动建设生育友好型社会。为解决高龄老年人口专业护理员短缺问题，出台《关于加强内蒙古自治区养老服务人才队伍建设的通知》；针对当前农村养老服务设施相对薄弱，可及化、便利化程度不高的问题，制定完善《关于加快发展农村牧区养老服务的若干政策措施》《农村牧区互助养老幸福院建设和运行管理办法》等措施。

盟市方面也出台相应的政策措施，如《鄂尔多斯市养老服务条例》《赤

---

① 《积极应对人口老龄化 促进养老事业健康发展》，http：//www.elht.gov.cn/c/2022-09-05/70832.shtml，2022 年 9 月 5 日。

峰市"一老一小"整体解决方案》《乌兰察布市农村养老服务设施管理运行办法》《呼伦贝尔市养老服务局际联席会议制度》等，应对当前地方性的老龄化问题。在各级政府政策发力下，盟市积极探索适合当地的养老模式，如呼和浩特市发展集疗养、康复、保健、旅游于一体的"蒙医药康养+产业体系"新模式，赤峰市"3+2+1"牧区养老服务模式、乌兰察布市农村互助养老模式、锡林郭勒盟"集中居住、养老育幼、政府扶持、多元运营"的养老新模式、鄂尔多斯市"原居安老+智数享老+医康健老+赋能乐老"模式等，因地制宜破解当地养老难问题。2023 年，赤峰市入选国家积极应对人口老龄化重点联系城市，鄂尔多斯市入选全国婴幼儿照护示范城市。

（二）加大资金投入力度，为发展银发经济提供服务保障

银发经济发展是一项庞大的工程，需要大力投入资金。"十四五"以来，自治区累计争取中央预算内资金 4.94 亿元，支持 20 个积极应对人口老龄化工程项目。自治区本级财政下达补助资金 12.17 亿元，其中财政预算安排占 71.08%，福彩公益金占 28.92%，用于社区养老服务提质工程、农村牧区养老服务水平提升和机构养老服务提档升级工程建设。截至 2023 年，全区共建成居家社区养老服务机构 1685 家，家庭养老床位 1 万余张；共建成长者餐厅 1450 个；全区已建成苏木乡镇区域养老服务中心 459 个，已建成村级养老服务站（含农村互助幸福院）5773 个，较"十三五"末增加 2863 个，建成牧区老年公寓 8 所。全区各类养老机构 692 家（其中公办占 31.21%，公建民营占 11.71%，民办占 57.08%），床位数达到 8.4 万张，其中护理型床位占 55.7%，入住老年人 4.2 万人；现有四级、五级养老机构 29 家，养老服务多元供给体系逐步形成。

（三）因地制宜积极探索城乡养老服务新模式

在城市地区，城市"一刻钟养老服务圈"成效逐步显现。为有需求老人提供"六助一护"（助医、助洁、助浴、助急、助行、助餐、上门照护）养老服务，基本实现全覆盖。针对农村牧区人口分布特点，积极发展"一

帮一、一帮多、多帮一"等互助模式，人口较集中的农村地区用固定模式、人口较少的牧区用流动（大篷车服务队）模式，因地制宜积极探索适合本地区的养老服务新模式，为全区银发经济发展提供服务支撑。目前，自治区城乡老年人群"六助一护"养老服务中助洁和助浴两项为最受欢迎的服务项目。

（四）养老服务与银发产业实现融合发展

1.不断加大银发产品研发投入力度

2023年以来，自治区共投入科研经费995万元，支持开发智慧健康养老项目24个。鼓励和引导企业加大老年用品的研发力度，目前羊驼绒棉衣和海日太老年鞋2个产品入选工信部老年用品产品推广目录。全区已建成盟市级适老化产品展示中心12个，为企业产品展示和老年人服务体验提供平台。

2.积极培育和打造智慧养老新业态

围绕老年健康管理、智慧养老机构、养老服务监管等场景，积极培育科技创新能力突出的示范企业，如内蒙古国讯富通、赤峰市云集、包头市钢兴等入选国家智慧健康养老应用试点示范企业名单。同时，积极开展政府网站适老化改造，目前全区85%的政府网站完成适老化及无障碍改造。自治区本级和10个盟市已建成居家社区养老服务信息管理服务平台。

3.旅居康养产业发展势头强劲

自治区依托本地资源，积极打造一批旅居康养产业，为"候鸟式"旅居老人提供旅居康养服务。全区依托温泉、草原、沙漠、森林等资源优势，打造呼伦贝尔市凤凰山景区、兴安盟王布和蒙医药浴康养小镇、赤峰市克什克腾旗热水塘温泉小镇等8个盟市的10个自治区级观光旅游示范基地。同时，依托中医药（蒙医药）资源，推动中医药（蒙医药）健康服务与旅游业融合发展，积极打造中医药（蒙医药）健康旅游基地，目前，国家批准自治区中医药（蒙医药）健康旅游基地3个、示范项目6个。建立省际旅居康养互通机制，协同组建北京"冬南夏北"

旅居养老机构联盟，区内 24 家养老机构成为首批联盟成员。据自治区民政厅提供的数据，2023 年以来，约有 1.23 万人次的老年人到内蒙古旅居康养。

4. 养老服务与教育、医疗、金融等稳步融合发展

在养老金融方面，从优化适老金融服务、支持养老产业发展两方面加大金融支持力度，鼓励银行机构出台针对养老产业和支持银发经济发展的专项信贷政策。目前，全区大部分的银行网点对老年人支付服务进行优化，配备爱心座椅、轮椅、老花镜、应急医药箱等适老化服务用品。2024 年 3 月末，全区卫生和社会工作中长期贷款余额（包含养老服务产业）80.9 亿元，比年初增加 2.7 亿元。[①]

银发教育作为老年人学习生活需求中重要的组成部分，对"积极的老龄化"有着重要的意义。自治区自 2021 年开始实施"银龄教师计划"，已面向区内外招募退休优秀教师 131 名，结合实际补充到老年大学等适宜教学岗位，进一步发挥余热。依托内蒙古开放大学设立"内蒙古城乡社区大学""内蒙古老年开放大学"，6 个盟市设立老年开放大学、11 个盟市设立社区学院，教育部门设立终身教育机构总数 522 家，老干部部门设立老年大学 112 个，文化和旅游部门设立老年艺术大学 29 个，退役军人事务部门成立自治区军休老年大学等。[②] 不断丰富完善"内蒙古终身教育网"资源，目前平台注册总用户数已达到 6.3 万余人，平台总访问量达 69 万余人次。依托国家智慧教育平台内蒙古试点建设，上线 9 门老年教育类精品在线课程，不断开发丰富资源服务老年群体。遴选阿荣旗、乌拉特前旗、卓资县、阿鲁科尔沁旗、松山区、杭锦后旗、商都县等 7 个旗县区创建"国家级农村职业教育和成人教育示范县"。持续开展"智慧助老""能者为师"推介共享活动，举办"职业教育活动周""全民终身学习活动周"等，多措并举推动优

① 《人民银行内蒙古自治区分行"2024 年一季度全区金融运行情况及金融支持自治区高质量发展情况新闻发布会"文字实录》，http://huhehaote.pbc.gov.cn/huhehaote/129795/5340254/index.html，2024 年 4 月 29 日。

② 《内蒙古大力推进老年教育普及普惠发展》，内蒙古自治区人民政府网站，2023 年 8 月 2 日。

化老年教育资源共享。① 2023 年全区各级老年体协共组织开展各类赛事交流活动 1600 余次，参与人数 17 万余人次。同时加大培训力度，先后举办气排球、门球、健身球操、太极拳（剑）、柔力球等 12 个项目的培训活动，全区 967 名老年健身骨干参加培训。② 通过老年人口的自我丰富、融入群体、发挥余热，切实提升其主观幸福感与生活满意度。

随着经济社会的发展，人民的生活水平有了很大提高，同时人口老龄化趋势明显，健康养老也成为积极应对老龄化的重要途径。为促进自治区医养结合高质量发展，更好满足老年人健康养老服务需求，2023 年内蒙古 11 部门联合发布《内蒙古自治区关于深入推进医养结合发展的若干措施》等，为加快构筑养老服务体系提供制度保障。截至 2023 年底，全区共组建家庭医生团队 9412 个，65 岁及以上老年人家庭医生签约服务率达到 78%；共有医养结合机构 184 家，总床位数达到 3.5 万张；全区 88.7% 的二级及以上综合性医疗机构设立老年医学科，建设国家级老龄健康医养结合远程协同服务试点 18 个，远程医疗等将医疗机构的医疗服务延伸至居家。

三　发展银发经济的短板弱项

（一）银发经济处于起步阶段，银发产业布局需进一步优化

政策的支持力度和社会的关注度不断提高，但是银发经济产品和服务的供给仍然存在短板。内蒙古人口老龄化形势严峻，同时全区居民人均可支配收入绝对值比全国平均水平低 1088 元，处在未富先老阶段。虽然银发经济市场需求不断增加，但是在实际发展中产品和服务有效供给依然欠缺。首先，调研中发现，目前内蒙古自己研发的产品只有 2 个，而工信部发布的老年人用品产品推广目录中总共有 631 个优质产品，产品品类少，规模小。针对老年食

---

① 《内蒙古大力推进老年教育普及普惠发展》，内蒙古自治区人民政府网站，2023 年 8 月 2 日。
② 《去年内蒙古 17 万余人次老年人参与赛事交流活动》，《内蒙古日报》2024 年 5 月 29 日。

品市场，自治区乳制品有老年人用的高钙奶等产品，除此以外针对老年人的膳食产品较少。其次，从产业发展看尚处于起步阶段，市场发育相对不足。全区专业从事智慧养老产品生产的企业仍处于"空白"阶段，仅有1家生产康复辅助器具的民营企业。最后，由于银发产业的发展尚处于起步阶段，全区银发产业布局仍处于起步阶段，需要进一步优化。

（二）银发服务供给不均衡

自治区人口老龄化速度较快，而居家社区养老服务起步较晚，城乡之间、区域之间老龄化结构有很大差异，目前一些边境牧区旗县人口流出量较大，居住地域跨度大且分散，养老服务扩面难度和覆盖难度较大。区域之间差异大，一些盟市人口流出与快速老龄化并存，一些村庄已经"空心化"，村级养老服务站已经建成，但是闲置率较高；而个别养老机构存在"一床难求"的问题。从互助养老的角度分析，当初住进去的年轻老人变成老老人的时候，农村牧区扩面比较难，限制了互助养老模式的持续发展。从老年建筑供给分析，目前8所老年公寓都在锡林郭勒盟，这也体现出区域不均衡的特点。一些盟市和旗县的公办养老机构位置偏远，距离中心市镇较远，交通不便，医疗资源匮乏。

（三）银发经济人才支撑不足

银发经济的发展离不开专业技能人才的支持。发展银发经济，人才紧缺问题较突出。调研中发现，一些服务300人的养老机构，只有5个护理员，该机构老人平均年龄为75~80岁。有大量的失能、半失能老年人，但养老机构护理员的数量远远不能满足需求。很多机构的护理员在工作中培养并取得职业资格证，可想而知现有持证养老护理员的紧缺程度。据调查，目前内蒙古养老护理员总数不到1万名。而失能和部分失能老年人约有80万名，按照护比测算，需护理人员17万人，缺口巨大。此外，现有的养老护理员持证率不到30%。专业护理人员紧缺、专业能力不足的问题凸显。人才结构不合理。银发经济所需的人才不仅要有扎实的专业知识和技能，还需要具备良好的心理素质和服务意识。但是由于收入相对较低，工作条件艰苦，服务时容易受气等，很多年轻人不愿意从事养老服务行业。据调查，"十四五"以来全区共培养养老服务相关专业研究生 1564 人，本科生 2.5 万人，高职专科生和中专生 7.67 万人。全区建有养老服务人才培养基地 7 个，养老护理员培训基地 9 个。累计培训养老护理员 6.5 万人次，其中 1.98 万人取得养老护理员职业技能等级证书，但是真正从事养老护理员工作的只有 1 万人左右。

（四）养老服务产业供给单一，未形成多元供给体系

银发经济是个盈利水平低、产业周期较长的产业。目前，内蒙古银发经济养老服务产业投入方以政府单项投入为主，社会参与力量薄弱导致养老产品和服务供给仍较单一。政府在前期养老设施投入较完善，但是由于银发经济的低盈利水平和长期性，后期的运营投入、后续保障很难得到落实。尤其农村牧区条件艰苦，位置偏远，第三方企业由于盈利水平低，可能无法覆盖其成本，难以维持长期运营，企业投入意愿较低。

四　发展银发经济的几点建议

（一）进一步加大政策支持力度，做好产业布局

政府在现有的政策基础上出台更多更接地气的支持政策，促进和引导养老产业发展和养老服务专业化、标准化。尽快出台银发经济产业布局规划，为老龄化高峰期的到来提前做好产业布局和规划。内蒙古地域宽广，有丰富的草原、温泉、沙漠等自然资源，蒙医药也是中医药的重要组成部分，要依托现有的资源面向更大的银发市场，做长远规划。不断加强多部门协同联动机制，把发展银发经济和养老服务重点纳入政府重要议事日程，纳入民生实事项目，纳入工作督查和绩效考核范围，确保发展银发经济和养老产业、养老服务目标任务落到实处。

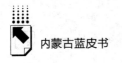

（二）有效整合和利用资源，促进银发经济高质量发展

根据自治区地域和老年人口分布特点，要有效整合和利用现有资源，促进银发经济高质量发展。首先，针对老年人口增长较快的城市和城镇地区，提升居家社区养老服务质量，尤其是提升需求较大的助餐、助洁等服务质量。其次，针对农村牧区养老服务，加大基础设施建设投入力度，对一些人口少或者"空心村"进行资源整合，几个村或嘎查可共建一个设施完善的养老服务站，避免出现人力和资金投入方面的浪费。再次，加大对养老产业和产品服务的投入。在已有的产业基础上，根据地区资源特点，加大对产品和服务的投入力度。针对老年病，加大蒙医药材种植和应用方面的投入；根据自治区丰富的旅游资源，针对老年人制定康养居结合的旅游线路，优化旅游资源配置等；进一步促进养老服务与文化、教育、体育、金融、医疗等行业的融合发展。最后，放宽市场准入门槛，坚持本土培育和外部引进相结合，加快信息化、数字化建设，扎实推进适老化改造和产品服务推广，打造多元老年消费场景，促进银发经济高质量发展。

（三）探索适合本地市场的养老服务，加快形成银发经济多元供给体系

在国家和地方政府政策兜底基本保障基础上，面对未来庞大而多元的银发人群市场，鼓励多元市场主体参与其中，提供更大范围更加多元的服务。从老年人的养老实际需求出发，提供多元化的养老服务，如居家养老、机构养老和社区养老等模式；针对不同类型和不同层次的养老需求，探索嵌入式养老服务模式；针对养老服务多元化的需求，通过制定政策、提供资金支持、搭建合作平台等方式，促进银发经济的繁荣发展。同时，企业、社会组织、金融机构以及普通民众等也应积极参与其中，共同推动银发经济的快速发展。

（四）加强职业教育和培训，培育专业技能人才

加大学历教育和职业培训力度。充分发挥院校培养专业技术人才对银发经济发展的重要支撑作用，建立健全普通高校、职业院校职业教育人才培养体系。创新人才培养模式。鼓励开展"企校双制、工学一体"的企业型学徒制培养，引导鼓励职业中学和职业培训机构开展合作，培养具有专业理论知识和实践技能的养老服务人才，全面提升养老服务职业素养、专业水平和服务质量，打造高素质、专业化的养老护理员人才队伍。加大培育专业技能人才力度，通过校企合作平台、职业技能大赛等方式加大培养力度，为银发经济输送更多优秀人才。

参考文献

向秋：《为银发经济高质量发展夯实技术技能人才支撑》，新浪财经，https：//finance.sina.com.cn/jjxw/2024-06-11/doc-inayhryr2993861.shtml？cref=cj，2024年6月11日。

陈涵旸、周润楷：《银发经济人才紧缺 细分赛道催生新需求》，中国经济网，http：//district.ce.cn/newarea/roll/202406/24/t20240624_39047106.shtml，2024年6月24日。

B.24
新时代内蒙古对外开放发展进程及形势展望

范丽君　赵珈艺*

摘　要： 党的十八大以来，内蒙古自治区党委、政府以习近平新时代中国特色社会主义思想为指导，牢牢把握习近平总书记和党中央对内蒙古的战略定位，以口岸为依托，以基础设施为抓手，以蒙古国和俄罗斯两个周边国家为重点，推动内蒙古由国家对外开放"边陲末梢"向新时代国家对外开放"前沿"和"桥头堡"的华丽转身，为推进中国式现代化、全面建设社会主义现代化国家贡献内蒙古力量。10 年来，自治区立足国家战略，立足区情，创新理念，在对外开放中取得成就，但也存在高质量发展中的短板弱项，需立足优势，深化全领域全方位开放，构建开放新格局：统筹落实习近平总书记讲话精神和党中央国务院支持内蒙古发展的专项政策文件；提高基础设施互联互通水平，为融入国内国际双循环提供保障；突出人文合作重点，夯实与蒙俄开放基础。

关键词： 口岸经济　通道经济　对外开放　内蒙古

　　党的十八大以来，在党中央对外开放基本国策指引、指导下，内蒙古自治区党委、政府以习近平新时代中国特色社会主义思想为指导，牢牢把握习近平总书记和党中央对内蒙古的战略定位，充分发挥区位和资源优势，统

---

* 范丽君，内蒙古自治区社会科学院内蒙古一带一路研究所所长，研究员，主要研究方向为中蒙俄关系；赵珈艺，内蒙古自治区社会科学院内蒙古一带一路研究所助理研究员，主要研究方向为中国对外经贸。

筹国内国际两个大局，利用"两种资源"和"两个市场"，不断扩大对外开放，积极参与"一带一路"国际合作，高质量融入中蒙俄经济走廊建设，将内蒙古打造成为我国向北开放重要桥头堡，为推进中国式现代化、全面建设社会主义现代化国家贡献内蒙古力量。

一　对外开放战略地位凸显，目标任务明确

2014 年，习近平总书记在内蒙古考察时指出，"内蒙古具有发展沿边开放的独特优势，是我国向北开放的前沿。要通过扩大对外开放促进改革发展，发展口岸经济，加强基础设施建设，完善同俄罗斯和蒙古国合作机制，深化各领域合作，把内蒙古建成我国向北开放的重要桥头堡"。不仅如此，还要"形成联通内外、辐射周边、资源集聚集散、要素融会贯通的全域开放平台"。这是新时代党中央赋予内蒙古的重要政治责任和政治任务，也是内蒙古在新时代国家对外开放中的战略地位、定位和奋斗目标。

10 年来，内蒙古党委、政府牢记使命，勇于担当，借助地跨东北华北西北"三北"，内联八省、外接俄蒙的区位优势，以口岸为依托，以基础设施为抓手，以蒙古国和俄罗斯两个周边国家为重点，推动内蒙古由国家对外开放"边陲末梢"向新时代国家对外开放"前沿"和"桥头堡"的华丽转身。

（一）立足口岸优势，打通"内引外联"的通道"大动脉"

内蒙古地处祖国北部边疆，与蒙古国和俄罗斯边境线长分别占我国与蒙古国、俄罗斯边境线的 68.7% 和 28.8%，是我国辖属边界线最长的省份之一。在 4730 多公里边界线上开发开放 14 个陆路口岸（4 个对俄口岸，10 个对蒙口岸）。其中，满洲里和二连浩特是中俄、中蒙最大的铁路和公路双功能综合口岸，承担中俄和中蒙一半以上的货运量。在此基础上，开辟满洲里、二连浩特、呼和浩特、包头、鄂尔多斯、海拉尔等 6 个航空口岸，连接自治区与国内外重要节点城市，高效补充陆路口岸的运力。目前，20 个对

外开放口岸像珍珠一样洒落在祖国的北疆大地上，形成自治区多方位、立体化的对外开放新格局，"内蒙古对外开放的 12 个公路口岸已全部通二级及以上公路，二连浩特口岸已通高速公路。口岸公路交通运输网络基本形成，边境口岸城镇与区内中心城市实现以高等级公路连通。满洲里、甘其毛都 2 个重点口岸高速公路建设正在加快推进。"① 14 个陆路口岸与自治区内所有公路连通，"目前承担了约 90% 以上的中蒙陆路运输和 65% 以上的中俄陆路运输任务，全国近一半中欧班列从内蒙古进出境，内蒙古口岸接卸了国家约 14% 的进口煤炭、11% 的进口化肥、6% 的进口铜矿砂，为国家经济通道建设作出重大贡献"②。目前，自治区 20 个口岸已经形成铁路、公路、水路和航空等多种运输方式全方位开放的口岸新格局。

口岸是内蒙古对外开放通江达海的重要基础条件，"大力发展泛口岸经济，以高水平开放促进高质量发展"③ 也成为自治区国民经济与社会发展的重要目标。

2021 年 12 月，自治区政府在国家"十四五"发展规划基础上，制定出台《内蒙古自治区"十四五"口岸发展规划》，在总结"十三五"口岸基础设施建设基本情况及取得成效基础上，立足新发展格局，立足大开放，立足自治区口岸在国内国际双循环中的战略地位，继续贯彻"一口一策"的发展理念，围绕"通、集、落"，进一步提高口岸通关便利化、智慧化水平，加入国家综合运输大通道建设，缩短口岸与东北、华北、西北的时空距离。"近 5 年来，自治区本级财政累计投入口岸建设资金约 5.2 亿元，实施 151 个项目，强化开放大通道建设。"④ 基础设施的大手笔投入与高质量建设

① 李永桃：《内蒙古 20 个对外开放口岸打通互联互通"大动脉"》，《内蒙古日报（汉）》2023 年 11 月 29 日，第 001 版。
② 《内蒙古以更大魄力激发"开放活力"——从"奔跑的数据"中看内蒙古的奋进担当》，内蒙古自治区人民政府网站，2024 年 3 月 4 日。
③ 《内蒙古自治区国民经济和社会发展第十四个五年规划和 2035 年远景目标纲要》，https://www.nmg.gov.cn/zwgk/zfxxgk/zfxxgkml/ghxx/shfzgh/202102/t20210210_887052.html，2021 年 2 月 10 日。
④ 《一个"圈"的深度扩容》，新华网-内蒙古频道，2024 年 6 月 5 日。

为内蒙古融入"一带一路"国际合作，参与中蒙俄经济走廊建设，融入国内国际双循环和建设向北开放重要桥头堡提供"互联互通"的支撑作用。

（二）积极融入"一带一路"，参与中蒙俄经济走廊建设

共建"一带一路"是新时代中国推动经济全球化深入和健康发展的重大举措，也是中国各地区参与世界经济的重要平台。作为同时与俄罗斯和蒙古国接壤，并拥有对俄、对蒙最大口岸的省份。内蒙古充分发挥联通俄蒙的区位优势，积极主动融入"一带一路"国际合作，深度参与中蒙俄经济走廊建设。10年来，自治区党委、政府先后出台多项涉及俄蒙以及参与"一带一路"建设的合作性文件，为内蒙古融入"一带一路"建设提供政策支持和引领。一是对接蒙古国"草原之路"倡议和俄罗斯西伯利亚远东开发战略，让自治区成为蒙古国和俄罗斯产品南下中国内陆的中转枢纽。二是对接国内区域发展战略，借助中欧班列助力内地商品北上蒙古国和俄罗斯，乃至更远的国家和地区，即高质量服务"一带一路"国际合作。三是践行亲诚惠容周边外交理念，坚持以市场为导向，以企业为主体，不断调整进出口商品结构，扩大国家和自治区经济建设急需的矿产品等资源型商品和工业原料进口。四是在巩固传统市场的基础上开拓俄蒙以外的新兴市场、新型国际贸易市场，促进自治区进出口商品多样化、多极化和多元化。其中，永久会址坐落在呼和浩特的"中蒙博览会""中蒙俄智库国际论坛""世界蒙商大会"，以及借助各种平台举办的推介会，提升自治区对外开放的知名度，扩大自治区的国际朋友圈，搭建起内蒙古对外开放的四梁八柱，"'一带一路'倡议提出10年来，自治区与共建'一带一路'国家间的经贸合作已成为促进外贸发展的新增长点，年均外贸进出口增长率达到11%"①。2023年是党的二十大开局之年，内蒙古与共建"一带一路"国家的进出口贸易再创新高，达1552.1亿元，占内蒙古对外贸易总额的77.4%，增幅达40%，推动

① 《2023年内蒙古外贸进出口同比增长30.4%，增速排名全国第3位》，内蒙古自治区人民政府网站，2024年1月24日。

内蒙古现代化建设行稳致远。

俄罗斯和蒙古国是自治区向北开放最为重要的贸易伙伴和合作伙伴，也是构建向北开放桥头堡、推动中蒙俄经济走廊建设行稳致远必不可少的重要外部环境。10 年来，自治区与俄蒙两个国家的贸易额占自治区对外贸易的一半以上，其中对蒙古国贸易额占比略高于对俄贸易额占比。在中俄、中蒙边界口岸开设的 8 个"边境互市贸易区"极大促进了两地边民的互来互往，达到稳边实边固边护边的国防要求，实现经济社会安全发展要求，"2024 年第一季度边民互市贸易总额 2781.2 万元，同比增长 23 倍"①。2023 年 11 月二连浩特口岸率先开放 8 座以下车通行政策，2024 年先后有 7 个口岸开放 8 座以下车通行，"第一季度累计通行 8.4 万辆，乘坐 8 座以下小车日均进出境通关人数约 6000 人"②，迎来口岸边境贸易的开门红。

（三）利用外资和引进国内（区外）资金技术成效显著

外资对发展开放性经济具有重要意义。积极吸引和利用外商投资，是推动高水平开放，也是构建开放型经济新体制的重要内容，更是高质量完成把内蒙古建设成为我国重要向北开放桥头堡的政治任务。党的 18 大以来，自治区党委、政府深入贯彻落实党的二十大精神和习近平总书记对内蒙古的重要指示和重要讲话精神，以铸牢中华民族共同体意识为各项工作的主线，紧紧围绕推进高质量发展这个首要任务，全面落实《国务院关于推动内蒙古高质量发展奋力书写中国式现代化新篇章的意见》，整顿营商环境，从政策、服务保障、机制等多个方面齐抓共管，持续夯实招商引资基础，加强招商引资项目库建设，围绕自治区八大产业集群和首批 12 条重点产业链，加大精准招商力度，"2023 年，全区共实施总投资 500 万元以上招商引资项目 3956 项，招大引强、招新引优成效明显，重点产业链

① 《2024 年第一季度内蒙古边民互市贸易额 2781 万元，同比增长 23 倍》，内蒙古区情网，2024 年 5 月 10 日。
② 《2024 年第一季度内蒙古边民互市贸易额 2781 万元，同比增长 23 倍》，内蒙古区情网，2024 年 5 月 10 日。

带动能力不断增强"①。积极推进对外开放平台建设，同时继续争取设立中国（内蒙古）自由贸易试验区，以制度型开放促进自治区提升对外开放水平。2023 年迎来一个"小飞跃"，实际利用外资 8.0 亿美元，比上一年度增加 48.5%，新增外资企业 167 家，是 2022 的 4.2 倍（见表 1）。

表 1　2019~2023 年内蒙古实际使用外资及新批准外商投资企业

年份	实际利用外资金额（亿美元）	同比增长（%）	新增外资企业（家）	比上一年增减情况（家）
2019	20.6	-34.8	60	-1
2020	18.2	-11.6	43	-17
2021	3.2	4.4	44	1
2022	5.4	70.6	40	-4
2023	8.0	48.5	167	127

资料来源：笔者根据各年国民经济和社会发展统计公报整理。

　　尽管招商引资金额没有达到 2020 年的一半，但增加幅度超过疫情以前，说明营商环境改善，域外企业加大力度投资内蒙古，2023 年"来自蒙古、俄罗斯、印度尼西亚、韩国和白俄罗斯 5 个'一带一路'沿线国家的投资者在自治区设立外商投资企业 20 家，同比增长 9 倍，创历史同期最高峰值，投资总额 1.87 亿元人民币"②。与此同时，2023 年内蒙古海外投资国家和投资金额也逆势上扬，创 10 年来新高，"自治区在蒙古、俄罗斯、埃及、土耳其等 13 个'一带一路'沿线国家设立境外投资企业 31 家，同比增长 2.44 倍，中方协议投资总额 4.4 亿元人民币"③。内蒙古投资实现"引进来"与"走出去"的双向流动，展示内蒙古投资发展新活力。

① 《2023 年内蒙古招商引资、外贸进出口、口岸货运量创新高》，内蒙古自治区人民政府网站，2024 年 1 月 19 日。
② 《2023 年内蒙古与"一带一路"沿线国家双向直接投资展现新活力》，国家外汇管理局内蒙古自治区分局网站，2024 年 1 月 31 日。
③ 《2023 年内蒙古与"一带一路"沿线国家双向直接投资展现新活力》，国家外汇管理局内蒙古自治区分局网站，2024 年 1 月 31 日。

二 内外联动、八面来风的新发展格局基本形成

10 年来，自治区党委、政府面对复杂多变的国内外环境，在习近平新时代中国特色社会主义思想的指导下，认真落实党的二十大精神和习近平总书记对内蒙古的重要指示和重要讲话精神，立足国家对外开放战略定位，不忘初心使命，守望相助，发扬蒙古马精神，砥砺奋进，深挖地缘比较优势，"走出去"和"引进来"双轮驱动，主动融入国内国际市场，基本形成"东进西出、北上南下、内外联动、八面来风"的新发展格局。

（一）对外经贸合作提质增效，国内外朋友圈不断扩大

10 年来，借助"一带一路"国际合作平台，自治区的经贸合作伙伴不断增多。截至 2023 年底，自治区与全球 180 多个国家和地区建立了经贸合作联系，达到历史新高，与共建"一带一路"国家间的经贸合作已成为促进自治区外贸发展的新增长点，年均外贸进出口增长率达到 11%，拥有进出口业务的企业 3266 家，比上年增加 623 家。全区进出口总值达 1965.3 亿元，创历史新高，同比增长 30.4%，高于全国外贸增速 30.2 个百分点，在全国各省份中增速排名第 3 位。其中，出口 785.7 亿元，增长 28.1%；进口 1179.6 亿元，增长 32%。对俄蒙进出口 1045.6 亿元，比上年同期增长 58.6%。其中，出口 243.6 亿元，增长 122.9%；进口 802 亿元，增长 45.8%。与共建"一带一路"国家进出口 1522.1 亿元，增长 40.9%，占同期全区进出口总值的 77.4%，拉动外贸增长 29.3 个百分点，引进到位资金 4778 亿元、增长 40.2%，45 家世界 500 强和 22 家中国 500 强企业在自治区投资兴业。全区"新三样"产品（电动载人汽车、锂离子蓄电池及太阳能电池）出口 23.8 亿元，增长 48.1 倍，能源、金属矿砂、粮食等大宗商品进口 936.2 亿元，增长 48.7%，占同期全区进口值的 79.4%。① 贸易伙伴增加

---

① 《内蒙古自治区 2023 年国民经济和社会发展统计公报》《2024 年政府工作报告》，内蒙古自治区人民政府网站。

实现自治区对外开放的市场多元化预期目标，贸易额增加是高质量开放的体现，也是内蒙古现代化建设的经济基础。

在国家对外开放政策支持、扶持下，内蒙古创新合作理念，先后在满洲里、二连浩特、呼和浩特建立3个综合保税区，实现内蒙古境内企业不出国门就能享受到有关优惠政策的新发展模式，开启新时代内蒙古对接世界、连接世界的"开放之门"。仅2023年一年，呼和浩特综合保税区、鄂尔多斯综合保税区、满洲里综合保税区累计进出口283.2亿元，增长122.1%，拉动全区外贸增长10.3个百分点；同期跨境电商进出口45.6亿元，增长261.8%。① 2024年前2个月，呼和浩特综保区出口额达到2.5亿元，同比增长578%。鄂尔多斯综保区进出口值达6.41亿元，同比增长10.19%。满洲里综保区完成进出口贸易额13.43亿元，业务运行实现"开门红"。②

保税物流园区是口岸保税区和港口综保区联动的"中转区"。内蒙古是无出海口的省份，在3个依托航空口岸的保税区与天津港等东部沿海港口之间建设物流园区，实现"区港联动"，推动自治区东中西部区域协调发展。目前，自治区已经封关运营的5个保税物流中心（B型），即赤峰、巴彦淖尔、包头、乌兰察布和通辽，促进内蒙古东中西部外向型经济发展，提升跨境贸易便利度，拉动上述5个城市吸引外向型项目的能力提升。当前，呼和浩特综合保税区与天津港在探索"区港联动"新模式方面，已经形成较为稳固的战略合作关系。借助互联网、跨境电商等新型平台形成线上线下的融合发展模式，提升自治区参与"一带一路"和中蒙俄经济走廊建设的竞争力，以及产品的国际影响力。

（二）"中欧班列"成为自治区对外开放新亮点、新平台

"一带一路"国际合作开展后，始于我国境内各省份，经过中国铁路口

---

① 《2023年内蒙古外贸进出口同比增长30.4%，增速排名全国第3位》，内蒙古自治区人民政府网站，2024年1月24日。

② 阿尼尔：《综合保税区：打造外向型经济发展强引擎》，《内蒙古日报（汉）》2024年4月29日，第5版。

岸到达欧洲，特别是西欧发达国家、地区的"中欧班列"因其综合成本低、运输时效快等比较优势和特点，逐渐成为中外企业广泛使用的运输工具。"中欧班列"缩短了中国东部、南部省份"西进北上"俄罗斯、蒙古国，以及欧洲等国家和地区的距离，同时加快了欧洲商品"东行南下"进入中国市场的速度。"中欧班列"为世界经济复苏发展注入中国新动力，成为新时代中国特色社会主义对外开放的标志性品牌。

在途经满洲里、二连浩特、霍尔果斯和阿拉山4条中欧班列的运行线路中，内蒙古占据满洲里和二连浩特"两条线路"，处在重要枢纽位置。满洲里是1901年开始运营的百年口岸，承载中俄贸易65%以上的陆路运输任务。二连浩特是1956年随着北京—乌兰巴托—莫斯科国际联运通车而兴起的对外开放口岸，承载中蒙贸易85%以上的陆路运输任务。2013年途经内蒙古的中欧班列仅3列（满洲里2列，二连浩特1列），经过10年发展，到2023年增加到8095列（见图1）。途经二连浩特、满洲里两个口岸通行的中欧班列数量分别为3294列和5001列，同比分别增长30.8%和3%，合计8295列，比2022年增长12.9%，数量创历史新高。①

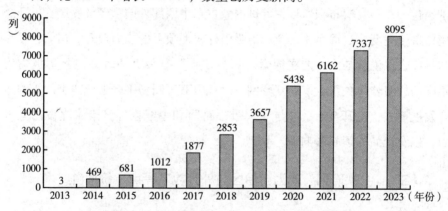

图1　2013~2023年内蒙古中欧班列运营情况

资料来源：笔者根据自治区口岸办历年公布数据整理。

---

① 赵泽辉、于嘉：《班列畅行　外贸腾飞——内蒙古向北开放显成效》，《经济参考报》2024年1月31日。

随着中欧班列的稳定运行，"中欧班列+口岸""中欧班列+园区""中欧班列+海外仓"发展模式应运而生，极大促进了内蒙古区域经济发展水平。通过中欧班列，德国的厨具、啤酒，法国的红酒，土耳其的手工地毯，俄罗斯的琥珀、木材，蒙古国的羊绒产品进入我国市场，走进千家万户。我国的茶叶、丝绸、瓷器、速冻食品经过"改装换代""转型升级"，以全新的高质量面貌走进"中欧班列"沿线国家。截至 2024 年 6 月，"经满洲里进出境中欧班列运行线路达到 57 条，通达 13 个国家和地区，覆盖国内 60 多个城市。经二连浩特中欧班列运行线路增至 71 条，延伸至亚洲、欧洲 12 个国家和 140 多个国内外城市或站点"①。呼和浩特、乌兰察布、赤峰、鄂尔多斯、巴彦淖尔等城市也相继开通到发中欧班列。2023 年，内蒙古到发中欧班列 429 列、增长 73.7%，全区口岸货运量超过 1 亿吨、刷新全国陆路沿边口岸纪录。把"蒙字号"的葵瓜子、蜜瓜、香瓜等发往中亚、中东等国家。"中欧班列"的你来我往，不仅增加商品流，更为重要的是激发、焕发中华传统文化与世界各国、各地文化的互动与联系，提升中华文化软实力和国际影响力，是我国向北开放的一道亮丽风景线。

（三）边民互市贸易区成为向北开放的另一道风景

边民互市贸易区是内蒙古参与"一带一路"和推动中蒙俄经济走廊建设的重要一环，对稳边、固边、实边、兴边和高质量完成"五大任务"具有重要的战略意义。目前，内蒙古境内共有 14 个对俄、对蒙陆路口岸，开设 8 个边民互市贸易区（见表 2）。

表 2　内蒙古边民互市贸易区

名称	封关运营时间
满洲里边民互市贸易区	2023 年 5 月
二连浩特市边民互市贸易区	2017 年 3 月

---

① 赵泽辉、于嘉：《班列畅行　外贸腾飞——内蒙古向北开放显成效》，《经济参考报》2024年 1 月 31 日。

续表

名称	封关运营时间
阿尔山边民互市贸易区	2023 年 4 月
策克边民互市贸易区	2023 年 4 月
阿日哈沙特边民互市贸易区	2023 年 12 月
黑山头边民互市贸易区	2018 年 10 月
额布都格边民互市贸易区	2023 年 12 月

根据《内蒙古自治区边民互市贸易区管理办法》（内政办发〔2018〕72 号）规定，"边民通过互市贸易进口的商品，应限于自治区毗邻国家（俄罗斯、蒙古国）生产的边民所需生活商品"。自治区抵边 8 个旗县（市、区）的注册边民可以通过互市贸易进口俄罗斯和蒙古国的商品，"每人每日价值在人民币 8000 元以下的，免征进口关税和进口环节税；每人每日价值超过人民币 8000 元的，对超出部分按照规定征收进口关税和进口环节税"。作为一种新型跨境区域合作形式，边民互市贸易区极大方便毗邻国家边民的"互来互往"，对促进自治区边境地区，特别是抵边旗县（市、区）经济发展，以及维护边境稳定发挥积极作用。

满洲里和二连浩特是我国对俄罗斯和蒙古国的最大口岸，其边民互市贸易区极大服务两地新业态发展。2023 年，二连浩特市边民互市贸易区共进口商品 199 批次、2145.5 吨，货值约 3.2 亿元，参与边民超过 4.5 万人次。根据自治区商务厅发布消息，2024 年 1～4 月，自治区边民互市贸易额达 5599.35 万元，同比增长 14.5 倍；边民参与交易人数为 57300 人次，同比增长 15.7 倍。[①] 设立边民互市贸易区为边民提供双向贸易的机会，推动边境经济发展。

三 内蒙古在对外开放新发展格局中面临的新问题

10 年来，自治区立足国家战略，立足区情，创新理念，在对外开放中

---

① 《政策领航 内蒙古边民互市贸易区初显成效》，新华网，2024 年 6 月 15 日。

取得成就，但也存在高质量发展中的短板弱项。有些是自身基础差、底子薄的客观问题，"科技研发、高等教育、公共服务质量、市场资源供给、社会人文环境等多方面，与周边省份和国内先进省份相比并不具有优势，尤其是在各类社会主体活力和创新发展机制上的弱势更为突出"①。有些则是自身认识、理念方面存在的主观问题，需要改变思路，以新的视角、新的站位、新的魄力、新的理念予以创新解决。

（一）口岸同质化发展导致口岸经济同质化发展，影响泛口岸经济的多样化发展

内蒙古与俄蒙共有 14 个陆路口岸，除了满洲里和二连浩特是两个综合性口岸，其余口岸均以进口能源资源产品为主，出口以机电产品、建筑材料、日用产品为主，且进口多于出口。额布都格、阿日哈沙特以进口石油原油为主，满都拉、甘其毛都、策克口岸以进口煤炭和铜精粉为主。究其原因，首先，与内蒙古口岸最近的蒙古国毗邻地区是其矿产资源最为丰富的地区，包括两个国家级战略煤矿。所有口岸自然借势而为，以进口这些矿产品为主，形成同质化发展，缺少口岸发展特色。其次，中方口岸辖属腹地多是地广人稀、气候干燥、降水少的落后地区，缺少必要的加工能力，没有形成口岸经济，且与腹地的互动能力弱，没有形成"口""腹"一体化发展模式。最后，与中方口岸毗邻的俄蒙地区也是上述两国的边缘落后地区，没有形成边民互市贸易区的辐射带动效应。

（二）通道经济带动效应不明显，"酒肉穿肠过"成为新问题

"一带一路"国际合作实施后，始发四川成都、河南郑州、江苏苏州的"渝满欧""郑满欧""苏满欧"等中欧班列成为欧亚大陆上一道亮丽的风景线，缩短了我国东部、中部乃至西部部分省份与乌克兰、俄罗斯、波兰、德国、法国、荷兰等东欧、西欧国家和地区的"时空距离"和"贸易距

---

① 于光军：《新形势下内蒙古向北开放的主要成就与未来方向》，《新西部》2023 年第 8 期。

离"，但同时给自治区带来"酒肉穿肠过"的新问题。传统的进口加工贸易、边境小额贸易大量"归回制造原产地"，并随中欧班列走出国门，欧洲的产品也随中欧班列直接进入我国内地市场。自治区的地域特色产品、品牌产品因数量少、品质低、布局分散，难以满足欧洲市场需求，始发班列数量明显少于其他中东部省份，且境外的仓储集货能力不足，缺少境外组织货源平台的基地，没有形成完整高效的物流循环链。与此同时，缺少为相关企业提供物流、仓储、国际联运方面的完整服务能力。目前，全区中欧班列回程满装率为去程的1/3，明显低于全国平均3/4满装回程率的水平。

（三）外向型经济发展滞后

纵向比较，近10年来，自治区对外贸易总额增加，外贸依存度也在增加，实现量稳质升。例如，2018年的外贸依存度为5.98%，2022年增加到6%。但横向与全国31个省份比较，对外贸易的依存度还是低于全国平均水平。实际利用外资水平较低，特别是境外世界500强企业落户自治区的数量比较少，处在全国31个省份中等靠后位置，投资规模有待提升。

此外，企业"走出去"，融入国际市场的能力有待提升。笔者根据自治区商务厅和商务部以及外汇管理局公布数据，粗略统计，截至2023年底，自治区对外投资企业757家，全国是7913家，约占9.6%。自治区对外实际投资金额是147亿美元，全国是1301.3亿美元，约占11.3%。空间和潜力很大，需要通过技术创新、产品升级和市场多元化等方式，提升自主可控能力，拓展投资领域，实现"走出去"与"引进来"双向高频发展。特别是在中蒙俄经济走廊建设中，发挥交通运输的枢纽和"桥头堡"作用。

（四）基础设施建设有待加强

内蒙古自治区是我国沿边9省份中边界线最长，且抵边地区自然环境最为恶劣的省份之一。"水多人多""逐水草而居"是人类演进发展的规律。自治区70%以上是干旱缺水地区，"地广人稀"是地域特点，水电路网等基础设施的覆盖率低于全国平均水平，特别是抵边旗县（市、区），"缺水、少电、无网、无路"导致人口不断向周边旗县城镇集中，"空边化"现象严重。

另外，自治区与毗邻"三北"8 省份之间基础设施的"互联互通"严重滞后于中东部地区。而与自治区毗邻接壤的俄罗斯和蒙古国相关地区配套基础设施建设也不完善。"双重滞后"难以满足自治区的对外发展需求，需要调整思路，创新理念，在国家对外开放新发展格局中闯新路、谋发展，为内蒙古现代化建设做出更多贡献。

四　立足优势，深化全领域全方位开放，构建开放新格局

自治区地跨"三北"、毗邻俄蒙、拥有 20 个陆路口岸是实现国内国际双循环的区位优势。山水林田湖草沙多种地貌及其地上地下丰富的资源，特别是"羊、煤、土、气"四大资源是未来发展的潜力和"源动力"。自治区各级党委、政府以党的二十大和二十届三中全会精神为引领，扛起"向北开放重要桥头堡"这一重大政治责任，全面深化改革开放，构建开放新格局。

（一）统筹落实习近平总书记讲话精神和党中央国务院支持内蒙古发展的专项政策文件

政策文件是指导思想，也是行动的原则。党的十八大以来，习近平总书记先后 4 次到自治区考察并发表重要讲话，6 次参加全国人民代表大会内蒙古代表团，10 次发表重要讲话，多次作出重要指示批示是自治区对外开放根本遵循。国家"十二五""十三五"等发展规划，东北振兴、中部崛起、京津冀协同发展、西部大开发等国家区域发展战略，以及《推动共建丝绸之路经济带和 21 世纪海上丝绸之路的愿景与行动》《区域全面经济伙伴关系协定》《坚定不移推进共建"一带一路"高质量发展走深走实的愿景与行动——共建"一带一路"未来十年发展展望》等国家层面对外开放合作政策中都有明确指示，希望自治区立足自身优势、统筹好国内国际"两个市

场""两种资源",加强与毗邻国家和地区的合作,创新理念、机制,打造更高水平的开放平台。此外,国务院出台《关于推动内蒙古高质量发展奋力书写中国式现代化新篇章的意见》(以下简称《意见》)和《国务院关于设立中蒙二连浩特—扎门乌德经济合作区的批复》等专项支持自治区发展和对外开放的政策文件,明确了自治区对外开放的主要目标和开放举措。为支持自治区经济社会发展,18部门依据《意见》相继出台"对口专项"支持政策。这些政策既是自治区对外开放的"指南针",又是"助力器"。

2023年下半年,自治区党委、政府就"五大任务"、模范自治区和促进边境地区高质量发展出台7个条例。其中,《内蒙古自治区建设国家向北开放重要桥头堡促进条例》(以下简称《桥头堡条例》)和《内蒙古自治区促进边境地区高质量发展条例》(以下简称《边境地区发展条例》)是指导内蒙古对外开放的两份重要文件。一分文件,九分落实。落实就要有"领头羊"。站在新起点上,自治区党委专班专项专心抓落实,依据国家政策,统筹专项政策,切实落实主体责任,创新行政管理体制,及时发现政策推进落实中的"堵点",通过沟通予以"疏通",保障政策畅通落地实施,加快构建起来联通内外、辐射周边、资源集聚集散、要素融会贯通的全域对外开放平台。

(二)提高基础设施互联互通水平,为融入国内国际双循环提供保障

推进高水平对外开放的新发展格局,是一项整体性、系统性工程,必须树立"一体化""系统化"发展理念。首先,积极参与西部陆海新通道和东北亚陆海大通道建设,实现自治区东中西部成为东北"振兴区"、西部"开发区"和中部"崛起区"之间东进西出、西进东出、北上南下、南北互通的大通道建设,畅通自治区与京津冀、沿黄各省份、东三省、长三角、成渝地区以及粤港澳大湾区等发达地区的联系,推动自治区经济融入国内大循环体系,补齐自治区无出海口的短板和弱项。其次,对已有跨境通道,即二连浩特—乌兰巴托—乌兰乌德中线铁路加强维护和必要的升级改造。针对计划和在建的跨境通道要协同各有关部门,与蒙方就轨距、运力、改造升级的技

术标准等进行协商，完成双方过境点高标准对接建设，并将其延伸到蒙古国和俄罗斯毗邻地区，助力内蒙古本地产品，即"蒙字号"产品的出口数量、品种增加和质量提升，借助中欧班列通道，推动自治区经济进入国际经济大循环体系。最后，抓住中蒙二连浩特—扎门乌德经济合作区获批设立的新机遇，大力发展边民互市贸易区，打造自治区向北开放泛口岸经济的"中心"。2024 年 3 月 19 日，国务院批复同意设立中蒙二连浩特—扎门乌德经济合作区。这是我国与周边毗邻国家设立的第三个边境经济合作区，"给内蒙古的发展带来巨大的政治关怀和宝贵的发展机遇"。[①] 自治区应抓住新机遇，按照批复文件精神，"立足本地特色优势重点发展国家贸易、国际物流、进出口加工、跨境旅游及相关配套服务，深入推进国际经贸合作"等，结合《意见》《桥头堡条例》《边境地区发展条例》等规定，赋予二连浩特边境口岸和城市融合发展的特色经济要素，打造"口岸功能"和"口岸经济"、"城市功能"和"城市经济"多元一体的发展新模式，推动教育、旅游、贸易向国际标准方向发展，使其成为名副其实的"国际化城市""泛口岸经济中心"。

（三）突出人文合作重点，夯实与蒙俄开放基础

新时代以来，内蒙古在国家对外开放中的战略定位是"把内蒙古打造成为我国向北开放桥头堡"。俄罗斯和蒙古国是我国向北开放的重要国家，也是中蒙俄经济走廊建设、中欧班列安全推进和运行不可或缺的两个国家。在国际形势复杂多变、不确定因素增多的背景下，中国向北开放的大门需要一层"保护门"，这是自治区的政治任务之一。

借助改革开放 40 余年，自治区政府、企业、民间交流交往构建起来的基础优势，以新时代的国家安全为重点，从服务国家对外开放大局出发，以铸牢中华民族共同体意识为主线，围绕国家推进经略周边的现实需要，全方

[①] 唐勇、王丹、刘佳、李贵文、陈佳琪：《全方位建设模范自治区的新答卷》，学习强国内蒙古学习平台，2024 年 4 月 8 日。

位做好与俄罗斯和蒙古国的交流交往与合作，以满洲里、二连浩特等重点口岸为支撑，继续发展泛口岸经济。借助国家培育和壮大文化产业的红利政策，推动与毗邻蒙古国和俄罗斯在人文领域的"互联互通"，推动建设对俄蒙文化服务平台，"引进蒙俄文化消费供给资源，创办国家文化贸易基地，以文化消费高质量发展带动消费品之国际化提升……为国家和周边地区文化及相关产业企业提供对接国内市场和国际市场的政策、人才、技术、供需等信息，以及金融、法律及渠道拓展等服务"。① 从国别、区域合作视角分析，自治区应加强向北开放的前瞻性研究，充分利用自治区各大高校、内蒙古自治区社会科学院以及其他科研机构，加强向北开放智库建设，做好对俄罗斯、蒙古国的精准国别研究，为自治区向北开放提供高质量的智力支撑。

无论是对外开放，还是参与国内区域合作，最根本的还是要自身有实力。手握"金钢钻"，不怕没有"瓷器活"。在信息化、智能化、数字化叠加发展的新时代，自治区以"粗放型、低端化、能源化"为主要特征的传统产业难以适应现代化发展的需要，需要升级换代，同时需要以具有时代特点的新技术、新产业、新动能赋能发展。还需要引进具有时代特征的新产业，特别是利用风能、光能的绿色产业，以及与其密切相关的储能技术，构建多元发展、多极支撑的现代化产业体系。

稀土产业、钢铁产业、乳制品产业、畜牧业都是自治区传统产业、支柱产业，在新技术革命到来时，需要与时俱进，以新技术赋能传统产业，以科技加速业态蝶变，以创新驱动产业升级，在拓展对外贸易和投资合作的同时，按照党的二十大和二十届三中全会精神，聚焦习近平总书记对内蒙古重要讲话精神，突出重点、把握关键，大力发展泛口岸经济、完善多式联运集疏运体系、拓展对外贸易和投资合作、强化开放型经济发展支撑，加大"专精特新"产品的研发投入，做好产业链在周边省份、国家的延伸布局，扩大自身产业在国际市场的份额。与此同时，要深化国际人文交流合作，推动构建更大范围、更宽领域、更深层次的全方位开放新格局。

---

① 于光军：《新形势下内蒙古向北开放的主要成就与未来方向》，《新西部》2023 年第 8 期。

社会科学文献出版社

皮 书

智库成果出版与传播平台

❖ 皮书定义 ❖

皮书是对中国与世界发展状况和热点问题进行年度监测，以专业的角度、专家的视野和实证研究方法，针对某一领域或区域现状与发展态势展开分析和预测，具备前沿性、原创性、实证性、连续性、时效性等特点的公开出版物，由一系列权威研究报告组成。

❖ 皮书作者 ❖

皮书系列报告作者以国内外一流研究机构、知名高校等重点智库的研究人员为主，多为相关领域一流专家学者，他们的观点代表了当下学界对中国与世界的现实和未来最高水平的解读与分析。

❖ 皮书荣誉 ❖

皮书作为中国社会科学院基础理论研究与应用对策研究融合发展的代表性成果，不仅是哲学社会科学工作者服务中国特色社会主义现代化建设的重要成果，更是助力中国特色新型智库建设、构建中国特色哲学社会科学"三大体系"的重要平台。皮书系列先后被列入"十二五""十三五""十四五"时期国家重点出版物出版专项规划项目；自2013年起，重点皮书被列入中国社会科学院国家哲学社会科学创新工程项目。

皮书网

（网址：www.pishu.cn）

发布皮书研创资讯，传播皮书精彩内容
引领皮书出版潮流，打造皮书服务平台

栏目设置

◆ **关于皮书**

何谓皮书、皮书分类、皮书大事记、
皮书荣誉、皮书出版第一人、皮书编辑部

◆ **最新资讯**

通知公告、新闻动态、媒体聚焦、
网站专题、视频直播、下载专区

◆ **皮书研创**

皮书规范、皮书出版、
皮书研究、研创团队

◆ **皮书评奖评价**

指标体系、皮书评价、皮书评奖

所获荣誉

◆ 2008 年、2011 年、2014 年，皮书网均
在全国新闻出版业网站荣誉评选中获得
"最具商业价值网站"称号；
◆ 2012 年,获得"出版业网站百强"称号。

网库合一

2014 年，皮书网与皮书数据库端口合
一，实现资源共享，搭建智库成果融合创
新平台。

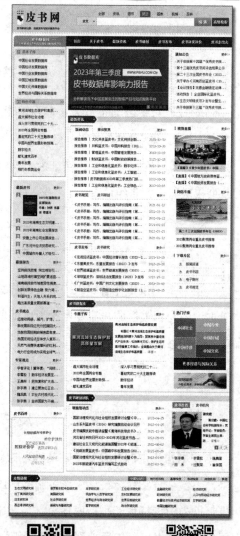

皮书网

"皮书说"
微信公众号

权威报告·连续出版·独家资源

皮书数据库
ANNUAL REPORT(YEARBOOK)
DATABASE

分析解读当下中国发展变迁的高端智库平台

所获荣誉

- 2022年，入选技术赋能"新闻+"推荐案例
- 2020年，入选全国新闻出版深度融合发展创新案例
- 2019年，入选国家新闻出版署数字出版精品遴选推荐计划
- 2016年，入选"十三五"国家重点电子出版物出版规划骨干工程
- 2013年，荣获"中国出版政府奖·网络出版物奖"提名奖

皮书数据库

"社科数托邦"
微信公众号

成为用户

登录网址www.pishu.com.cn访问皮书数据库网站或下载皮书数据库APP，通过手机号码验证或邮箱验证即可成为皮书数据库用户。

用户福利

- 已注册用户购书后可免费获赠100元皮书数据库充值卡。刮开充值卡涂层获取充值密码，登录并进入"会员中心"—"在线充值"—"充值卡充值"，充值成功即可购买和查看数据库内容。
- 用户福利最终解释权归社会科学文献出版社所有。

数据库服务热线：010-59367265
数据库服务QQ：2475522410
数据库服务邮箱：database@ssap.cn
图书销售热线：010-59367070/7028
图书服务QQ：1265056568
图书服务邮箱：duzhe@ssap.cn

S 基本子库
SUB DATABASE

中国社会发展数据库（下设 12 个专题子库）

紧扣人口、政治、外交、法律、教育、医疗卫生、资源环境等 12 个社会发展领域的前沿和热点，全面整合专业著作、智库报告、学术资讯、调研数据等类型资源，帮助用户追踪中国社会发展动态、研究社会发展战略与政策、了解社会热点问题、分析社会发展趋势。

中国经济发展数据库（下设 12 专题子库）

内容涵盖宏观经济、产业经济、工业经济、农业经济、财政金融、房地产经济、城市经济、商业贸易等 12 个重点经济领域，为把握经济运行态势、洞察经济发展规律、研判经济发展趋势、进行经济调控决策提供参考和依据。

中国行业发展数据库（下设 17 个专题子库）

以中国国民经济行业分类为依据，覆盖金融业、旅游业、交通运输业、能源矿产业、制造业等 100 多个行业，跟踪分析国民经济相关行业市场运行状况和政策导向，汇集行业发展前沿资讯，为投资、从业及各种经济决策提供理论支撑和实践指导。

中国区域发展数据库（下设 4 个专题子库）

对中国特定区域内的经济、社会、文化等领域现状与发展情况进行深度分析和预测，涉及省级行政区、城市群、城市、农村等不同维度，研究层级至县及县以下行政区，为学者研究地方经济社会宏观态势、经验模式、发展案例提供支撑，为地方政府决策提供参考。

中国文化传媒数据库（下设 18 个专题子库）

内容覆盖文化产业、新闻传播、电影娱乐、文学艺术、群众文化、图书情报等 18 个重点研究领域，聚焦文化传媒领域发展前沿、热点话题、行业实践，服务用户的教学科研、文化投资、企业规划等需要。

世界经济与国际关系数据库（下设 6 个专题子库）

整合世界经济、国际政治、世界文化与科技、全球性问题、国际组织与国际法、区域研究 6 大领域研究成果，对世界经济形势、国际形势进行连续性深度分析，对年度热点问题进行专题解读，为研判全球发展趋势提供事实和数据支持。

法律声明